高等院校经济管理类新形态系列教材　　　　　　赵曙明 赵宜萱 ◎ 主编

人力资源管理理论、方法、工具、实务系列教材

薪酬管理

——理论、方法、工具、实务

Theories, Methods, Tools, Practices

微课版 第 3 版

AIGC 版

人民邮电出版社
北京

图书在版编目（CIP）数据

薪酬管理：理论、方法、工具、实务：微课版 /
赵曙明，赵宜萱主编. -- 3版. -- 北京：人民邮电出版
社，2025.4
高等院校经济管理类新形态系列教材
ISBN 978-7-115-63903-5

Ⅰ. ①薪… Ⅱ. ①赵… ②赵… Ⅲ. ①企业管理－工
资管理－高等学校－教材 Ⅳ. ①F272.923

中国国家版本馆CIP数据核字(2024)第049170号

内 容 提 要

本书共 12 章，包括薪酬管理概论，薪酬体系的设计，岗位评价，基本工资设计，岗位工资设计，技能工资设计，绩效工资设计，提成设计，津贴、补贴、福利与奖金的设计方法，不同岗位薪酬体系的设计方案，战略性薪酬、宽带薪酬、股权激励设计，薪酬运行管理。全书内容通俗易懂，图文并茂，具有很强的实用性。

本书配套丰富的教学资源，用书教师可登录人邮教育社区（www.ryjiaoyu.com），搜索本书书名下载使用。

本书可作为本科、高职高专院校人力资源管理专业的教材，同时也可作为企业经营管理者、人力资源管理人员、咨询师、培训师的参考书。

◆ 主　编　赵曙明　赵宜萱
　　责任编辑　陆冠彤
　　责任印制　陈　犇

◆ 人民邮电出版社出版发行　　北京市丰台区成寿寺路 11 号
　　邮编　100164　电子邮件　315@ptpress.com.cn
　　网址　https://www.ptpress.com.cn
　　三河市兴达印务有限公司印刷

◆ 开本：787×1092　1/16
　　印张：12.75　　　　　　　　　　2025 年 4 月第 3 版
　　字数：284 千字　　　　　　　　2025 年 4 月河北第 1 次印刷

定价：49.80 元

读者服务热线：(010)81055256　印装质量热线：(010)81055316
反盗版热线：(010)81055315

总 序

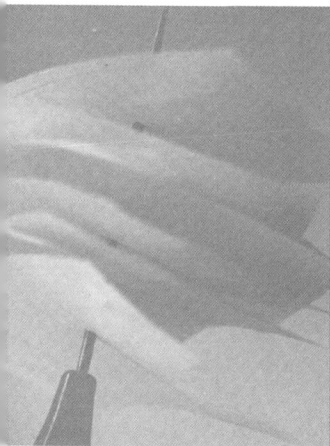

党的二十大报告指出："建设现代化产业体系。坚持把发展经济的着力点放在实体经济上，推进新型工业化，加快建设制造强国、质量强国、航天强国、交通强国、网络强国、数字中国。"

大数据、云计算、人工智能等技术的更迭与普及给社会带来深远影响，这种影响不仅体现在生产力与生产结构的变化上，更体现在对人类生活方式、价值观乃至社会治理的影响上。智能招聘、智能面试、AI 选拔技术在招聘领域的应用正在改变着招聘工作，同时给企业的人力资源管理实践也带来了一些新的挑战。

这就要求我们面对新技术、新形势，站在新高度，确立新思维，加强对人力资源管理新的技术知识的学习和应用，特别是要重视对人力资源管理方法和智能工具的掌握与运用，以适应新形势下企业人力资源管理的需要。

人民邮电出版社有限公司出版的"人力资源管理理论、方法、工具、实务"系列教材，在系统阐述人力资源管理理论的基础上，围绕招聘、甄选与录用，绩效考核与管理，薪酬管理，人员培训与开发和人才测评五大业务职能，按照"专业理论系统化，操作方法简便化，操作工具灵活化，管理实务精细化"的编写思路进行编写，既突出了人力资源管理理论的系统性，又强化了人力资源管理方法和工具的运用，增强了内容的可操作性和应用性。

本系列教材现已编写出版 6 本，包括《人力资源管理——理论、方法、工具、实务（微课版 第 3 版）》《招聘、甄选与录用——理论、方法、工具、实务（微课版 第 3 版）》《人员培训与开发——理论、方法、工具、实务（微课版 第 3 版）》《绩效考核与管理——理论、方法、工具、实务（微课版 第 3 版）》《薪酬管理——理论、方法、工具、实务（微课版 第 3 版）》《人才测评——理论、方法、工具、实务（微课版 第 3 版）》，内容涵盖人力资源管理理论与方法的方方面面。

《人力资源管理——理论、方法、工具、实务（微课版 第 3 版）》一书，系统地介绍了人力资源管理的核心概念、基本原理、技术方法和管理实践中的重点、难点，既引进了国外先进的人力资源管理理念和知识体系，又总结了我国企业人力资源管理的实践经验和经典案例，非常贴近现阶段我国企业人力资源管理的实际。

招聘、甄选与录用是人力资源管理链条中的第一个环节，也是人员入口关的把控环节。《招聘、甄选与录用——理论、方法、工具、实务（微课版 第3版）》一书，既有对招聘规划准备、甄选技术、录用评估等若干具体招聘环节的详细阐述，又有关于公职人员招聘与录用技能训练的案例，以帮助人力资源管理人员科学鉴别、选择和录用适合企业发展需要、有发展潜质的人才。

企业通过培训向员工传授与工作相关的知识和技能，通过开发员工的潜能以提高其终身就业能力。《人员培训与开发——理论、方法、工具、实务（微课版 第3版）》以需求分析、计划、运营、评估等为主题，详细阐述了需求调查、课程设计、培训外包等方面的内容，以实现企业和员工的共同发展。

绩效考核与管理是把企业内的组织管理与成员管理高效结合起来的一种体系，是企业人力资源管理中的一项重要职能。《绩效考核与管理——理论、方法、工具、实务（微课版 第3版）》一书，既阐述了绩效考核的目标、指标、方法、制度的设定以及绩效与薪酬等细节，又提供了各岗位和业务人员绩效考核实务操作演练方面的案例，避免人力资源管理人员孤立、片面、静止地看待绩效考核与管理而使企业绩效考核与管理陷入机械、僵化的陷阱。

薪酬管理是企业激励机制的核心，是企业吸引和保留人才的重要支撑。《薪酬管理——理论、方法、工具、实务（微课版 第3版）》一书，既详述了薪酬管理的内容和目标，工作分析、评价、诊断、调查等各方面的细节，又提供了包括制度体系在内的薪酬福利设计方法等，以帮助人力资源管理人员有效解决在企业薪酬管理中遇到的困惑。

在人力资源管理工作中，找到合适的人才并达到"人事相宜、岗职相配"是十分重要的。《人才测评——理论、方法、工具、实务（微课版 第3版）》一书以人才测评指标的建立和体系设计为基础，运用科学的工具和方法对人才进行测评，指导人力资源管理人员对人员素质做出准确的评价和预测，让优秀人才、合格人才、合适人才为企业所用。

总之，这套"人力资源管理理论、方法、工具、实务"系列教材，通过对人力资源管理，招聘、甄选与录用，人员培训与开发，绩效考核与管理，薪酬管理，人才测评等进行的介绍，可以为读者提供与人力资源管理工作相关的、全方位的指导。

南京大学人文社会科学资深教授、商学院名誉院长、行知书院院长、博士生导师

赵曙明 博士

2023 年 11 月 11 日 于南京大学商学院

前 言 **F**oreword

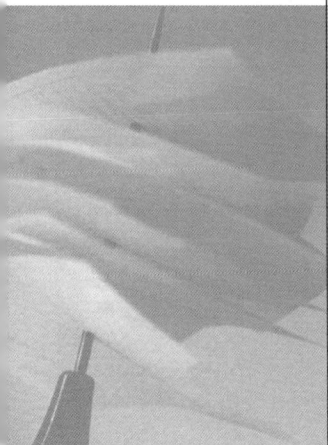

党的二十大报告指出，培养造就大批德才兼备的高素质人才，是国家和民族长远发展大计。

仓廪实而知礼节，衣食足而知荣辱。在日益激烈的市场竞争中，以薪酬管理为核心的激励机制是企业获取竞争优势的重要工具。企业需要构建对外具有竞争力、对内具有公平性、对员工具有激励性、对成本能够进行有效控制的薪酬管理系统，同时，薪酬管理还必须符合法律法规的有关规定和要求。

那么，企业应该建立什么样的薪酬分配体系？企业应该采用什么样的技术方法将薪酬与员工的贡献和能力挂钩？企业应如何进行薪酬变革？企业应该如何依靠薪酬来提高企业吸引、留住和激励人才的能力？薪酬管理的方法、工具又该如何选择？企业应该如何运用这些方法和工具才能体现其适用性、实用性，并最大限度地控制成本？对于这些问题的回答正是编者编写本书的出发点和落脚点。因此，为全面贯彻党的教育方针，编者在深入学习党的二十大报告的基础上，结合对上述问题的解答编写了本书。

本书主要有以下 4 个方面的特点。

（1）**理论体系，展示清晰**。本书每章开篇均以知识导图展现该章的内容，使整章的内容逻辑较为清晰，使读者能够直观地把握整章的知识框架。

（2）**方法工具，操作简便**。方法和工具都是从工作经验中提炼出来的，是达成工作目标的手段与行为方式。本书提供的方法和工具既有理论模型和业务流程，又有实施步骤和操作技巧，方便读者"拿来即用"。

（3）**实务内容，方便演练。**本书不仅提供了薪酬管理工作中的实用技巧、解决方案，还在除第1章外的其余各章后面设计了融入AIGC、实践性极强的"技能实训"模块，供读者进行实操演练，从而为读者搭建一座理论与实践紧密相连的桥梁，以指导读者更规范、更高效地完成相关工作。

（4）**体例编排，实用创新。**书中体例编排新颖且贴近教学。"微课堂"便于师生在课堂上进行互动交流；"问题思考"意在对一个阶段所学知识进行总结，帮助读者对已学知识进行巩固。此外，人力资源管理人员除了需要掌握必要的知识技能，还需要了解人力资源管理领域的前沿动态。因此，本书设置了"知识链接"模块，可拓宽读者的专业视野。

本书配套丰富的教学资源，用书教师可登录人邮教育社区（www.ryjiaoyu.com），搜索本书书名下载使用。

本书由赵曙明、赵宜萱担任主编。在编写本书的过程中，编者参阅了各类关于人力资源管理的资料，在此向这些资料的提供者表示崇高的敬意和衷心的感谢。由于编者水平有限，书中不当之处在所难免，恳请广大读者批评指正。

目 录 Contents

【本章知识导图】

薪酬管理概论
- 薪酬
  - 薪酬的概念
  - 薪酬的理论
  - 薪酬的组成
- 薪酬激励
  - 薪酬激励的理论
  - 股权激励
- 薪酬管理
  - 薪酬管理的概念
  - 薪酬管理的内容
  - 薪酬管理的目标
  - 薪酬管理模型的开发与选择
  - 薪酬管理与人力资源管理的关系
  - 薪酬管理与战略管理的关系
  - 薪酬管理的新趋势

【学习目标】

职业知识	• 掌握薪酬、股权激励及薪酬管理的概念
	• 熟悉薪酬及薪酬激励的理论
	• 掌握常见的股权激励模式的优缺点
	• 了解薪酬管理的内容和目标
职业能力	• 能够熟练运用薪酬管理模型开发的步骤，进行薪酬管理模型的开发
职业素质	• 具备优秀的概括总结能力与分析能力

1.1 薪酬

薪酬对企业来说是非常重要的，它不仅关系到人才的招聘和留任，还涉及员工的激励、组织运作和声誉。下文将围绕薪酬的概念、薪酬的理论、薪酬的组成展开说明。

1.1.1 薪酬的概念

不同国家、不同学者对薪酬内涵的理解各不相同。美国著名薪酬管理专家米尔科维奇从价值交换的角度将薪酬界定为，雇员作为雇佣关系中的一方所得到的各种货币收入及各种具体的服务和福利的总和。马尔托奇奥把薪酬作为激励员工的一种重要手段和工具，他认为薪酬是雇员因完成工作而得到的内在和外在的奖励。

本书将薪酬（Compensation）定义为，企业根据员工完成的工作任务、所做的贡献或者业绩大小，将其作为回报提供给员工的货币、实物和福利、服务等的总和。根据支付形式的不同，薪酬分为两大部分：一部分是直接货币报酬形式，包括基本工资、奖金、津贴、加班费、佣金、利润分红等；另一部分则体现为间接货币报酬形式，如社会保险、休假、旅游、培训等。

对企业而言，企业支付给员工的工资不仅是企业管理成本的一部分，更是人力资源投资的重要组成部分。薪酬激励的效果关系到企业能否吸引并留住优秀人才。员工个人利益与企业长期利益的有机结合，可对员工的行为和态度产生重要影响，从而推动企业战略目标的实现。

对员工来说，收入不仅影响个人的日常生活水平，而且是个人能力、社会地位的一种象征。可见，薪酬不仅能够满足员工基本物质的需求，而且逐渐表现出它对精神需求的满足功能，具体体现在经济保障功能、获得安全感、心理激励和社会认可方面。

薪酬对社会的功能体现在对人力资源的优化和再配置方面。薪酬作为劳动力价值的信号，调节着市场劳动力的流向及劳动力数量、质量和结构的供给与需求平衡。同时，薪酬也体现了人们对职业和岗位的评价，影响着人们择业和就业的意愿。

1.1.2 薪酬的理论

薪酬的理论主要包括早期的工资理论、薪酬决定理论、薪酬分配理论及薪酬运用理论。

1．早期的工资理论

（1）最低工资理论。其基本观点是：工资有一个自然的价值水平，即生活所必需的最低生活资料的价值。如果工资低于这个水平，工人就无法维持最低的生活了，同时，企业也丧失了继续发展的条件。也就是说，最低工资水平既是工人维持生存的基本保障，也是雇主持续生产经营的必要条件。

（2）工资差别理论。亚当·斯密提出了工资差别理论的思想。他认为，造成不同职业和工人之间工资差别的原因主要有两类，一类是不同职业性质不同，另一类是工资政策不同。

（3）工资基金理论。李嘉图和穆勒等经济学家对薪酬理论进行了研究，创立了工资基金理论。该理论的基本观点是，工资不是由生存资料决定的，而是由工人人数、雇佣工人的资本、工资成本与其他成本间的比例3个要素决定的。工资数量和水平由总资本及其比例决定，也就是指，工资（W）是资本（C）的函数，公式是：

$$W = F（C）$$

2．薪酬决定理论

（1）边际生产力工资理论。边际生产力工资理论的主要代表人物是英国经济学家阿尔弗雷德·马歇尔和美国经济学家约翰·贝茨·克拉克等。该理论认为，劳动的生产力遵循生产递减规律，即在资本量不变的条件下，劳动的生产力随劳动者的增加而递减。也就是说，如果边际收入少于边际成本，雇主就不会雇用更多的工人或者解雇现有的工人；反之，雇主就不会裁员或者雇用更多的工人。可见，最后增加的单位劳动者就是边际劳动者，他所生产的产品就是劳动的边际生产力。

（2）劳资谈判理论。劳资谈判理论也称集体交涉工资理论，是指以工会为代表的工人集体一方与以企业主或企业主集团为代表的另一方进行的工资、福利等双方谈判。该理论认为，在一个短时期内，工资至少在一定程度上取决于劳动市场上雇主和雇佣劳动者之间的集体谈判。

双方交涉过程中形成的公平合理、互惠互利等原则逐渐成为劳资双方集体交涉的基本准则，从一定意义上讲，劳资谈判理论也为之后的集体谈判制度的确立和工会作用的发挥奠定了理论基础。

（3）供求均衡薪酬理论。供求均衡薪酬理论的创始人是英国著名经济学家阿尔弗雷德·马歇尔，他在边际效用价值论和边际生产力薪酬理论的基础上，提出了该理论。马歇尔认为，薪酬是由劳动力的供给价格和需求价格相均衡的价格决定的。劳动力的供给价格取决于劳动者的生活费用（劳动者维持自身及其家庭的最低生活费用），劳动力的需求价格取决于劳动者的边际生产力（边际劳动者生产的产品）。

（4）效率工资理论。效率工资理论认为，工人在生产过程中所付出的努力是实际工资的函数，在资本要素不变的情况下，企业的产出取决于生产过程中投入的劳动要素数量和工人所付出的努力，用公式表示如下：

$$\lambda = \lambda \ (W, \ W\text{--}1, \ \mu)$$

式中，λ 是每个工人的劳动生产率，W 是企业支付的薪酬率，$W\text{--}1$ 是其他企业支付的薪酬率，μ 是失业率。

（5）人力资本理论。现代人力资本理论的创始人是美国经济学家舒尔茨和贝克尔，舒尔茨后来被公认为"人力资本理论之父"。舒尔茨认为，人力资本包括用以形成和完善劳动力的各种投资。

人力资本投资主要有 5 种形式：医疗和保健投资；在职培训投资；正规教育投资；社会教育投资，主要是非企业组织为成年人举办的劳动技能训练；个人和家庭流动性，即劳动力迁徙投资。

3．薪酬分配理论

（1）马克思主义经济学的按劳分配理论。按劳分配是马克思在创立科学社会主义理论体系的过程中确立的社会主义社会个人消费品的分配原则。马克思的按劳分配原则进一步发展成了社会主义工资理论。该理论认为，社会主义工资是国家扣除用于社会共同利益和再生产及与生产无关的管理费用以后，根据按劳分配的原则，借助社会形态对劳动者进行个人消费品分配的一种形式。以全社会为分配单位，按照等量劳动领取等量报酬的原则，由社会制定统一的按劳分配制度，多劳多得，少劳少得。

（2）分享经济理论。分享经济理论是美国麻省理工学院经济学教授马丁·魏茨曼在 1984 年提出来的。分享经济理论认为，资本主义的根本问题不在于生产，而在于分配，主要是员工报酬制度的不合理。

（3）公平理论。公平理论是美国北卡罗来纳大学的心理学家亚当斯提出来的。公平理论认为，人们总是将自己所做的贡献和所得的报酬与一个和自己条件相当的人所做的贡献和所得的报酬进行比较，如果这两者之间的比值相等，双方就都有公平感。可以用公式表示如下：

$$O_p \ / \ l_p = O_a \ / \ I_a$$

其中，O_p 代表一个人对他自己所获报酬的感觉；

I_p 代表一个人对他自己所做贡献的感觉；

O_a 代表一个人对他人所获报酬的感觉；

I_a 代表一个人对他人所做贡献的感觉。

当一个人发觉自己的分配不公平时，为了消除不公平，他可能采取以下 5 种方式：①谋求增加自己的报酬；②谋求降低他人的报酬；③设法降低自己的贡献；④设法增加他人的贡献；⑤另换一个报酬与贡献比值较低者作为比较对象。

4．薪酬运用理论

（1）期望理论。期望理论是美国心理学家弗罗姆提出来的，实质上是一种激励理论。

期望理论可以用公式表示如下：

$$激励力量（M）= 效价（V）× 期望值（E）$$

效价是指个人对他所从事的工作或所要达到的目标的估计，也可以理解为个人对可能达到目标的重视程度。期望值是指个人对某项目标能够实现的概率的估计，也可以说，个人对目标能够实现的可能性大小的估计。期望值也叫期望概率，在现实生活中，个人往往根据过去的经验来判断一定行为能够导致某种结果或满足某种需要的概率。

（2）强化理论。强化理论是美国哈佛大学心理学教授斯金纳提出来的。强化理论认为，员工行为矫正的一般方式有正强化、负强化、惩罚和自然消失 4 种。

强化理论对薪酬管理的含义是：绩效较高的员工如果能得到货币奖励，那么他们就更可能在将来达到更高的绩效水平。同样道理，绩效较高的员工如果没有得到奖励，那么这种绩效在未来出现的可能性就不会太大。强化理论强调了个人获得刺激奖励的经历所具有的重要性。

（3）委托-代理理论。委托-代理问题的现代意义最早是由罗斯提出的，后来米尔里斯和斯蒂格利茨进一步发展了委托-代理理论。该理论分析了企业的不同利益群体之间所存在的利益差异与目标分歧，以及怎样才能利用薪酬制度来使这些不同利益群体之间的利益与目标达成一致。

1.1.3　薪酬的组成

薪酬划分为基本工资、绩效工资、激励工资、津贴补贴及福利 5 大部分。

（1）基本工资。基本工资是企业为员工已完成工作而支付的基本现金薪酬。基本工资反映的是工作或技能价值，而往往忽视了员工之间的个体差异。基本工资是稳定的、不可变的报酬，即企业要么采取职务薪资制，要么采取技能薪资制或能力薪资制。

（2）绩效工资。绩效工资又称为浮动薪酬或奖金，是对员工过去工作行为和已经取得的成果的认可。它作为基本工资以外的补充，往往随着员工业绩的变化而调整，具体包括佣金、团队奖励、利润分成等。

（3）激励工资。激励工资是和业绩直接挂钩的工资，被看作可变性工资。它可以分为：长期激励工资、短期激励工资；个人激励工资、团队激励工资、公司激励工资及混合激励工资。其中，衡量业绩的标准包括成本节约、产品数量、产品质量、税收、投资收益、利润增加等，具体包括股权和期权等。

（4）津贴补贴。津贴是指企业对特殊劳动条件下工作的员工付出的额外劳动、费用支付及所受到的健康损害而给予的特殊补贴。补贴是作为员工基本工资补充的一系列费用和实物的总和。

（5）福利。福利是指为了吸引员工到企业工作而根据需要设计的作为基本工资补充的一系列措施和实物的总和，具体包括休假、服务和保险等。

【微课堂】

> 假如你将在某企业实习，你觉得实习薪酬的高低对你是否重要？结合所学知识，谈谈你对实习薪酬的认识。

1.2 薪酬激励

薪酬激励是企业通过设计适当的奖酬形式和工作环境，以一定的行为规范和惩罚性措施，来最大限度地激发、引导、保持组织成员的行为，充分挖掘和发挥其内在潜力，使员工自觉自愿地为实现组织目标而奋斗。

1.2.1 薪酬激励的理论

20世纪初，随着工业革命和工商业的迅速发展，企业面临着更多的管理挑战。传统的强制性控制方法和单一的薪酬形式已经不能满足对员工激励和组织绩效管理的需求。在这个背景下，各种薪酬激励理论应运而生。

薪酬激励理论的发展可以追溯到20世纪初，如赫茨伯格的双因素理论。随着时间的推移，出现了更多的理论和模型，如马斯洛的需要层次理论。这些理论在不同的时期和背景下得到了发展和完善，为组织提供了不同角度和方法来管理薪酬激励。

薪酬激励理论包括内容型激励理论、过程型激励理论和行为改造型激励理论。内容型激励理论侧重于研究激励行为的起点，着重对激励的原因和起激励作用的具体内容进行探讨。过程型激励理论是在内容型激励理论的基础上发展起来的，侧重于对动机的形成和行为目标的选择进行研究。行为改造型激励理论着重于研究激励对工作中人的行为结果的影响。

1. 内容型激励理论

（1）马斯洛的需要层次理论。马斯洛在《人类动机的理论》一书中提出了需要层次论，他认为人的需要是以一种等级层次的方式排列的，当人的某一特定层级的需要得到最低限度的满足后，它就不再起激励作用了，人们会追求高一级的需要，并且高一级的需要会成为推动个人继续努力的内在动力。

马斯洛将需要层次定义为5个层级，如表1-1所示。

表 1-1 马斯洛需要层次的内容

层级	内容	备注
自我实现需要	这是最高层次的需要，是指实现个人理想、抱负，发挥个人潜能到最大限度，完成与自己的能力相称的一切事情的需要	较高级的需要：主要通过内部（个体内在的内容）使人得到满足
尊重需要	尊重需要包括内部尊重和外部尊重。内部尊重是指一个人希望自己有实力、能胜任工作、充满信心、能独立自主等。外部尊重是指一个人希望受到别人的尊重、信赖和高度评价等	
社会需要	社会需要包括爱、归属、接纳和友谊	
安全需要	安全需要大致与保障需要是类似的，它包括保护自己免受生理和情绪伤害的需要	较低级的需要：主要通过外部使人得到满足（如报酬、任职时间）
生理需要	生理需要通常是人类维持自身生存的最基本要求，如觅食、饮水、睡眠等	

（2）赫茨伯格的双因素理论。双因素理论（Two-factor Theory）是美国心理学家赫茨伯格提出的，它又称激励-保健理论（Motivation-hygiene Theory）。

赫茨伯格提出了表示满意程度的 4 种状态，认为满意的对立面应该是没有满意，不满意的对立面应该是没有不满意。其中，保健因素是指造成员工不满的因素，激励因素是指使员工感到满意的因素。

保健因素包括组织政策、工资和奖金、人际关系等与工作环境和工作条件有关的因素。这些因素只是起到预防职工出现不满的作用，如果这些因素得不到满足，会成为使员工感到不满意的因素，然而，这些因素即使得到满足也不能使员工的积极性得到发挥，只会使员工没有不满意。

激励因素包括工作上的认可和赞赏、挑战性、发展和成长等与工作本身有关的因素。这一类因素可以激发人们在工作中努力进取，形成积极向上的工作态度。如果这些因素得到满足，则会成为使员工感到满意的因素；但如果这些因素没有得到满足，也不会造成很大的不满意，只是没有满意。

（3）阿德弗的 ERG 理论。阿德弗在马斯洛需要层次理论的基础上，于 1972 年提出了 ERG 理论。ERG 理论认为，人的基本需要可以分为 3 个方面，即生存需要（Existence）、联系需要（Relatedness）和发展需要（Growth）。

生存需要关注满足基本的物质存在要求，这与马斯洛的生理需要和安全需要相对应。联系需要是指人与人之间建立友谊、信任、尊重和建立良好人际关系的要求，这与马斯洛的社会需要及尊重需要中的外在部分相对应。发展需要是指个人自我发展与自我完善的需要，这与马斯洛尊重需要的内在部分和自我实现需要相对应。

2. 过程型激励理论

（1）期望理论。1964 年，著名行为科学家弗罗姆在《工作与激励》中提出期望理论

（Expectancy Theory）。该理论一经提出就受到管理专家和实际管理工作者的普遍重视，该理论又被称为"效价-手段-期望理论"。

（2）公平理论。公平理论是美国的亚当斯于20世纪60年代提出的，它是研究人的动机和知觉关系的一种激励理论。公平理论的基本观点认为，当个人做出成绩并取得报酬后，他们不仅会关注自己所得报酬的绝对量，而且会关注自己所得报酬的相对量。

人们会通过种种比较来确定自己的报酬是否合理。常见的比较方式有横向比较和纵向比较。横向比较是个人将自己产出与自己投入的比值与其他人做比较，只有相等时，个人才认为公平；纵向比较是个人将自己目前投入的努力与目前获得的产出比值，同自己过去投入的努力与过去所获产出的比值进行比较，只有相等时，个人才认为公平。

3. 行为改造型激励理论

强化理论是哈佛大学心理学教授斯金纳提出的一种新行为主义论，也称为操作性条件反射论。强化理论认为强化塑造行为，认为人的行为只是对外部环境刺激所做的反应，只要创造和改变外部的操作条件，人的行为就会随之改变。强化的类型可以分为正强化、负强化、自然消退和惩罚4种，如图1-1所示。

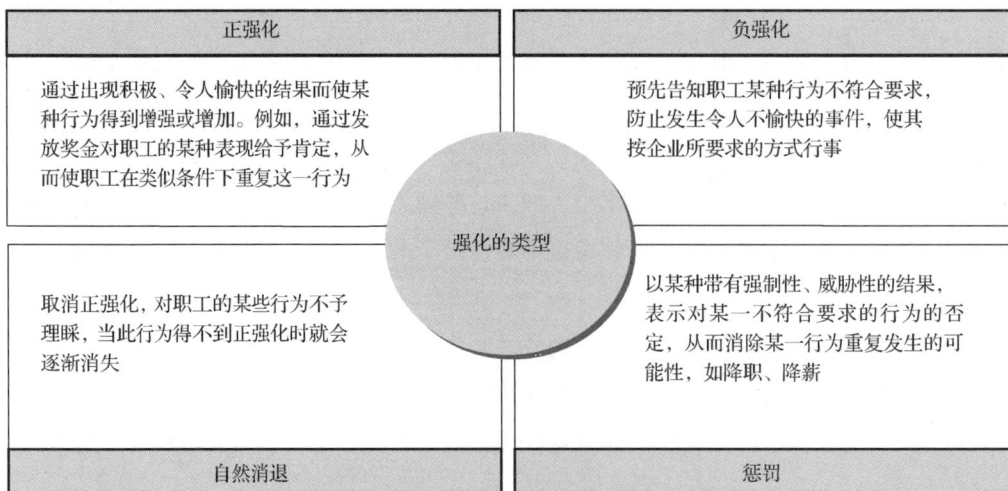

正强化	负强化
通过出现积极、令人愉快的结果而使某种行为得到增强或增加。例如，通过发放奖金对职工的某种表现给予肯定，从而使职工在类似条件下重复这一行为	预先告知职工某种行为不符合要求，防止发生令人不愉快的事件，使其按企业所要求的方式行事
取消正强化，对职工的某些行为不予理睬，当此行为得不到正强化时就会逐渐消失	以某种带有强制性、威胁性的结果，表示对某一不符合要求的行为的否定，从而消除某一行为重复发生的可能性，如降职、降薪
自然消退	惩罚

图1-1　强化的类型

另外，斯金纳还主张作为管理者，应多采用奖励而少采用惩罚，因为虽然惩罚对于消除员工的不良行为有较显著的效果，但是这种效果经常是暂时的，而且过多的惩罚还会导致员工的不满倾向。

1.2.2　股权激励

股权激励（Equity Incentive）是一种企业管理中常用的激励机制。企业通过向员工提供股权、期权等形式的激励方式，激发员工的积极性和归属感，促进员工与企业利益的共享与增长。

根据我国证监会 2016 年颁布的《上市公司股权激励管理办法》及国资委 2020 年颁布的《关于印发〈中央企业控股上市公司实施股权激励工作指引〉的通知》，股权激励特指上市公司以本公司股票或者其衍生权益为标的，对其董事、高级管理人员及管理、技术和业务骨干实施的长期激励。

1. 股权激励的发展

（1）股权激励的历史沿革。股权激励是企业经营管理中的一种长期薪酬激励机制，其思想萌芽可以追溯到 20 世纪 30 年代的美国。当时，一些具有改革精神的企业，为改变委托代理关系下企业所有者和经营者之间目标函数的不一致性，开始对股权激励进行探索。

一些企业尝试通过向员工（含高级管理者）提供一定数量的股份，以实现员工的利益与企业利益的相互衔接，这在一定程度上取得了良好的效果。然而，由于受到"资本至上"逻辑的限制，长期以来人力资本的作用被忽视。资本所有者在企业中的绝对占有权日益凸显，当时的股权激励被看作物质资本所有者对人力资本所有者的一种"恩赐"，从而体现了雇佣与被雇佣之间的不对等关系。

随着人力资源理论的不断发展、成熟，20 世纪 60 年代在美国企业中出现了真正意义上的股权激励机制。当时，股权激励是在对企业经营者和科技骨干实行契约化管理和落实资产责任的基础上进行的。这一机制对企业员工提高工作积极性和培养主人翁意识起到了重要的推动作用。通过股权激励，员工能够分享企业的成功并与企业的发展密切相关，从而激发他们的工作动力和创造力。

股权激励机制在 20 世纪 80 年代的美国得到了广泛应用和普及，对于恢复美国经济、提升企业经营绩效、降低代理成本及吸引核心人才发挥了重要作用。随后的几十年中，欧洲、亚洲等洲的国家都纷纷应用了这种激励制度，并取得了显著的激励效果。股权激励机制的引入促使员工与企业利益紧密相连，激发了员工的积极性和创造力，进而推动了企业的发展和竞争力的提升。

（2）股权激励理论的发展。伯利和米恩斯于 1932 年首次提出，在企业股权较为分散的情况下，不拥有企业股权的经理与相对较为分散的小股东之间存在利益矛盾。这是因为经理可能更关注自身的利益，而小股东则希望通过股东权益的增加来实现自己的利益最大化。然而，如果企业经理拥有相对较多的股权，他们的利益将会与广大股东们的利益趋于一致，从而使企业利益倾向于最大化。

斯图尔兹于 1958 年的研究表明，存在委托代理关系情况下，让企业管理人员适度持有股权可以在很大程度上缓和管理者与企业之间的利益冲突。詹森和麦克林于 1976 年的实证研究表明，管理层持股使其成为企业的股东，这有效降低了企业的代理成本，并进一步改善了业绩。

麦乃尔与瑟维尔于 1990 年的研究发现，企业价值与管理层持股水平之间存在倒 U 形的关系。基于这一发现，沃森·怀亚特（2003）的研究表明，管理层持股比例高的公司股东回报率比市场平均持股水平的公司股东回报率高出近 53%。这意味着管理层持股与股东回报率呈正相关关系。

2. 股权激励的模式

（1）常见的股权激励模式。

① 员工持股激励。员工持股激励是一种特殊的报酬激励计划，旨在吸引、留住和激励企业员工。该计划通过让企业内部员工认购本企业部分股权的形式，使员工能够享有剩余收益的索取权，并获得参与经营决策的权利。这种激励模式旨在增强员工对企业的归属感和责任感，提高员工的积极性和创造力，进而提升企业的绩效和竞争力。

② 虚拟股票。虚拟股票是指企业授予激励对象一种虚拟的股票，激励对象在规定的期限内可以根据其持有的股票数量获得相应的分红权和股价升值收益。与实际股票不同的是，虚拟股票不具有所有权和表决权，且无法转让和出售。此外，在激励对象离开企业时，虚拟股票将自动失效。

③ 股票增值权。股票增值权是一种类似于虚拟股票的权益，是企业授予激励对象的一种计算数量的权利。当企业股价上涨时，激励对象可以通过行使该权利获得相应的股价增值收益。与实际股票不同的是，持有股票增值权的激励对象并不真正拥有股票，因此没有股东表决权、配股权和分红权等权益。此外，股票增值权不能被转让、用作担保或用于偿还债务等。股票增值权旨在激励员工，并提供一种与企业股价表现相关的经济回报机制。

④ 限制性股票激励。限制性股票激励是一种企业为实现特定目的而采用的股权激励模式。在该计划中，企业按照预先确定的条件，向激励对象赠予或以较低价格出售一定数量的股票。不同于其他股权激励计划，激励对象只有在满足工作年限或特定业绩目标的情况下才能行使股票的转让权。这种激励方式旨在激发员工的积极性和创造力，并提供一种与企业长期利益相关的经济回报机制。

⑤ 延期支付计划。延期支付计划是指企业将管理层的部分薪酬按照当日企业股票市场价格折算成相应数量的股票，并存入专门为管理层人员设立的账户中，在达到企业规定的特定期限后，根据企业的决定，可以以股票形式或者根据期满时的股票市场价格以现金方式支付给激励对象。这种激励方式旨在将企业利益与管理层的长期利益紧密相关，并提供一种与企业股价表现和绩效挂钩的经济回报机制。

⑥ 储蓄-股票参与计划。储蓄-股票参与计划是指参加该计划的员工将每月工资的一定比例存入储蓄账户，就可以在一定时间内两次以低于股票市价的价格购买企业一定数量的股票，企业根据员工认购股数、认购价与到期时市价的差额支付给员工个人的收益。

⑦ 业绩股票。业绩股票是指企业将普通股作为长期激励性报酬支付给经营者和具有明确业务负责人身份的工作人员，其获得业绩股票的资格主要取决于事先规定的业绩指标的达成情况。在这种激励计划中，业绩股票的获取与个人的业绩表现直接相关。一旦达到预设的业绩目标，激励对象就有机会获得相应数量的业绩股票。这种激励方式旨在激发经营者和业务负责人的积极性和创造力，并提供一种与个人绩效和公司业绩紧密挂钩的经济回报机制。

⑧ 管理层/员工收购。管理层/员工收购是指企业的管理层或员工利用借贷或股权交易等融

资手段，以收购企业股权的方式成为企业的部分或全部所有者。在这种收购过程中，管理层或员工通过自己的资金或借入的资金来购买企业的股权，从而获得对企业的控制权或一定比例的股权。

（2）常见的股权激励模式的优缺点和适合的企业类型如表 1-2 所示。

表 1-2　　　　　　　　　　常见的股权激励模式的优缺点和适合的企业类型

激励模式	优点	缺点	适合的企业类型
员工持股激励	可以激励员工，增强员工的参与感和责任感	员工所持股权不能转让、交易、继承，股权管理复杂	行业较成熟、市场规模稳定增长的企业；初期创业企业；高科技企业
虚拟股票	虚拟股票的发放不会影响企业的总资本和所有权结构，无须证监会的批示，只需股东大会通过即可	企业的现金压力较大，虚拟股票的行权价和抛售时的价格确定难度较大	现金流量比较充裕的非上市企业和上市企业
股票增值权	激励对象无须付出现金，证监会无须审批	资本市场的弱有效性使股价和经营者的业绩关联不大，企业的现金压力较大	现金流量比较充裕且股价比较稳定的上市企业或非上市企业
限制性股票激励	激励对象一般不需要付钱购买，可以激励高级管理人员将更多的时间和精力投入长期战略目标中	业绩目标或股价目标的科学确定较困难，现金流压力较大	业绩不佳的上市企业；产业调整期的上市企业；初创非上市企业
延期支付计划	锁定时间长，增加了激励人员的退出成本，有利于长期激励，留住并吸引人员；计划可操作性强	高管人员持股数量较少，难以产生较大的激励力度，股票二级市场具有风险的不确定性，持有者不能及时将薪酬变现	业绩稳定型上市企业及集团企业、子企业
储蓄-股票参与计划	吸引和留住不同层次的高素质人才，并为向所有员工提供分享企业潜在收益的机会创造了条件	激励力度可能不够，有平均化和福利化倾向，激励作用较小，无法达到预期的激励目的	高科技上市企业及其子企业；创业板上市企业及其子企业
业绩股票	激励高管人员努力完成业绩目标，实现股东和高管的双赢	业绩目标确定的科学性很难保证，容易导致高管人员为获取业绩股票而弄虚作假；高管人员抛售股票受到限制	业绩稳定型上市企业及其集团企业、子企业
管理层/员工收购	长期激励作用十分明显，能够将管理层/员工的利益与企业利益绑在一起，有利于企业的发展	目标企业价值的准确评估困难，收购资金来源缺乏，若处理不当，收购成本将激增	国有资本退出的企业；集体所有制企业；反收购时期的企业

【微课堂】

目前国内关于股权激励的研究很多，结合所学知识，谈谈你对股权激励的理解及你觉得在我国应用股权激励会面临哪些问题。

1.3 | 薪酬管理

作为企业人力资源管理的重要工作之一，对于企业经营管理来说，薪酬管理重要性已日益体现出来。科学合理的薪酬管理不仅能合理控制企业的人力资源成本，而且能有效地促进人力资源投资的升值和企业经营目标的达成。

1.3.1 薪酬管理的概念

薪酬管理是指企业在组织发展战略的指导下，对员工薪酬支付原则、薪酬策略、薪酬体系、薪酬水平、薪酬结构、薪酬构成等进行确定、分配和系统调整的动态管理过程。

通过科学的薪酬管理，企业能够有效控制人力成本和提高成本效益。同时，科学的薪酬管理也能激励员工，促进员工绩效的提高，增强员工工作的积极性。

薪酬管理的原则

合理的薪酬管理有利于促进员工的知识积累和技能提升，并构建和谐的组织氛围，营造良好的工作环境。此外，科学的薪酬管理有助于将员工的个人目标与企业目标有机结合，进而提高员工的稳定性，增强企业对优秀人才的吸引力。

1.3.2 薪酬管理的内容

薪酬管理的内容主要包括薪酬测算、薪酬预算、薪酬调整和薪酬控制 4 大部分。

1. 薪酬测算

企业在进行薪酬水平设计或薪酬调整时，均需要结合企业人工成本总额预算及各岗位人才市场人才供给情况所决定的薪酬水平，对企业各岗位的薪酬额度进行科学合理的测算。

薪酬测算，就是通过科学的计算方法，对薪酬调整后的一种预期性结果的科学分析过程。薪酬测算的目的是既保证企业的薪酬总额及薪酬水平能更加符合企业的实际情况，同时又保证在劳动力市场上具备一定的竞争性。通过薪酬测算，企业能对薪酬调整的总体额度进行合理控制，进而较准确地确定各岗位薪酬的调整幅度。

2. 薪酬预算

薪酬预算是一种定量的控制计划，是指管理者在薪酬管理过程中进行的一系列成本开支方面的权衡和取舍。准确的薪酬预算，可保证企业在未来一定周期内的薪酬支付受到一定程度的协调和控制。

基本工资预算是企业战略决策过程中的一个关键程序。企业在进行经营决策时必须把企业的市场经营状况、本企业经营状况、人力资源成本控制等因素结合起来进行考虑。基本工资预算也是确保薪酬成本不超出企业承受能力的必要手段。

3. 薪酬调整

企业在薪酬执行过程中，经常会出现一些薪酬制定不符合现实情况或执行不理想的情形，因此要不断地对其已有薪酬进行调整。

企业薪酬调整的合理与否，决定了薪酬调整对员工激励作用的大小。因此，企业在进行薪酬调整前应全面收集资料、调查了解，有针对性地去调整薪酬水平或薪酬结构。企业薪酬调整的内容如表 1-3 所示。

表 1-3　　　　　　　　　　　　　　企业薪酬调整的内容

调整内容	具体说明
薪酬水平调整	（1）薪酬水平包括整体薪酬水平和个别岗位薪酬水平 （2）薪酬水平不仅会随着劳动力市场上社会生活水平的提高而提高，还会随着劳动力市场上各类人员的供给情况而变化。因此，在调整薪酬水平时，企业不仅应考虑其整体薪酬水平与市场上薪酬水平之间的差距，还要考虑某些紧缺岗位薪酬水平的竞争力
薪酬结构调整	薪酬结构调整是指调整薪酬的各个组成项目。随着企业经营状况的不断发展，原有的薪酬结构不能很好地支撑和适应企业的日常运营，因此，企业要根据不同的发展阶段进行相应的薪酬结构调整
薪酬比例调整	（1）企业的薪酬一般由固定部分和浮动部分组成，薪酬比例调整也就是在这两部分所占比例的大小上进行重新定位 （2）薪酬比例要根据企业的不同发展阶段进行相应的调整，以适应企业发展的需要。企业在薪酬比例调整中，需重新发现员工激励的最佳平衡点
薪酬差距调整	（1）企业内不同等级的员工薪酬水平应存在一定的差距，以区别各岗位人员给企业带来的价值大小、各岗位人员的技能水平和业绩水平 （2）薪酬水平的公平性都是相对的，而薪酬差异化则是绝对的。随着各岗位人员业绩的不断增长和技能水平的不断提高，各岗位之间的薪酬差距也应该有相应的调整，以保证员工对薪酬的满意度及对企业的认可度和归属感
薪酬综合调整	（1）薪酬综合调整是指对薪酬组成的各个因素均需要采取相应的调整措施 （2）在进行这类调整时，既要考虑到社会因素的影响，又要考虑企业所处的特殊发展阶段、员工的劳动力市场供应情况及企业内部员工的公平性问题

企业在进行薪酬调整时，应积极进行市场薪酬水平调查及内部员工薪酬满意度调查，全面了解企业内外部薪酬实施情况，以减少企业薪酬调整带来的负面影响。只有这样才能保证企业薪酬政策能够持续有效地支持企业战略目标的实现。

4. 薪酬控制

企业的薪酬控制主要是指对薪酬费用总额的控制，目的是避免因薪酬过快增长而导致超出企业实际支付能力情况的发生。薪酬控制的常用方法一般有通过员工数量和工时来控制薪酬、通过薪酬结构调整和薪酬水平调整来控制薪酬、通过薪酬技术进行潜在的薪酬控制 3 种。

（1）通过员工数量和工时来控制薪酬。它通常包括控制员工的聘用数量和用工时数。控制员工数量是指长期保留核心员工，而对于非核心员工来说，则根据企业的经营特点建立短期用工机制。控制用工时数实现薪酬控制，即通过控制员工实际工作的时间来进行薪酬费用控制，但此方法的应用应建立在符合国家相关法律法规的基础上。

（2）通过薪酬结构调整和薪酬水平调整来控制薪酬的方法如表 1-4 所示。

表 1-4　　　　　　　通过薪酬结构调整和薪酬水平调整来控制薪酬的方法

控制类型	控制方法	详细说明
薪酬水平调整	薪酬冻结	薪酬冻结是为了稳定员工的情绪，增加企业实力；节省下来的资金可用于企业再生产或者开辟新的销售渠道
	延缓提薪	延缓提薪是指暂时推迟一段时间再给应加薪的员工加薪，采用此方法应该事先与员工沟通好
	控制间接薪酬支出	控制或压缩企业的福利费用，避免直接控制工资给员工带来负面影响
薪酬结构调整	控制可变薪酬支出	采用此方法的前提是，企业的薪酬组成中既有固定部分，也有可变部分；企业可通过对可变部分的控制，来实现对薪酬总额的控制

（3）通过薪酬技术进行潜在的薪酬控制。企业可以通过工作评价、薪酬调查、薪酬结构、宽带薪酬、最高和最低薪酬水平控制、成本分析、薪酬比例比较等薪酬技术手段，来改善薪酬成本控制工作。

1.3.3　薪酬管理的目标

薪酬要发挥其应有的作用，薪酬管理应达到 3 个目标：效率目标、公平目标、合法目标。达到效率目标和公平目标，就能促使薪酬激励作用的实现，而合法性是薪酬管理的基本要求，因为合法是企业存在和发展的基础。薪酬管理的目标如表 1-5 所示。

表 1-5　　　　　　　　　　　　　　薪酬管理的目标

目标	具体说明
效率目标	效率目标包括两个层面：第一个层面是站在产出角度来看，薪酬能给组织绩效带来最大价值；第二个层面是站在投入角度来看，实现薪酬成本控制。薪酬效率目标的本质是用适当的薪酬成本给组织带来最大的价值
公平目标	公平目标包括 3 个层次：分配公平、过程公平、机会公平。 （1）分配公平是指组织在进行人事决策、决定各种奖励措施时，应秉持公平的原则。如果员工认为受到不公平对待，将会产生不满。员工对于分配公平的认知，来自其对工作的投入与所得进行的主观比较，在这个过程中还会与过去的工作经验、同事、同行、朋友等进行对比 分配公平分为自我公平、内部公平和外部公平 3 个方面。自我公平，即员工获得的薪酬应与其付出成正比；内部公平，即同一企业中，不同职务的员工获得的薪酬应与其各自对企业做出的贡献成正比；外部公平，即同一行业、同一地区或同等规模的不同企业中类似职务的薪酬应基本相同 （2）过程公平是指在决定任何奖惩决策时，组织所依据的决策标准或方法符合公正性原则，程序公平一致、标准明确、过程公开等 （3）机会公平是指组织赋予所有员工同样的发展机会，包括组织在决策前与员工互相沟通、组织决策考虑员工的意见、考虑员工的立场、建立员工申诉机制等
合法目标	合法目标是企业薪酬管理的基本前提，要求企业实施的薪酬制度符合各级法律法规、政策条例的要求，如不能违反最低工资制度、法定保险福利、薪酬指导线制度等的规定

1.3.4　薪酬管理模型的开发与选择

薪酬管理模型是企业整体薪酬体系设计的指南针，体现了企业分配原则的主要内容，用于管理企业内部的薪酬制度和相关政策。该模型涵盖了薪酬策略、薪酬结构、薪酬水平、绩效评估、奖励机制等要素，以实现企业的薪酬管理目标。

1. 薪酬管理模型的开发

薪酬管理模型的开发需要考虑与员工的沟通和合作，听取员工的意见和建议，并进行适当的调整。同时，对于涉及敏感信息的薪酬管理，企业需要保持机密性和隐私性，合法合规地进行薪酬管理，避免人为压低员工的薪酬水平，切实维护员工的权益和利益。薪酬管理模型的开发需要以下几个步骤。

（1）确定目标和需求。明确企业的薪酬管理目标，确定需要开发的薪酬管理模型所要解决的具体问题和需求。

（2）数据收集与分析。收集相关的薪酬数据，包括员工薪资、市场薪酬数据、绩效评估结果等。企业要对薪酬数据进行分析和整理，获取基础数据指标和关联关系。

（3）模型设计。企业要根据目标和数据分析结果，设计薪酬管理模型的结构和要素，包括薪酬结构、绩效评估方法、奖励机制等。

（4）参数设定与计算。根据模型设计，设定相应的参数和计算公式，用于计算薪酬水平、绩效评估得分、奖励金额等。

（5）实施薪酬管理模型。企业将开发的薪酬管理模型投入实践，并建立完整的评估体系和反馈机制。

（6）监测与调整。随着企业的发展和市场的变化，企业需不断监测和评估薪酬管理模型的运作情况，并及时调整和优化，确保模型的科学性和有效性。

2. 薪酬管理模型的选择

企业应根据自身情况和发展目标，结合员工需求和市场环境对薪酬管理模型进行综合评估和决策。同时，企业也可以借鉴其他企业的成功经验和最佳实践，不断优化和改进薪酬管理模型，以增强员工的工作动力和企业的竞争力。

1.3.5 薪酬管理与人力资源管理的关系

1. 薪酬管理与人力资源管理的差异

（1）范围不同。薪酬管理是人力资源管理的一部分，而人力资源管理则包含员工的招聘录用、培训发展、绩效管理、员工关系管理、福利保障等多个方面。

（2）目标不同。薪酬管理主要涉及制定和执行企业薪酬政策、激励方案和绩效评估等相关工作，而人力资源管理的目标是最大化员工的价值和利益，提升组织的经营绩效和竞争力。

（3）管理层次不同。薪酬管理通常由财务部门或人力资源部门的专业人员负责，而人力资源管理需要各级领导的共同努力，包括高层管理人员、人力资源部门、中层管理人员和一线主管等。

（4）重点不同。薪酬管理更加侧重于员工薪酬和激励问题，其目的是通过适当的薪酬和激励方式来吸引、留住和激励优秀的人才，而人力资源管理则需要综合考虑多个方面，包括员工的招聘、培训、绩效、关系、福利等。

（5）评估不同。薪酬管理的评估主要从薪酬和激励的角度出发，而人力资源管理的评估则需要考虑多个方面，包括员工能力水平、岗位匹配度、绩效表现、职业发展计划等。

2. 薪酬管理与人力资源管理的互动关系

（1）目标协调。薪酬管理的目标与人力资源管理的目标应该相互协调一致。人力资源管理的目标是最大化员工的价值和利益，而薪酬管理的目标是通过薪酬和激励方式来吸引、留住和激励员工。两者需要在制定薪酬政策和激励方案时相互配合，以满足员工需求和组织战略目标。

（2）绩效评估和薪酬奖励。人力资源管理通过绩效管理来评估员工的工作表现和贡献，而薪酬管理则根据绩效评估结果给予薪酬奖励。两者需要密切合作，确保绩效评估的公正性和准确性，并根据评估结果制定合理的薪酬激励方案，以激发员工的积极性和改善绩效。

（3）员工发展与薪酬提升。人力资源管理通过培训和发展计划提升员工的能力和职业素养，而薪酬管理需要根据员工的发展和职位变化，调整相应的薪酬水平。两者之间的互动关系在帮助员工实现个人发展的同时，也促进了组织的人才储备和竞争力提升。

（4）员工满意度和福利保障。人力资源管理致力于提高员工的工作满意度和福利保障，而薪酬管理是其中重要的一部分。合理的薪酬水平和激励方案可以提升员工的工作动力和满意度，同时也是吸引和留住人才的重要手段。两者需要在薪酬政策、福利待遇等方面进行协调和统筹，以实现员工与组织的双赢局面。

1.3.6 薪酬管理与战略管理的关系

1. 薪酬管理与战略管理的差异

（1）目标不同。薪酬管理的主要目标是设计和实施合适的薪酬制度，以吸引、激励和留住人才，并确保员工的报酬与其表现相关。而战略管理的目标是通过制订和执行长期的战略计划来实现组织的整体目标，包括市场份额增长、业务扩展、利润最大化等。

（2）时间范围不同。薪酬管理通常着眼于短期或中期的目标，如年度绩效考核和奖励分配等。而战略管理则追求长期目标的实现，可能需要考虑更长时间跨度内的发展规划和投资决策。

（3）决策层面不同。薪酬管理通常由人力资源部门或专门的薪酬管理团队负责，其决策和实施更侧重于管理层级相对较低的员工。而战略管理则是由高层管理人员进行决策，并涉及整个组织的方方面面。

（4）影响范围不同。薪酬管理主要影响个别员工和团队，其重点在于激励和奖励个体的行为和业绩。而战略管理的影响范围更广泛，涉及整个组织的战略定位、竞争优势、资源配置等方面。

（5）管理重点不同。薪酬管理的核心是设计合理的薪酬体系和激励机制，以满足员工的经济需求，并提升员工的工作动力和满意度。而战略管理的重点在于确定和实施长期战略，包括市场调查、业务规划、竞争分析、风险管理等。

2. 薪酬管理与战略管理的联系

合理的薪酬管理可以吸引和留住优秀人才，提升公司的人才储备能力和组织能力，从而为公司战略管理的实现提供有力支持。同时，战略管理对薪酬管理有着直接的影响，公司战略管理的目标和发展方向会决定员工需要具备的技能和能力，以及他们在实施公司战略过程中所扮演的角色，而薪酬管理则是通过设计合理的薪酬体系来激励员工为实现公司战略目标而努力工作。此外，公司战略管理还会影响到薪酬水平的设定。

1.3.7　薪酬管理的新趋势

薪酬管理的新趋势主要是以绩效导向为核心、个性化定制为特点、全球化管理视野为背景、员工福利保障为重点、人工智能技术的应用为手段的发展方向。

1．强调绩效导向

以往的薪酬管理方式主要是按照岗位等级和工作年限等因素来决定薪资水平，但现在越来越多的企业采用绩效导向的薪酬管理方式。这种薪酬管理方式通过员工的工作表现来确定薪资水平，鼓励员工通过提高绩效来获取更高的薪资回报。

2．个性化定制

由于员工的需求和期望越来越多样化，越来越多的企业开始推行个性化定制的薪酬管理方式。这种薪酬管理方式根据员工的特点和需要来制定个性化的薪资方案，既能满足员工的需求，又能提高员工的工作积极性和满意度。

3．全球化管理视野

随着企业国际化和全球化程度的不断加深，薪酬管理也逐渐呈现出全球化管理视野。企业需要考虑不同文化背景、法律法规和市场环境下的薪酬管理问题，制定符合当地实际情况的薪酬政策和方案。

4．强调员工福利

薪酬管理不再仅仅是员工的薪资待遇，也包括员工福利保障方面的考虑。越来越多的企业开始提供更加灵活的工作制度、健康保险、子女教育补助等福利保障，以提高员工的工作满意度和忠诚度。

5．人工智能技术的应用

随着人工智能技术的发展，越来越多的企业开始使用智能化的薪酬管理系统来管理薪资和绩效，以提高效率和减少出错机会。同时，人工智能也可以用来预测未来的薪酬趋势，帮助企业及时调整薪资政策和方案。

【微课堂】

> A公司需要对公司的薪酬水平进行调整，人工成本预算总量增加14%左右，基本工资调整为 10%～18%，奖励性和工龄性工资暂不调整。请你为 A 公司制订一份薪酬调整工作计划。

问题思考

1. 谈谈你对薪酬的理解。
2. 常见的股权激励模式有哪几种？
3. 请简析薪酬管理的内容及目标。
4. 请简述薪酬管理与战略管理的关系。

知识链接

"股权激励""股票期权收入""入股分红""企业年金"是否应计入工资总额？

现行《劳动工资统计报表制度》规定，发放给本单位从业人员的各种股权激励、股票期权收入、入股分红等均不计入工资总额统计。国家统计局办公室2002年印发的《关于劳动统计年报新增指标解释及问题解答的通知》中明确规定，单位为职工缴纳的补充养老保险、补充医疗保险暂不做工资总额统计，其他各种商业性保险其性质为劳动报酬，因此应计入工资统计。"企业年金""职业年金"属于补充养老保险，和基本养老保险的统计口径一样，所以，单位缴纳的部分不作为工资总额统计，但是个人扣缴部分应计入工资总额。

薪酬体系的设计

第 2 章

【本章知识导图】

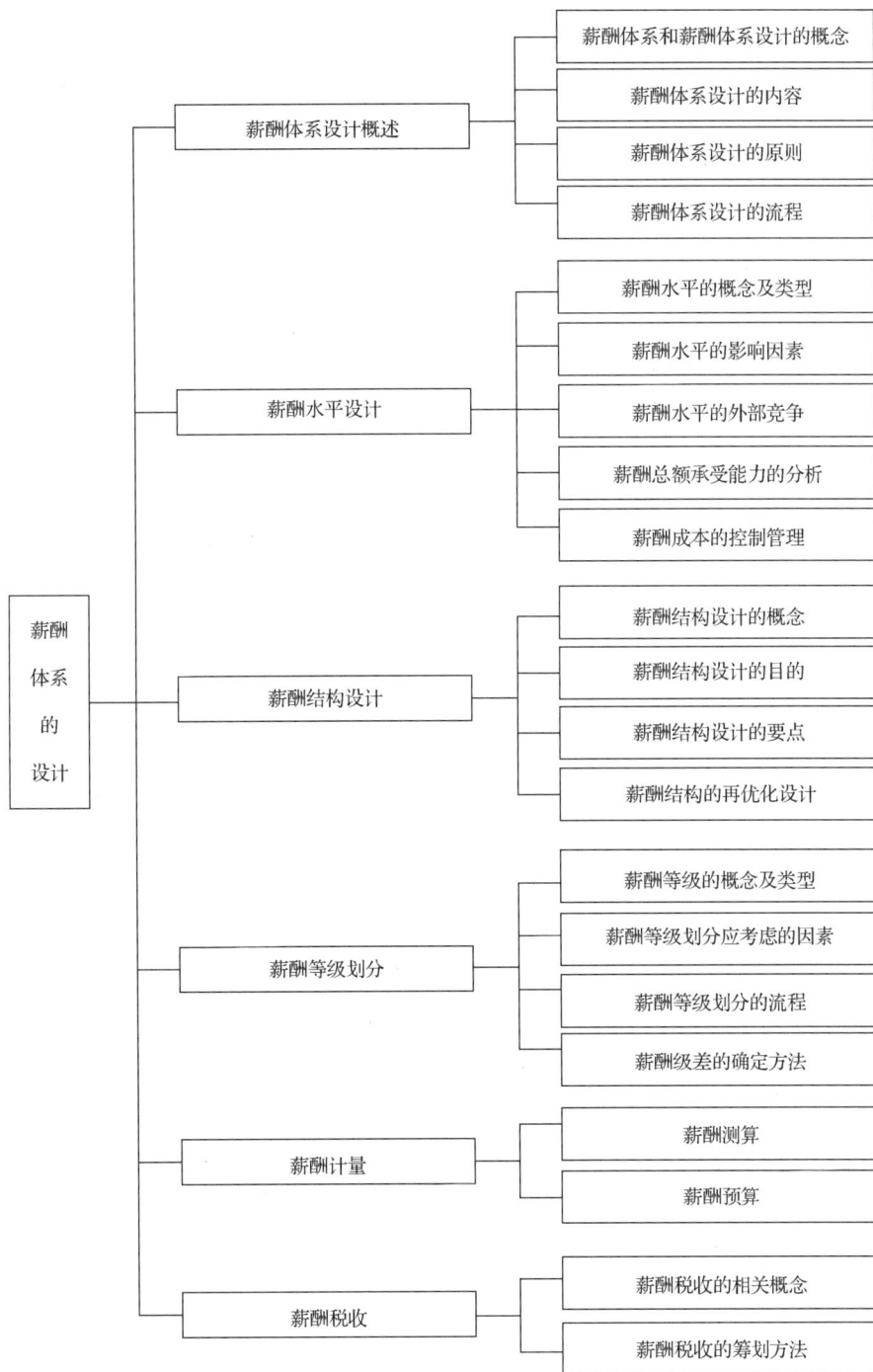

```
                                    ┌─ 薪酬体系和薪酬体系设计的概念
                     薪酬体系设计概述 ─┤─ 薪酬体系设计的内容
                                    │─ 薪酬体系设计的原则
                                    └─ 薪酬体系设计的流程

                                    ┌─ 薪酬水平的概念及类型
                                    │─ 薪酬水平的影响因素
                     薪酬水平设计 ───┤─ 薪酬水平的外部竞争
                                    │─ 薪酬总额承受能力的分析
                                    └─ 薪酬成本的控制管理

                                    ┌─ 薪酬结构设计的概念
    薪酬                            │─ 薪酬结构设计的目的
    体系  ──── 薪酬结构设计 ────────┤─ 薪酬结构设计的要点
    的                              └─ 薪酬结构的再优化设计
    设计
                                    ┌─ 薪酬等级的概念及类型
                                    │─ 薪酬等级划分应考虑的因素
                     薪酬等级划分 ───┤─ 薪酬等级划分的流程
                                    └─ 薪酬级差的确定方法

                                    ┌─ 薪酬测算
                     薪酬计量 ───────┤
                                    └─ 薪酬预算

                                    ┌─ 薪酬税收的相关概念
                     薪酬税收 ───────┤
                                    └─ 薪酬税收的筹划方法
```

【学习目标】

职业知识	• 理解薪酬体系设计的概念和原则 • 掌握薪酬水平的概念、类型和影响因素 • 熟悉薪酬结构设计的目的、要点和再优化方法 • 了解薪酬等级的概念、划分流程和级差确定方法 • 掌握薪酬计量的方法，包括测算和预算 • 了解薪酬税收的概念和筹划方法
职业能力	• 能够运用薪酬体系设计的原则，设计符合组织需求的薪酬体系 • 能够进行薪酬成本的控制管理，确保合理的薪酬支出 • 能够设计和优化薪酬结构，实现内部公平和激励机制 • 能够进行薪酬计量，包括测算员工薪酬和预算薪酬支出
职业素质	• 具备良好的学习能力和信息获取能力，能够不断学习薪酬管理的知识 • 具备沟通和协调能力，能够与不同部门和员工进行有效沟通 • 具备创新思维和团队合作精神，能够提出改进和优化薪酬管理的建议

2.1 薪酬体系设计概述

薪酬体系设计是全面薪酬管理理念的体现，其设计包括外在薪酬和内在薪酬两部分在内的、有可操作性的、全面系统的薪酬体系。它需要确定企业的薪酬水平、薪酬结构、薪酬等级，并明确薪酬的计量方法、支付方式、薪酬税收筹划，以及符合薪酬相关法律法规的规定要求。

2.1.1 薪酬体系和薪酬体系设计的概念

薪酬体系是企业人力资源管理系统的一个子系统。它向员工传递了企业中的价值取向，并且为向员工支付报酬建立了政策和程序。

薪酬体系主要由外在薪酬和内在薪酬两部分构成。外在薪酬包括直接货币收入（如工资、奖金、津贴、补贴、分红、股票期权等）和间接货币收入（如各种福利、培训、保险、带薪假、旅游等）。内在薪酬包括工作本身给员工带来的满足感（如快乐、荣誉、成就感、权力、参与等）和工作环境给员工带来的满足感（如工作条件、工作氛围、公司文化、同事间的友情等）。

薪酬体系设计是指企业在薪酬体系构建过程中，对薪酬体系中的各个构成因素分别采取科学的方法去收集、获取并统计与分析相关资料和数据，以使薪酬体系的各个构成因素均有存在的意义和价值的一个过程。

2.1.2　薪酬体系设计的内容

企业在进行薪酬体系设计时应重点考虑的因素如表 2-1 所示。

表 2-1　　　　　　　　　　　　薪酬体系设计时应重点考虑的因素

重点考虑的因素	具体说明
薪酬定位	以岗定薪还是以人定薪
薪酬水平	整体水平与局部水平
薪酬差距	外部差距与内部差距
薪酬名义	各薪酬组成项目及设计此项目的原因
薪酬结构	单一薪酬结构还是全面薪酬结构
薪酬发放时间	实施月度、季度还是年度发放薪酬
薪酬发放方法	结合绩效考核发放薪酬还是固定薪酬
浮动薪酬与固定薪酬的比例	各组成部分的比例分别是多少

企业应在明确了以上因素后再展开薪酬体系设计。薪酬体系设计的内容包括薪酬调查、确定薪酬分配的原则和策略、工作分析等。

1．薪酬调查

薪酬调查是薪酬体系设计中的关键环节。它解决的是薪酬的对外竞争力和对内公平问题，是整个薪酬体系设计的基础。只有实事求是的薪酬调查，才能使薪酬体系设计做到有的放矢，才能解决企业薪酬激励的根本问题。

通常，企业薪酬调查需要了解表 2-2 所示的内容。

表 2-2　　　　　　　　　　　　企业薪酬调查的内容

薪酬调查的内容	具体说明
企业薪酬现状调查	通过科学的问卷设计，从薪酬水平的 3 个公平（内部公平、外部公平、自我公平）的角度了解现有薪酬体系中的主要问题及造成问题的原因
薪酬水平调查	薪酬水平调查主要收集行业和地区的薪资增长状况、不同薪酬结构对比、不同职位和不同级别的职位薪酬数据、奖金和福利状况、长期激励措施及未来薪酬走势分析等信息
薪酬影响因素调查	综合考虑薪酬的外部影响因素，如国家的宏观经济、通货膨胀、行业特点和行业竞争、人才供需状况，以及企业的内部影响因素，如盈利能力和支付能力、人员的素质要求及企业发展阶段、人才稀缺度、招聘难度

2．确定薪酬分配的原则和策略

在充分了解企业目前薪酬管理状况的基础上，确定薪酬分配的依据和原则，以此为基础确定企业薪酬分配的有关政策与策略。薪酬分配的原则和策略的确定是企业薪酬体系设计后续环节的前提，如不同层次、不同系列人员收入差距的标准，薪酬的构成和各部分的比例等。

3．工作分析

工作分析是薪酬体系设计的基础性工作。其基本步骤如图 2-1 所示。

1	分析确定企业经营目标
2	进行业务分析和人员分析
3	明确各部门职能和职位关系
4	进行岗位职责调查分析
5	由岗位员工、员工上级和人力资源管理部门共同完成职位说明书的编写

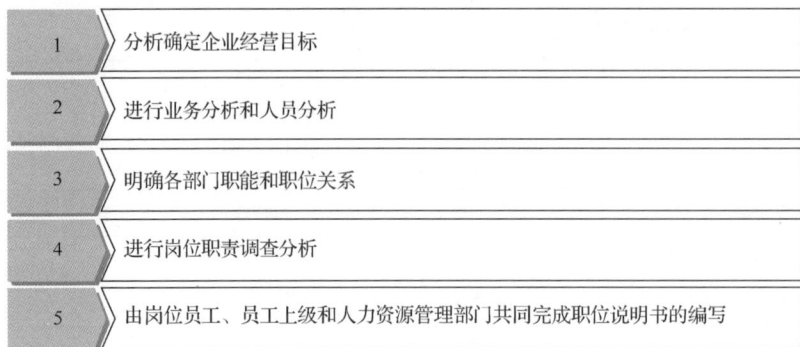

图 2-1　工作分析的基本步骤

2.1.3　薪酬体系设计的原则

企业薪酬体系设计是一种战略决策，它与企业的发展密切相关。企业在设计薪酬体系时，应遵循以下 7 项原则。

（1）公平性。公平性体现在 3 个方面：企业内部员工之间的横向公平性；同一员工在不同时间段内的纵向公平性；在劳动力市场上，同一行业、相同岗位员工的外部公平性。

（2）经济性。企业在进行薪酬体系设计时既要考虑到企业薪酬的对外竞争性，又不能忽视本企业的经济承受能力。

（3）激励性。不同职务、不同绩效水平的员工，薪酬水平之间应拉开差距，以鼓励员工继续努力工作，激发其工作潜能，保证薪酬总额的激励作用。

（4）合法性。薪酬体系设计应符合国家相关法律法规，如最低工资、工作时间、加班加点工资、经济补偿金等方面。

（5）补充性。员工收入应能保证其正常生活和工作的基本费用，如衣食住行、学习、培训等。

（6）战略导向性。企业在进行薪酬体系设计时应立足于企业的战略决策，对薪酬体系中各因素的重要性进行排序，进而确定各岗位的价值大小，在此基础上设计出来的薪酬体系才能有助于企业战略目标的达成。

（7）外部竞争性。企业要想吸引并留住优秀人才，薪酬水平的对外竞争性是必不可少的因素。只有企业的薪酬水平具备了市场竞争性，才能保证优秀人才在本企业内不遗余力地发挥作用。

2.1.4　薪酬体系设计的流程

薪酬体系在人力资源管理中的重要作用已日益体现出来。科学、合理的薪酬体系不仅能有效地服务于企业的经营发展战略，合理地控制企业的人工成本，吸引、留住并激励优秀人才努力工作，更是有效保障企业和员工双方友好合作的重要筹码。因此，科学、合理的薪酬体系设计应该具有内部激励性和外部竞争性。

本着薪酬体系设计的原则，同时为了实现企业薪酬管理的目的，企业在进行薪酬体系设计时应遵守以下流程。

1. 确定薪酬策略

企业在不同的发展阶段，其规模、市场、知名度、财务状况等均有不同的特点，因此，企业应该针对这些特定时期的不同特点，选择不同的薪酬策略，以实现薪酬策略服务于企业经营发展战略的有效性。

在不同的发展阶段，企业应根据不同的情况选择与确定不同的策略。不同时期的企业薪酬策略如表 2-3 所示。

表 2-3 不同时期的企业薪酬策略

发展时期	薪酬策略
创业期	企业在创业初期困难重重，应尽量减少企业的财务压力，因而应采用刚性较小的薪酬制度。为了使薪酬体系的灵活性增强，避免员工对降薪过度敏感，企业在创业初期应采用"低工资、高奖励"的薪酬策略
成长期	成长期的主要特点是企业的产品销量猛增，市场占有率大幅度提高，企业的产品和服务具有一定的知名度，市场销量良好，资金流入加快，因而企业资金较为宽裕。这时，企业适当提高基本工资以增加员工的忠诚度、提高员工的工作热情，有利于企业的进一步扩张。因此，企业在成长期应采用"高工资、高奖励"的薪酬策略
成熟期	成熟期企业的规模、销量、利润、市场占有率均达到最佳状态。企业的影响能力、生产能力及研发能力也处于鼎盛时期，企业及产品的社会知名度均比较高。在这个阶段，企业的基本工资可保持一般水平，但为了激励员工，鼓励产品创新、服务创新、管理创新，企业应加大奖金激励力度，并充分利用非经济性报酬进行激励，以提高员工满意度
衰退期	衰退期并不意味着企业的消亡，而是企业发展的低谷，此时企业经营状况不佳，员工士气低落、离职率上升等不良现象频繁出现。此时，企业应采取收缩战略，控制成本，剥离亏损业务，并有计划地培育新的增长点，使企业有效蜕变。在蜕变过程中，企业主要应稳定员工，留住核心队伍和关键人物，为企业东山再起提供人力保障。因此，企业应采取加强对外竞争力、提高基本工资和福利的薪酬策略

2. 进行工作分析

工作分析一般是分析职位的工作性质、工作环境好坏、所承担责任的大小、劳动强度大小、岗位任职资格等。

3. 组织岗位评价

岗位评价不仅明确了企业内部各职位之间的价值大小，还为企业实施外部薪酬市场调查统一了职位名称及工作内容标准，实现了不同企业内部职位及薪酬的可比性。

4. 开展薪酬调查

在开展薪酬调查时，企业需要明确调查的目的、对象、方式、被调查的岗位、调查结果分析等内容。通常，薪酬调查的步骤包括确定调查必要性、选择调查职位、界定调查范围、选择要搜集的薪酬数据、设计调查问卷，并实施调查、核实、分析数据和资料，以及提交薪酬调查报告。这些步骤是薪酬调查的通用流程，具体的步骤可能会因不同的调查目的、对象和方式而有所不同。因此在开展薪酬调查时，企业需要根据具体情况进行适当调整，以确保调查结果的准确性和有效性。

5. 进行薪酬定位

薪酬定位是企业薪酬体系设计中的关键环节，它不仅明确了企业的薪酬水平，而且明确了企业薪酬水平在劳动力市场上的竞争力。

影响企业薪酬定位的因素包括内部因素和外部因素。其中，内部因素包括企业薪酬策略、人力资源规划、企业盈利能力、企业支付能力、企业发展阶段、员工培养速度等；外部因素包括产品市场差异化程度、国家法律法规、目标劳动力市场的薪酬水平、目标劳动力市场人才竞争的激烈程度等。

6. 确定薪酬结构

薪酬结构的确定即确定薪酬的各个组成项目，薪酬的不同组成项目代表着不同的意义，基本工资和福利主要承担着适应劳动力市场的功能，而绩效工资主要承担着适应员工绩效结果与企业绩效要求之间的衡量功能。企业采用什么样的薪酬结构，要视企业所处的发展阶段和岗位工作的性质特点而定。

7. 明确薪酬水平

薪酬水平是企业薪酬对外竞争性的表现，对企业内部员工队伍的稳定性也有一定的影响，同时，也是影响企业人工成本的重要因素。

8. 实施薪酬体系

薪酬体系设计完毕后，在正式开始使用前应进行充分沟通、培训等；薪酬体系实施过程中，还要考虑企业的经济承受能力、价值取向等，并根据企业的发展变化及外部市场环境的变化及时给予调整、完善。

【微课堂】

A 股份有限公司成立于 1994 年，于 1996 年介入房地产领域，是专业住宅开发企业。假设现在公司人才流失比较严重，需要做一份薪酬满意度调查表，了解公司员工对目前薪酬状况的想法，以便公司进行薪酬体系设计调整。请你查找相关资料，制作一张薪酬满意度调查表。

2.2 薪酬水平设计

薪酬水平在企业内部发挥着重要作用，主要体现在控制人工成本，吸引、留住并激励人才及塑造企业良好形象上。

企业的薪酬水平只有对外具备一定的竞争力，才能保证企业在用人策略上占据有利地位；对内，各职位薪酬水平要能体现出各职位在企业内部的不同价值，方能让员工对自己薪酬的满意度达到最高。在同时满足以上条件的前提下，企业还必须结合本企业当前的经营状况、财务实力等客观因素来综合考虑确定本企业的薪酬水平。

2.2.1　薪酬水平的概念及类型

1．薪酬水平的概念

薪酬水平是指从某个角度按照某种标志考察的某一领域内员工薪酬的高低程度，它决定了企业薪酬的对外竞争力，对员工队伍的稳定性也有一定的影响。

薪酬水平包括企业内部岗位薪酬水平和企业在劳动力市场上的薪酬水平。企业内部岗位薪酬水平是指企业内不同组织之间的薪酬关系，及组织相对于其竞争对手的薪酬水平的高低。它反映了企业对不同岗位的价值评估和报酬决策，是决定企业内部薪酬结构的重要因素。而企业在劳动力市场上的薪酬水平则是指企业相对于其他同行业企业的薪酬水平的高低。这种比较能够体现企业在劳动力市场上的竞争能力，是决定企业外部薪酬竞争力的关键因素。

2．薪酬水平的决策类型

（1）薪酬水平的决策类型如表 2-4 所示。

表 2-4　　　　　　　　　　　　　　　　　　薪酬水平的决策类型

决策类型	详细说明
薪酬领先政策	薪酬领先政策也叫领先型薪酬政策，适用于规模较大、投资回报率较高、薪酬占企业运营成本较低、产品竞争者较少的企业
市场追随政策	市场追随政策也叫市场匹配政策，即根据市场平均水平来确定本企业的薪酬水平，适用于产品成本与竞争对手相当，希望能吸纳、留用并激励一定人才的企业
滞后政策	滞后政策也叫拖后政策，适用于规模小、利润低、经济承受能力弱的企业
混合政策	根据职位类型和员工类型来分别制定不同的薪酬水平政策，不是一概而论的。其优势在于灵活调控，有效吸引稀缺人才，便于控制人工成本

（2）确定薪酬水平决策类型的方法。

① 通过工作分析和岗位评价确定薪酬水平决策类型。通过工作分析和岗位评价确定薪酬水平及进行必要的调整，以保证企业内部薪酬分配的公平性。工作分析需要根据企业的经营目标，在工作分析和人员分析的基础上，明确部门职能和职位的关系，然后编写出职位说明书。通过工作分析进行岗位评价，对岗位本身所具有的特性，如对企业的影响、职责范围、任职条件、环境条件等进行评价，以确定岗位的相对价值。

② 通过薪酬调查结合企业发展战略确定薪酬水平决策类型。企业在确定薪酬水平时，要充分进行薪酬市场调查，参考劳动力市场的工资水平，以确保企业薪酬水平的对外竞争性。薪酬调查的方法有很多，企业应结合自身的实际情况选择适合企业本身的调查方式。

③ 利用招聘面试信息确定薪酬水平的决策类型。通过招聘面试时应聘者所填简历信息了解企业竞争对手信息，或者选择与自己有竞争关系的企业或同行业的类似企业为薪酬调查对象，以确定本企业的薪酬水平。

④ 依据法规制度确定薪酬水平决策类型。常见的与薪酬水平有关的法律、法规、制度有薪酬支付相关规定等。例如，《中华人民共和国劳动合同法》第五章关于集体合同的规定：企业职工一方与用人单位通过平等协商，可以就劳动报酬、工作时间、休息休假、劳动安全卫生、保险福利等事项订立集体合同；企业职工一方与用人单位可以订立劳动安全卫生、女职工权益保

护、工资调整机制等专项集体合同。

可见，劳动条件、薪酬水平并不是由企业单方面决定的，而是在国家法律、法规的最低标准的基础上，由劳动关系双方经平等协商确定的。

2.2.2 薪酬水平的影响因素

1. 企业薪酬水平的影响因素

企业薪酬水平的影响因素主要是外部因素，如劳动力市场的供求水平、地区工资水平、生活水平和物价水平、行业工资水平等。企业内部经营状况、财务支付能力及企业产品市场竞争力也会影响企业的薪酬水平。企业薪酬水平的主要影响因素如表2-5所示。

表2-5　　　　　　　　　　　　企业薪酬水平的主要影响因素

影响因素	详细说明
劳动力市场的供求水平	劳动力市场供大于求，企业可以以较小的代价招聘到合适的人选；劳动力市场供不应求，企业将以较大的代价来满足企业生产对人力资源的需求
地区工资水平	企业应参考所在地居民生活水平、薪酬水平，不能将本企业各岗位的薪酬水平定位低于所在地区同行业企业同岗位的薪酬水平，否则就失去了对外竞争力
生活水平和物价水平	企业在制定薪酬标准时，要考虑到社会物价水平的上涨，必须能满足企业员工的基本生活需要，保证其基本购买力
行业工资水平	除了考虑同行业的薪酬水平之外，不同行业的薪酬水平也可作为企业薪酬水平的制定标准，如朝阳产业薪酬水平较高、夕阳产业薪酬水平较低
企业的负担能力	员工薪酬水平原则上应该控制在企业财务承受能力范围之内，并且与企业的生产率增长保持步调一致，企业经济实力强可以支付较高的薪酬，企业经济实力弱则只能支付较低的薪酬，如此才能保证企业长期稳定的发展
企业产品的市场竞争力	若企业薪酬水平过高，则产品的生产成本较高，导致产品的价格偏高，从而降低了产品的市场竞争力

2. 个人薪酬水平的影响因素

企业各职位的薪酬水平虽受到企业外部诸多因素的影响，然而，企业内部各职位之间的薪酬水平，即个人的薪酬水平也有着很大的区别，这些区别的主要影响因素来源于职位本身和员工本人。职位本身是影响员工个人薪酬水平的外在因素，如该职位在企业内部的价值。职位任职者本人是影响个人薪酬水平的内在因素，员工个人客观存在的一些内在潜质是其中的一部分，员工主观意愿付出的是另外一部分。

员工个人客观存在的内在潜质、主观意愿付出程度及所担任的职务性质等与个人薪酬水平之间存在一定的关系。员工个人薪酬水平影响因素如表2-6所示。

表2-6　　　　　　　　　　　　员工个人薪酬水平影响因素

影响因素	具体说明
员工个人贡献大小	不同员工的能力有差异，给企业带来的价值也不相同，在相同条件下，只能根据员工的工作质量和数量来衡量员工贡献的大小
员工职务的高低	职务是权力和责任大小的象征，所以职务不同，员工薪酬水平也不同，一般职务越高，薪酬水平就会越高
员工所在职位的相对价值	不同的职位在企业经营中发挥的价值是不同的，因而其报酬也是有差别的，如核心技术岗位的职位价值相对较高，薪酬水平也会相对较高

影响因素	具体说明
技术水平的高低	技术水平高的人能为企业解决更多的问题，给企业带来的价值会更高。他们与技术水平低的人之间的薪酬差距应能弥补技术水平低的员工为增长技术水平而耗费的精力、体力、时间，以及为了学习而减少的机会成本，只有这样才能保证员工不断学习新知识，提高生产率
工作时间	一般来讲，从事季节性与临时性工作的人员薪酬水平比长期工种要略高，以维持员工歇工时的正常生活
补充性工资差别	某些岗位因为其工作场所或工作性质的特殊性，影响了员工的生命安全或身体健康的，要给予这类岗位员工一定的经济补偿
年龄与工龄	年龄和工龄也是影响薪酬水平的重要因素之一，通常情况下，较多企业采用"早期低工资、晚期高工资"的薪酬策略

2.2.3　薪酬水平的外部竞争

企业的薪酬水平与外部竞争力有着密切的联系，薪酬水平可能不会为企业带来很强的竞争优势，但一旦企业的薪酬决策出现失误，可能就会导致企业陷入危险境地。

1. 薪酬水平的竞争性带来的影响

薪酬水平的竞争性带来的影响主要体现在控制运营成本（劳动成本）、提高员工素质、减少自愿跳槽人数、减少与薪酬有关的停工等方面。

2. 外部竞争与确定薪酬的方法

具备对外竞争力的薪酬水平是企业吸引、留住优秀人才的重要筹码，更是企业促进并维持高效生产率的重要手段。企业在确定薪酬水平时通常采用以下方法。

（1）根据企业经济能力确定薪酬水平。以企业的经济承受能力为主导确定薪酬水平，主要是指结合劳动力市场的薪酬调查数据，从企业的实际经营状况出发对薪酬水平进行调整。

市场对产品的需求是企业对劳动力需求的根源。市场对产品的需求决定了企业的薪酬水平。产品的需求价格弹性越大，企业越需要与竞争对手采取一致的价格策略。企业对产品进行成本控制，意味着对人工成本也要控制，从而需要对企业内部薪酬水平进行控制。

（2）根据市场薪酬水平确定本企业薪酬水平。以市场薪酬水平为导向来确定本企业的薪酬水平，关键是对本企业竞争对手的薪酬水平进行摸底。竞争对手主要是指同行中生产同类产品或替代品、使用类似技术的企业，因为这类企业对劳动力市场的需求与本企业是相似的，存在竞争关系，所以这样的企业有可竞争性。

因此，在确定企业薪酬水平时，首先要考虑企业薪酬水平的对外竞争力和企业的实际承受能力。

2.2.4　薪酬总额承受能力的分析

薪酬总额是指企业因用工而产生的与员工相关的一系列费用的总和，包括工资、福利、奖金、津贴等内容。企业在确定薪酬水平时，首先要明确本企业的薪酬总额承受能力，然后才能制定有使用价值的薪酬标准。因而，企业管理人员需要了解薪酬总额的组成部分。

根据我国相关文件的规定，企业薪酬总额包括员工工资总额、社会保险费用、员工福利费用、员工教育费用、劳动保护费用、员工住房费用和其他人工成本费用。

其中，员工工资总额是薪酬总额的主要组成部分，薪酬总额费用组成如表 2-7 所示。

表 2-7 薪酬总额费用组成

费用组成	解释说明
员工工资总额	员工工资总额是指各单位在一定时期内，以货币或实物形式直接支付给本单位全部员工的劳动报酬总额，包括计时工资、计件工资、奖金、津贴和补贴、加班加点工资、特殊情况下支付的工资
社会保险费用	社会保险包括养老保险、医疗保险、失业保险、工伤保险、生育保险和企业建立的补充养老保险、补充医疗保险等。社会保险费用只计算用人单位缴纳的部分，不包括个人缴纳的部分，因为个人缴费已计算在工资总额以内
员工福利费用	员工福利费用是指在工资以外支付给员工的福利费用。其主要用于员工医疗卫生费、员工因工负伤赴外地就医路费、员工生活困难补助、宣传费、集体福利事业补贴、物业管理费、上下班交通补贴等
员工教育费用	员工教育费用是指企业为员工学习先进技术和提高文化水平而支付的费用，包括就业前培训、在职提高培训、转岗培训、派外培训、职业道德等方面的培训费用，企业自办大中专、职业技术院校等培训场所所发生的费用及职业技能鉴定费用
劳动保护费用	劳动保护费用是指企业购买员工实际使用的劳动保护用品的费用，如工作服、保健用品、清凉用品等
员工住房费用	员工住房费用是指企业为改善员工居住条件而支付的费用，包括员工宿舍的折旧费（或为员工租用房屋的租金）、企业交纳的住房公积金、实际支付给员工的住房补贴和住房困难补助及企业住房的维修费和管理费等
其他人工成本费用	其他人工成本费用包括工会经费，企业因招聘员工而实际花费的员工招聘费、咨询费、外聘人员劳务费，对员工的特殊奖励（如创造发明奖、科技进步奖等），支付实行租赁、承租经营企业的承租人、承包人的风险补偿费，解除劳动合同或终止劳动合同的补偿费用等

1. 薪酬总额承受能力分析的必要性

对企业薪酬总额承受能力进行分析有一定的必要性，主要体现在以下 3 个方面。

（1）市场竞争的需要。当前，买方市场逐步形成，企业产品、资金、劳动力市场的竞争日趋激烈，如果企业薪酬总额在企业经营费用中所占比重较大，企业成本费用压力则过大。

（2）经济全球化的需要。在全球经济一体化背景下，企业必须保持薪酬总额优势，寻求新的生存和发展空间。

（3）从传统人事管理向现代企业人力资源管理转变的需要。传统的、简单的人事管理已不能满足现代企业经营发展的需要，人事管理需要结合更科学、更现代化的管理工具对人才进行管理，使企业的用人理念由被动转向主动。

2. 薪酬总额承受能力分析的内容

明确了企业薪酬总额的组成部分之后，企业应该从薪酬总额总量指标、薪酬总额结构指标、薪酬总额效益指标 3 个方面着手进行薪酬总额承受能力的分析。

（1）薪酬总额总量指标分析。薪酬总额总量指标反映的是企业薪酬总额的总量水平。由于不同企业的员工人数不同，因此，人们常用人均薪酬总额来反映企业薪酬水平的高低。通过对该指标进行分析，企业可以得出员工平均收入的高低、聘用一名员工大致需要支出的费用、企业在劳动力市场上对人才的吸引力有多大等。

人均薪酬总额能够反映企业员工的工资和保险福利水平，也就能作为企业向劳动力市场提供的劳动力价格信号。企业要提高员工的劳动积极性，吸引高素质的劳动者到企业来，就需要建立人均人工成本指标，以便企业对薪酬总额水平进行更全面的分析和控制，有利于企业的生产发展。

（2）薪酬总额结构指标分析。薪酬总额结构指标是指薪酬总额各组成项目占薪酬总额的比重，可反映薪酬总额投入构成的情况与合理性。其中，工资占薪酬总额的比重是薪酬总额结构指标中的主要项目。

（3）薪酬总额效益指标分析。薪酬总额效益指标是薪酬总额分析的核心指标，是进行企业薪酬总额分析控制常用的指标，是一组能够将薪酬总额与经济效益联系起来的相对数。

薪酬总额效益指标包括劳动分配率、人事费用率、薪酬总额利润率、薪酬总额占总成本比重。其中，劳动分配率、人事费用率为主要指标。薪酬总额效益指标如表 2-8 所示。

表 2-8 薪酬总额效益指标

效益指标	概念说明
劳动分配率	劳动分配率是指薪酬总额与企业增加值的比率。它表示在一定时期内企业新创造的价值中，用于支付薪酬的比例。它反映分配关系和人工成本要素的投入产出关系
人事费用率	人事费用率是指人工成本总量与销售（营业）收入的比率。它表示在一定时期内企业生产和销售的总价值中，用于支付人工成本的比例；同时也表示企业员工人均收入与劳动生产率的比例关系、生产与分配的关系、人工成本要素的投入产出关系。它的倒数表明每投入一个单位人工成本能够实现的销售收入
薪酬总额利润率	薪酬总额利润率是指人工成本总额与利润总额的比率。它反映了企业人工成本投入的获利水平
薪酬总额占总成本比重	薪酬总额占总成本比重反映活劳动对物化劳动的吸附程度。这一比值越低，反映活劳动所推动的物化劳动越大；反之，活劳动所推动的物化劳动越小

我们通过对以上基本信息的了解不难看出，对企业薪酬总额的分析是在企业管理中，特别是在劳动管理中十分重要的一项基础性工作。科学、合理地对企业的薪酬总额承受能力进行分析，并制定恰当的薪酬总额，对于提高企业的经济效益具有重要的意义。

3. 薪酬总额承受能力分析的方法

通常情况下，薪酬总额承受能力分析的方法有以下两种。

（1）实际计算法。它是指将员工职位与薪酬标准相互对应，先计算出企业每个月的人工工资总额，然后计算出企业的年度人工工资总额与企业年度销售净收入的比例关系。

（2）预估计算法。它是指将类似职位的人数与类似职位的平均工资数相乘，得出一个大致的工资总额，然后将此数据和企业销售净收入进行比较。预估计算法的计算结果相对比较粗糙，但计算速度较快。在测算企业薪酬总额承受能力时，我们可以先利用该方法进行估算，再视其结果进行精确计算。

2.2.5　薪酬成本的控制管理

薪酬成本是企业经营发展过程中产生的人工成本总支出。薪酬成本不仅会对企业在行业中的薪酬总体水平产生影响，而且会对企业的经营成本产生影响，进而会对企业的产品市场竞争力等产生影响。因此，企业有必要对薪酬成本进行控制。

1.　薪酬成本的影响因素

企业要对薪酬成本进行控制管理就必须事先了解企业薪酬成本的影响因素。通常情况下，企业薪酬成本的影响因素包括外部因素和内部因素。

企业薪酬成本影响因素中的外部因素如表2-9所示。

表2-9　　　　　　　　　　　企业薪酬成本影响因素中的外部因素

薪酬成本影响因素中的外部因素	具体说明
国民经济增长率	国民经济增长率是指国家在过去一年国民生产总值的增长速度，它反映了国家经济状况的发展速度。宏观经济决定了企业经营发展的环境，进而影响着企业的经营状况、薪酬支付能力、薪酬成本控制
通货膨胀率	通货膨胀率一般通过物价指数来衡量。在员工收入金额不变的情况下，社会物价水平上升，则意味着员工收入水平降低。因此，企业应在考虑物价上涨和通货膨胀的基础上，进行工资调整和薪酬成本控制
行业和地区的薪酬水平	行业和地区的薪酬水平对企业薪酬水平的影响主要体现在，如果行业整体薪酬水平高于国家或地区的平均水平，则企业的薪酬水平会较高，一般处于发达地区的企业薪酬水平较处于偏远地区的薪酬水平要高。因此，企业在进行薪酬成本控制时，也应该将此因素考虑进去
劳动力市场的供求状况	劳动力市场供大于求时，企业以较低的成本就能找到合适的人选，因而薪酬成本会较低；劳动力市场供不应求时，企业则需要以较高的成本才能找到合适的人才，因而薪酬成本会较高，这一点也是企业进行薪酬成本有效控制必须考虑的因素

企业薪酬成本影响因素中的内部因素如表2-10所示。

表2-10　　　　　　　　　　　企业薪酬成本影响因素中的内部因素

薪酬成本影响因素中的内部因素	具体说明
企业经营效益	企业经营状况好，则可以适当提高企业薪酬成本；企业经营状况不好，则薪酬成本应合理降低一些
企业往年的薪酬水平	企业新的一年的薪酬总额往往会参照往年的薪酬水平并结合企业的经营状况进行调整
年度人力资源计划	年度人力资源计划会影响企业人力资源数量、素质和结构，因而会影响企业的薪酬成本付出

因此，企业在进行薪酬成本控制时，应综合考虑对薪酬成本产生影响的内外部因素。

2.　薪酬成本控制的途径

了解了薪酬成本的影响因素后，我们下面介绍薪酬成本控制的有效途径，主要有以下3种。

（1）控制薪酬对象。控制薪酬对象包括控制薪酬水平和薪酬结构，该途径的关键点是控制员工基本薪酬、控制员工可变薪酬和控制员工福利与服务。

（2）控制员工聘用量。控制员工聘用量的关键点在于控制员工工作时数和控制员工数量。

（3）控制薪酬技术。控制薪酬技术包括控制最高薪酬水平和最低薪酬水平、薪资比较比率法。

控制最高薪酬水平是设定员工在企业产出中能够达到的最高薪酬水平，以便控制薪酬支出的上限；而控制最低薪酬水平是设定最低薪酬水平，确保员工的最低薪酬不低于一定的标准，以满足员工的基本生活需求；薪资比较比率法是通过比较特定薪资等级的薪酬水平中间值和该等级内部职位或员工薪酬的分布情况，来评估和调整薪酬水平的合理性。其公式如下所示。其中，薪资比较比率与 1 相比较的大小表示着企业支付薪酬水平的高低，小于 1 表示企业薪酬水平偏低，而大于 1 则表示企业薪酬水平偏高。

> 薪资比较比率=实际支付的平均薪资水平÷某一薪资区间中间值

3．薪酬成本控制的步骤

企业进行薪酬成本控制时一般遵循以下步骤。

（1）确定薪酬控制的标准及所要实现的指标。

（2）将薪酬结果与控制标准进行比较。

（3）若有差距，确定补救措施。

通过以上步骤，企业可以有针对性地进行薪酬控制管理，随时调整薪酬体系和薪酬水平，实现薪酬制度的实用性和服务性。

【微课堂】

2023 年全国各地平均薪酬水平已公布，有的地方薪酬水平相差不大，如北京和上海；有的地方薪酬水平相差甚远，如北京和哈尔滨。为什么会出现这种现象？请你结合本节所学知识，分析其原因。

2.3 薪酬结构设计

薪酬结构即各职位的薪酬组成结构，也就是每个职位的薪酬是由哪几部分组成的。企业在确定薪酬结构时，应结合本企业所在行业的性质、特点及各职位的工作特点来合理确定薪酬结构。

2.3.1　薪酬结构设计的概念

薪酬结构设计是对一个组织机构中各项工作的相对价值及其对应的实付薪酬之间保持何种关系的设计。薪酬结构有高稳定性薪酬结构、高弹性薪酬结构和折中性薪酬结构 3 大类型。

1．高稳定性薪酬结构

在此薪酬结构中，固定薪酬所占比例很高，浮动薪酬所占比例很低，如

薪酬结构确定的
常用方法

岗位工资制、技能工资制。这种薪酬结构的优点是，员工收入与业绩关联不大，波动小，员工安全感很强；缺点是缺乏激励功能，容易造成员工懒散。

2．高弹性薪酬结构

在此薪酬结构中，浮动薪酬所占比例很高，固定薪酬所占比例很低，如绩效工资制。这种薪酬结构的优点是激励性很强，薪酬与员工业绩密切相关，避免"吃大锅饭"现象，员工收入波动性很大，员工缺乏收入保障和心理上的安全感。

3．折中性薪酬结构

在此薪酬结构中，固定薪酬、浮动薪酬各占一定的合理比例，这既对员工有一定的激励性，也给员工带来了一定的安全感。

现实生活中企业薪酬结构的常用方案有岗位工资制、绩效工资制、技能工资制、组合工资制等，薪酬结构的常用方案如表 2-11 所示。

表 2-11 薪酬结构的常用方案

薪酬方案	方法说明	操作要点	适用范围
岗位工资制	薪酬水平和结构针对职位而不针对员工个人	建立在工作分析的基础上，通过岗位评价，综合考虑薪酬策略，确定不同岗位薪酬水平等级、级差的标准	适用于责权明确的企业
绩效工资制	将员工个人绩效与企业绩效相关联，并根据其绩效来支付薪酬	员工薪酬是根据个人完成业绩与企业设定的标准来评定的个人应获取的绩效工资额，如业绩提成、奖金等	适用于任务饱满、有超额工作必要的企业
技能工资制	薪酬水平和结构以任职者的技能和能力为基础	通过对任职者的技能和能力进行评价和鉴定来确定其薪酬水平及等级、级差及级差标准	适用于技术性强、技术复杂及技术差别较大的企业
组合工资制	将薪酬分解成几部分，分别确定各部分所占比例、额度，如岗位工资制、技能工资制	薪酬结构反映诸要素的差别，各要素各有其职能，分别计酬，从不同侧面和角度反映员工贡献大小	适用于各种类型的企业

2.3.2 薪酬结构设计的目的

薪酬结构设计属于薪酬体系中的一个子模块，因此，企业在设计薪酬结构时必须服从薪酬体系所要达到的目标这个大前提。薪酬体系设计的主要目的有 3 个，即：确保企业合理控制成本；帮助企业有效激励员工；提高薪酬的可变性、差异性、时效性；提高现金流使用的弹性。

具体来说，企业进行薪酬结构设计的目的应该体现在以下 5 点。

1．凸显优秀人才

奖励优秀者原则使优质资源向优秀人才倾斜，让强者更强，鼓励弱者跟上强者的步伐。让有能力的优秀员工通过长期在企业服务得到晋升和加薪的机会，获得相应的回报。

2．增强企业吸引力

薪酬体系设计的 3 项基本原则是对外具备竞争力、对内具备公平性、对个体具备激励性。因此，在进行员工薪酬结构设计时，企业管理者必须尊重市场规律。

3. 强化员工安全保障

在劳动关系双方中，员工属于弱势群体，风险较大，所以员工本身不具备安全感，希望企业与自己签订合同、为自己缴纳社会保险、及时发放工资等，这都是源于对安全保障的基本需求。企业管理者必须尊重并重视这种需求，让员工有安全感，这样员工才愿意去为企业打拼。

4. 认可个人价值

企业给员工支付的薪酬不单纯基于员工的职级，而且还基于职位的价值，此价值基于该职位任职者对企业的贡献。

5. 有机结合员工利益与企业利益

绩效薪酬及与企业和个人经营业绩相关的薪酬体系均将员工个人利益与企业利益有机结合起来。例如，分红制、股份制的设计等都是为了将员工和企业的中长期利益结合起来，形成利益共同体。

2.3.3 薪酬结构设计的要点

企业管理者在进行薪酬结构设计时，有以下 4 个要点。

（1）不仅要考虑成本概念，还应该考虑使激励性薪酬具有未来性并与企业未来绩效相结合，让员工和股东的共同利益及风险程度适度挂钩，建立长期风险性报酬的观念，适当拉开薪酬差距，进而设计合理的薪酬结构。

（2）应该使薪酬结构与企业的分配方式、企业所在行业的特点、企业文化等保持一致。

（3）要注意职位的特点，不同的职位选择不同的薪酬结构，通常企业采用的工资结构形式有职位工资、技能工资和绩效工资，或基本工资、浮动工资加奖金等。

（4）应该以企业采取的薪酬制度为依据，注意薪酬各组成部分设置的目的和比重。

2.3.4 薪酬结构的再优化设计

薪酬结构设计是一个系统的工程，不同的薪酬结构适用于不同的发展阶段，因此，随着企业的发展要不断地优化企业的薪酬结构。

构成薪酬体系的基本工资、激励工资、津贴、福利等各种薪酬形式之间的关系和比例要平衡。基本工资具有高刚性和高差异性，激励工资具有低刚性和高差异性，津贴具有低刚性和低差异性，而福利则具有高刚性和低差异性。针对这些构成部分的特性及功能，企业应注意在薪酬结构中将其进行综合平衡。

企业管理者在进行薪酬结构再优化设计时，应具体到各种形式的策略选择，不能过分强调基本工资或奖金，要起到更符合个人需要、更经济的激励作用。例如，对企业的高层管理人员实施薪酬领先策略时，企业管理者可以把基本工资定位在市场薪酬水平中等偏上，加大激励工资的比重。这样就可以在经费不变的情况下，通过薪酬结构再优化设计，提高薪酬的可变性、差异性、时效性及现金流使用的弹性。

【微课堂】

> 　　某企业的生产系统采用的是计件工资方式；行政系统采用的是结构工资，工资总收入=70%基础工资+30%绩效工资；销售系统采用的是提成工资，月薪收入=底薪+提成。员工月终、季终、年终没有奖金，也没有特殊奖励制度，这种情况致使员工工作热情大幅度降低。如果请你给企业设计薪酬结构，你有什么建议？

2.4 薪酬等级划分

　　薪酬等级是确定企业内部各岗位薪酬水平的基础。企业在进行薪酬管理时必须遵循一定的薪酬等级划分原则，只有做到公平、适度、安全、认可、成本控制、平衡等，才能保证薪酬等级的有效性。

2.4.1 薪酬等级的概念及类型

1. 薪酬等级的概念

　　薪酬等级是指在同一企业中，由于不同的职位或者技能等级，从而形成的序列关系式的或梯次结构形式的不同薪酬标准。在管理实践中，各企业的薪酬等级数目差异较大，一般而言，企业薪酬结构的等级构成主要以企业的规模、性质、组织结构及工作的复杂程度来衡量，其数目多少没有绝对的标准。

　　薪酬等级是在职位价值评估和职位分级结果的基础上建立起来的一个基本框架，主要反映不同职位在薪酬结构中的差别。它将职位价值相近的职位归入同一个管理等级，并采取一致的管理方法处理该等级内的薪酬管理问题。

2. 薪酬等级的类型

　　不同的企业有不同的职位，因此薪酬的等级也不一样。薪酬等级主要包括以下两种类型。

　　（1）分层式薪酬等级类型。分层式薪酬等级类型即所谓的等级工资制，特点是企业薪酬等级比较多，呈金字塔形排列，员工薪酬水平的提高是随着个人职位级别向上发展而提高的。这种等级类型在成熟、传统的等级型企业中常见。由于分层式薪酬等级类型的等级较多，因此每个等级的薪酬浮动幅度一般比较小。

　　分层式薪酬等级类型的优缺点如表 2-12 所示。

　　（2）宽泛式薪酬等级类型。宽泛式薪酬等级类型的特点是企业薪酬等级少，呈平行形，员工薪酬水平的提高既可以是因为个人职位级别向上发展，也可以是因为横向工作调整。这种薪酬等级类型在不成熟、业务灵活性强的企业中较常见，也适用于扁平式的组织结构形式。

表 2-12	分层式薪酬等级类型的优缺点
优点	缺点
（1）容易操作，方便管理 （2）客观性强 （3）员工的工作积极性可以通过职位晋升的竞争得到提高	（1）薪酬水平仅与职位等级相关，无法有效激励专业技术人员 （2）不利于员工个人能力的增强和职位职能的变化，缺少内部竞争公平性 （3）形成企业内部等级森严的氛围，不利于团队合作，且容易出现论资排辈现象

这种薪酬等级类型体现了一种新的工资策略，即让员工明白借助各种不同的职位去发展自己比职位晋升更重要，企业是根据人而不是根据职位来确定薪酬的。

2.4.2　薪酬等级划分应考虑的因素

薪酬等级划分时需要综合考虑企业文化、企业所属行业、企业员工人数、企业发展阶段和企业组织架构等因素，以确保薪酬制度的公平性、合理性和灵活性。

1．企业文化

企业文化是指组织内部的价值观、行为准则和工作氛围。不同的企业文化会对薪酬等级划分产生影响。例如，某些企业强调团队合作和平等，可能更倾向于实行相对平等的薪酬结构；而另一些企业更注重个人竞争和激励，可能会采用更具差异化的薪酬等级。

2．企业所属行业

不同行业的薪酬水平存在差异，这些差异主要受行业竞争的激烈程度、技术要求和市场需求等因素的影响。例如，高科技行业通常会支付较高的薪酬，而传统制造业可能会支付相对较低的薪酬。因此，在划分薪酬等级时，企业需要考虑所处行业的特点和行业薪酬水平。

3．企业员工人数

企业员工人数的多少也会对薪酬等级划分产生影响。例如，大型企业通常拥有更复杂的组织结构和更多层级，因此可能会有更多的薪酬等级。相比之下，小型企业可能只有较少的薪酬等级，并且在划分上更加灵活。

4．企业发展阶段

企业的发展阶段也会对薪酬等级划分产生影响。初创企业通常面临风险较高、资金有限的情况，因此可能采用更为灵活和更具激励性的薪酬结构，以吸引和激励人才。相比之下，成熟的企业可能会更注重稳定性和公平性，采用更稳定和标准化的薪酬等级划分。

5．企业组织架构

企业的组织架构涉及各个部门和岗位之间的关系和职责分工。不同的组织架构可能会导致不同的薪酬等级划分方式。例如，矩阵式组织架构可能存在更多的交叉团队和项目，薪酬等级划分更加复杂；而分工明确的功能性组织架构可能采用更简单和直接的薪酬等级划分方式。

2.4.3　薪酬等级划分的流程

明确了以上考虑因素后，企业在进行薪酬等级划分时一般应遵循以下工作流程。

1．确定薪酬总额

根据员工工资结构中职位工资所占比例和预算的工资总额，确定职位薪酬总额。

2．明确薪酬分配原则

根据企业战略等确定薪酬分配原则，如以岗定薪、按劳分配等。

3．进行岗位分析和评价

根据岗位的劳动强度、责任、风险、环境等因素，对每一个岗位进行分析、评价和重要性排序。

4．确定薪酬等级数量并划分等级

根据岗位评价的结果，确定企业薪酬等级的数量，并将所有职位划分为不同的等级。其等级划分应遵循以下流程。

（1）决定职位是否分系列划分薪酬等级。一个薪酬结构内部是否划分薪酬等级、划分多少薪酬等级，一般根据岗位评价结果做出反馈。一般来说，企业的规模和行业特点会影响薪酬等级的划分，其多寡并没有绝对的标准。

（2）划分薪酬等级。将各职位的岗位评价结果画在一个数轴上，将岗位评价结果相近的职位划分为一个薪酬等级。

5．确定薪酬等级的标准额度

根据企业薪酬策略确定各薪酬等级的标准额度，即确定每个薪酬等级同所有薪酬标准中点的比较额度。

6．确定薪酬等级差距

确定不同薪酬等级之间的薪酬差距，主要是指薪酬额度的差别。

7．确定薪酬幅度

确定各个薪酬等级内的薪酬幅度，即每个薪酬等级内的多个薪酬标准间最高标准与最低标准的差额。

8．确定等级之间的重叠幅度

确定相邻等级之间的薪酬等级和重叠部分额度的大小。

9．确定计算方法

确定薪酬等级和额度的具体计算方法。

2.4.4 薪酬级差的确定方法

薪酬级差又称薪酬中点差异，是指相邻薪酬等级中位值之间的差距。在设计薪酬级差前，一般先要确定最高薪酬等级与最低薪酬等级的中位值。实践中，企业可以将不同的等级级差进行统一处理，即不同的薪酬等级中级差相同；也可以根据不同的薪酬等级设置差别化级差。

薪酬级差可以用绝对额、薪酬等级系数表示，薪酬级差绝对额形式下的职位薪级工资标准的公式如下：

$$职位薪级工资标准=工资基数×工资系数$$

工资基数水平的高低取决于员工基本生活保障水平和企业经营状况。工资系数取决于职位评估、技术评定或能力测评的结果，也反映了薪酬体系中最高薪酬水平和最低薪酬水平之间的差距。例如，工资系数是 1～5，说明最高薪酬水平是最低薪酬水平的 5 倍。

企业在对薪酬等级之间的级差进行设计时，可按 4 种方式进行，如图 2-2 所示。

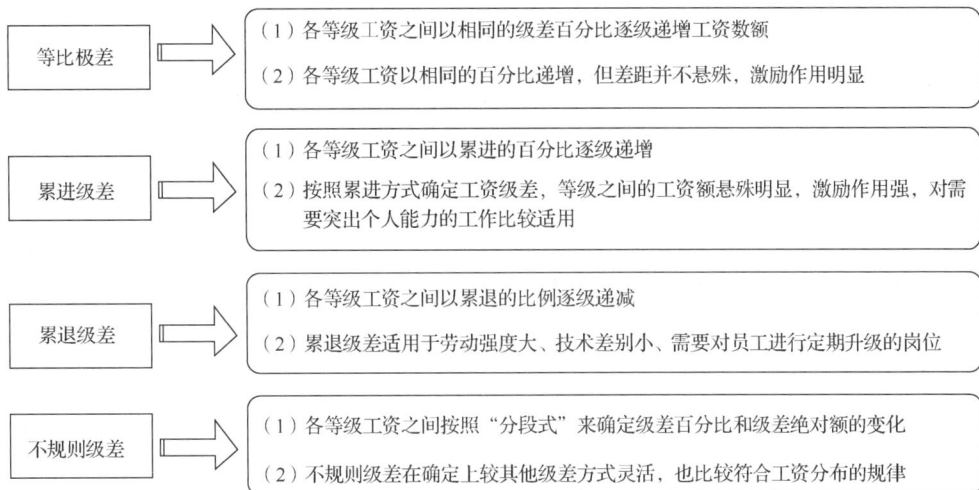

等比极差	→	（1）各等级工资之间以相同的级差百分比逐级递增工资数额 （2）各等级工资以相同的百分比递增，但差距并不悬殊，激励作用明显
累进级差	→	（1）各等级工资之间以累进的百分比逐级递增 （2）按照累进方式确定工资级差，等级之间的工资额悬殊明显，激励作用强，对需要突出个人能力的工作比较适用
累退级差	→	（1）各等级工资之间以累退的比例逐级递减 （2）累退级差适用于劳动强度大、技术差别小、需要对员工进行定期升级的岗位
不规则级差	→	（1）各等级工资之间按照"分段式"来确定级差百分比和级差绝对额的变化 （2）不规则级差在确定上较其他级差方式灵活，也比较符合工资分布的规律

图 2-2　薪酬级差应用的方式

【微课堂】

> 某公司决定采用薪酬等级相对较多、变动范围较小，即 18 个薪酬等级、最高值与最低值之间的区间变动率为 80%的薪酬结构设计，改变原有的 3 个薪酬等级、薪酬等级最高值与最低值之间的区间变动率为 500%的状况。试问，该公司薪酬等级划分改革前后，各采用的是什么样的薪酬等级类型？

2.5 薪酬计量

薪酬计量是企业在日常薪酬管理中将薪酬发放的具体金额采用一定的数学、统计等方法，对已发生数据和计划实施的数据进行计算、预算、测量，只有在科学、合理的数字计量基础上制定的薪酬才具有可操作性。

2.5.1 薪酬测算

所谓薪酬测算，是指企业为了更好地进行薪酬管理，通过科学的计算方法，对薪酬调整后的薪资变动情况进行测算、分析的过程。由于企业性质、发展阶段、经营状况及支付能力等存在差异，因此每个企业所采用的薪酬测算基准也会存在一定的差异。

薪酬测算的具体流程主要包括以下 10 个步骤，即薪酬测算十步法，如图 2-3 所示。

第一步	确定岗位工资等级数，即最低一级到最高一级共分为若干等级
第二步	确定最低一级工资的中位值，可以从外部数据或者岗位价值评估获得
第三步	确定薪酬幅宽，一般按照薪酬总额的50%～150%进行划分
第四步	确定最低一级的最低档工资，计算公式为：$最低值 = \dfrac{中位值}{(1+幅宽)/2}$
第五步	确定最低一级的最高档工资，计算公式为：$最高值 = 最低值 \times (1+幅宽)$
第六步	确定中位值递增系数，一般为30%～40%
第七步	根据上述公式确定各等级的最低值和最高值
第八步	确定档差，计算公式为：$档差 = \dfrac{最高值 - 最低值}{档级数 - 1}$
第九步	把档差代入各等级工资，确定所有岗位工资等级表的数据
第十步	（1）确定重叠度，计算公式为：$重叠度 = \dfrac{下一级最高值 - 上一级最低值}{上一级最高值 - 下一级最低值} \times 100\%$ （2）重叠度一般为20%～40%较为合适 （3）对递增系数、幅宽进行调整，以使岗位工资等级表更符合公司的薪酬策略，调整是人为进行的，最终结果与企业薪酬体系相匹配即可

图 2-3　薪酬测算十步法

薪酬测算后的数据可以反映出薪酬总额增量发生的变化情况、同层级员工薪酬发生的变化情况及各员工薪酬结构发生的变化情况等。薪酬测算可以避免企业盲目增加或减少薪酬，避免企业对同一层级员工薪酬发放的不公平问题，减少企业出现不必要的薪酬成本差错。

2.5.2　薪酬预算

常见的薪酬预算方法有自上而下法和自下而上法两种，如表 2-13 所示。

表 2-13　　　　　　　　　　　　薪酬预算的方法

预算方法	应用介绍	优点	缺点
自上而下法	根据企业决定的薪酬总额标准按部门进行分配，各部门再按岗位进行分配，以此来确定企业的薪酬预算总额	有效地控制企业的薪酬成本	缺少灵活性，准确性不够，不利于调动员工的工作积极性

预算方法	应用介绍	优点	缺点
自下而上法	将企业希望各岗位员工在未来一定时期内的薪酬收入水平，汇总到部门层面，再汇总到企业层面，最终得到企业薪酬总额的预算数据	方便可行，便于计算	不易于人工成本的控制

另外，在制订薪酬预算时不能仅考虑员工手中的常规性货币工资费用，还要考虑企业的各种间接的货币性工资费用，如各种福利费用、培训费用、津贴费用、各种补助、年终奖金等。

【微课堂】

你是 B 公司人力资源部门的成员，现在公司打算做一份年度薪酬预算，人力资源部门经理给你两周时间完成这项任务。试问，你对薪酬预算的了解有多少？薪酬预算的方法有哪些？

2.6 | 薪酬税收

薪酬体系的设计和管理在很大程度上影响着企业和员工的所得税问题，也由此产生了薪酬体系设计中的税收管理问题。薪酬体系的税收问题主要包括薪酬体系设计对企业所得税的影响和对员工个人所得税的影响两个方面。

2.6.1 薪酬税收的相关概念

薪酬税收是指企业按照相关税法法规和国家制定的纳税政策规定，向政府缴纳的各项与员工薪资、福利相关的税费。

对企业而言，薪酬税收对企业所得税的影响主要体现为对纳税额度的影响。企业所得税纳税额是指应纳税总额与准予扣除的项目金额的差额，主要包括人工成本中的准予扣除项目，即工资和薪金支出、员工工会经费、员工福利费、员工教育经费、各类保险基金和统筹基金、住房公积金、差旅费和佣金等。

此外，薪酬税收还对个人所得税产生影响。薪酬税收对个人所得税的影响主要包括工资、薪金所得、税前扣除项目和股息、红利所得 4 个方面。国家对个人收入应纳税额的标准和计算方法有明确的规定，企业在进行工资核算时对员工个人应纳税额进行代扣代缴。

2.6.2 薪酬税收的筹划方法

随着国民经济的发展，个人收入的来源和形式日趋多样化。一些公民在取得固定收入的同时，还利用掌握的知识取得合法的劳务报酬收入。如果采用分次领取劳务报酬的办法，就可以合法节税。

企业进行薪酬税收筹划常用的方法有以下两种。

（1）一次性申报纳税，即当月收入汇总在一起进行纳税。

（2）分次申报纳税。根据我国税法规定，属于一次性收入的，以取得该项收入为一次；属于同一项目连续性收入的，以一个月内取得的收入为一次。如果支付间隔超过一个月的，按每次收入额扣除法定费用后计算应纳税所得额，而间隔期不超过一个月的，则合并为一次扣除法定费用后计算应纳税所得额。

【微课堂】

> 某职工 12 月份工资为 8 000 元，一次性奖金为 50 000 元，社保与公积金个人缴纳总额为 1 000 元。请试算该职工 12 月份工资应纳多少个人所得税？

问题思考

1. 进行企业薪酬总额承受能力分析时应该从哪几个方面着手？
2. 简述薪酬结构的 3 大类型。
3. 简述薪酬等级划分应考虑的因素。

知识链接

IBM 的"长板凳计划"

IBM 认为人员的继任计划不是某一时间段的事情，而是人才管理的持续过程。

IBM 要求主管级以上员工将培养手下员工作为自己业绩的一部分。每个主管级以上员工从上任开始，都有一个硬性指标：确定自己的位置在一两年内由谁接任；三四年内由谁接任；甚至自己突然离开了，谁可以接替自己，由此发掘出一批有才能的人。

技能列表

薪酬体系设计工作所需技能如表 2-14 所示。

表 2-14　　　　　　　　　薪酬体系设计工作所需技能

序号	技能名称	具体描述
1	数据分析技能	能够分析组织和员工的薪酬数据，掌握数据分析技术和工具，为薪酬体系设计提供支持和依据
2	市场调研技能	进行市场调研，了解同行业、同岗位的薪酬水平，确保设计的薪酬体系具有竞争力
3	沟通和谈判技能	与管理层、员工进行沟通和谈判，能够挖掘他们的需求和期望，制定合理的薪酬结构
4	职位评估技能	能够对不同职位的岗位职责和要求进行评估，包括工作内容、技能要求、责任等方面的考量
5	薪酬税务筹划技能	能够通过合理的薪酬结构和福利安排，最大限度地减小企业和员工的税负
6	税务风险防控技能	具备识别和评估薪酬税务风险的能力，及时采取风险防控措施，避免税务纠纷和罚款等不良后果
7	设备、软件操作技能	能够熟练使用各种办公设备、薪酬管理软件和工具

技能实训

实训内容 1：设计一份技术人员的薪酬体系表模板。

A 集团成立于 2001 年，是大型综合性软件与信息服务企业，提供 IT 咨询服务、IT 技术服务、IT 外包服务，涉及政府、金融、电信与高科技等主要行业。A 集团现在需要对技术人员的薪酬构成体系做分析，其薪酬构成体系表将作为后期薪酬发放的参照指标，请你根据本章所学内容设计一份技术人员的薪酬构成体系表。科研人员薪酬构成及项目所占系数如表 2-15 所示。

表 2-15　　　　　　　　　　　科研人员薪酬构成及项目所占系数

薪酬类型	代表符号		内容	项目所占系数	合计
基本薪酬	A	A1	岗位薪酬	0.2	0.6
		A2	技能薪酬	0.3	
		A3	住房补贴	0.08	
		A4	学习补贴	0.02	
	B		工龄工资	200 元/年	
可变薪酬	C	C1	考勤奖金	0.05	0.4
		C2	绩效薪酬	0.1	
		C3	效益薪酬	0.05	
		C4	项目津贴	0.2	

说明：A 代表基本薪酬，A1、A2、A3、A4 分别代表岗位薪酬、技能薪酬、住房补贴、学习补贴。B 代表工龄工资。C 代表可变薪酬，C1、C2、C3、C4 分别代表考勤奖金、绩效薪酬、效益薪酬、项目津贴。项目所占系数根据指标的考评等级进行调整，使得总体的薪酬结构更加合理。

实训内容 2：设计一份薪酬水平外部竞争分析报告。

背景：随着全球化和市场竞争的加剧，企业对于人才的争夺日益激烈。薪酬作为吸引和留住人才的关键因素之一，其合理性和竞争力对于企业的发展至关重要。特别是在互联网行业，技术岗位的薪酬水平直接影响着企业能否吸引和留住顶尖的技术人才。

为了更好地了解行业薪酬状况，制定符合市场趋势和企业实际的薪酬政策，我们可以借助文心一言来辅助进行薪酬水平的外部竞争分析。

1. 明确分析目标与范围

（1）明确任务目标：快速获取行业薪酬数据、对标企业信息及竞争策略分析框架。

（2）确定关键问题：需要分析哪些岗位类型（如技术岗、管理岗、销售岗等）；覆盖哪些地区或城市；对标企业范围（同行业头部企业、直接竞争对手）。

（3）发送要求：打开文心一言"新对话"页面，在底部的文本框中输入要求，如"请列出互联网行业技术岗位（前端开发、算法工程师）薪酬水平分析的关键维度，并推荐 3~5 家对标企业。"按"Enter"键发送，然后查看回复，如图 2-4 所示。

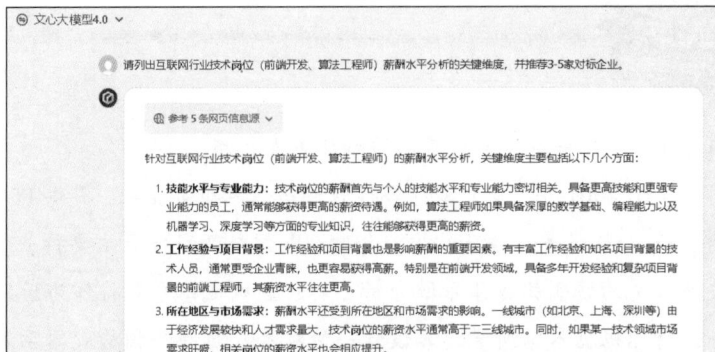

图 2-4　文心一言回复薪酬水平分析的关键维度

2. 数据收集与预处理

（1）明确核心数据需求：市场薪酬数据（分位值包括 25 分位、50 分位、75 分位）；竞争对手的薪酬结构（基本工资、奖金、长期激励）；行业薪酬增长趋势。

（2）发送要求：在底部的文本框中继续输入要求，如"生成 2023 年人工智能行业算法工程师岗位在北京地区的薪酬中位数和 75 分位值，需标注数据来源。"按"Enter"键发送，然后查看给出回复，如图 2-5 所示。

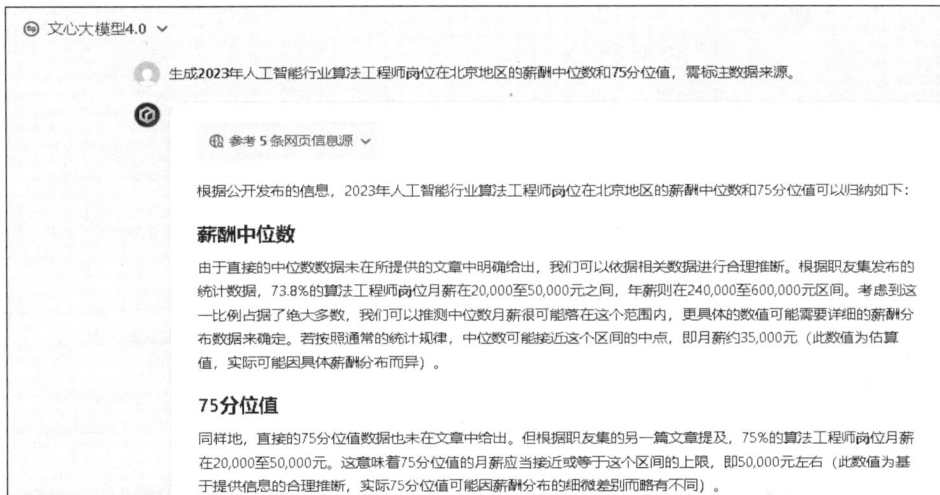

图 2-5　文心一言回复薪酬中位数和 75 分位值

3. 确定报告结构与分析逻辑

在底部的文本框中继续输入要求，如"设计一份薪酬外部竞争分析报告的目录，要求包含数据分析图表、竞争对手案例和可行性建议。" 按"Enter"键发送，然后查看给出回复，如图 2-6 所示。

图 2-6　文心一言回复薪酬外部竞争分析报告的目录

4. 生成报告内容

根据生成的报告目录，分模块生成内容，如竞争力评价，输入要求："根据薪酬分位值数据，分析我司在人才吸引中的竞争力水平，输出 SWOT 分析框架"，按"Enter"键发送，然后查看给出回复，如图2-7所示。

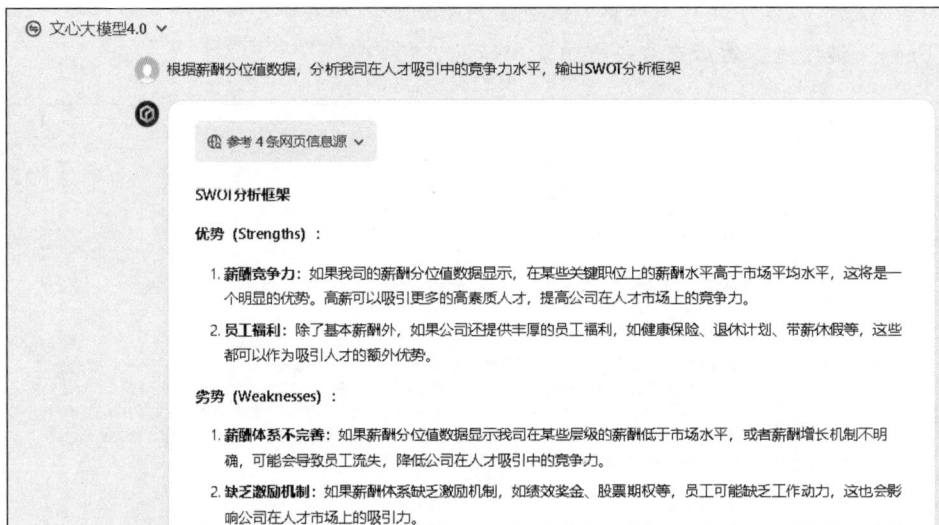

图 2-7　文心一言回复我司在人才吸引中的竞争力水平

【本章知识导图】

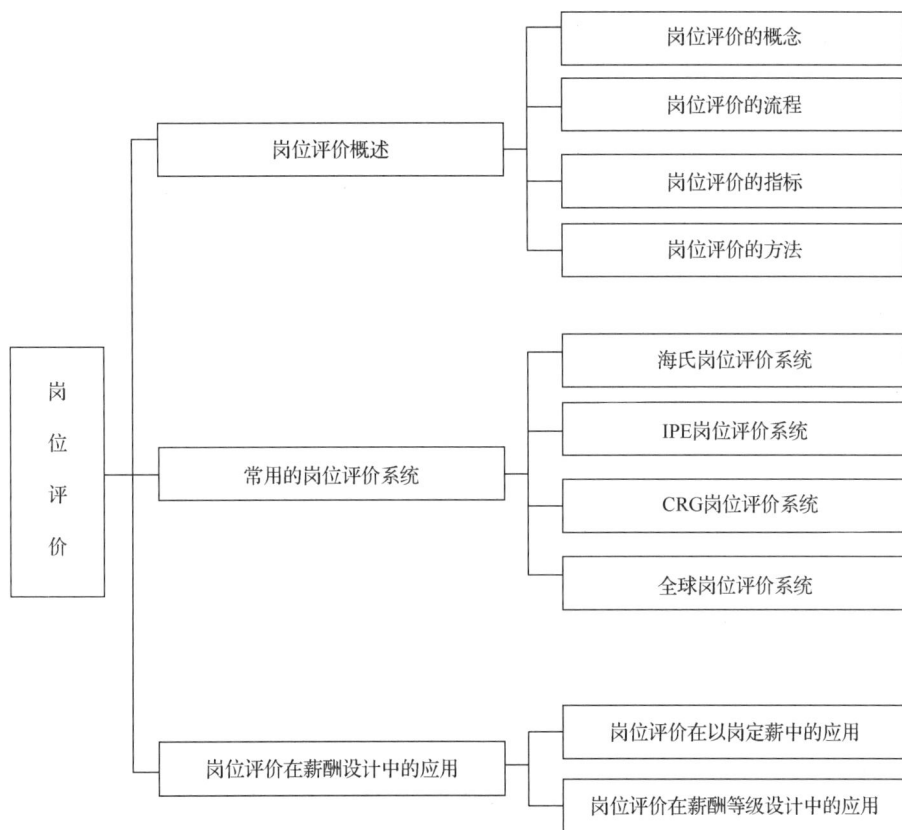

```
                            ┌─────────────────────┐
                      ┌─────│   岗位评价的概念      │
                      │     └─────────────────────┘
                      │     ┌─────────────────────┐
          ┌──────────┐├─────│   岗位评价的流程      │
      ┌───│ 岗位评价概述│     └─────────────────────┘
      │   └──────────┘├─────┌─────────────────────┐
      │               │     │   岗位评价的指标      │
      │               │     └─────────────────────┘
      │               │     ┌─────────────────────┐
      │               └─────│   岗位评价的方法      │
      │                     └─────────────────────┘
 ┌────────┐                 ┌─────────────────────┐
 │ 岗      │           ┌─────│   海氏岗位评价系统    │
 │ 位      │           │     └─────────────────────┘
 │ 评      │           │     ┌─────────────────────┐
 │ 价      ├──┌──────────┐├───│   IPE岗位评价系统     │
 │        │  │常用的岗位 │     └─────────────────────┘
 │        │──│评价系统   │├───┌─────────────────────┐
 └────────┘  └──────────┘│   │   CRG岗位评价系统     │
      │               │     └─────────────────────┘
      │               │     ┌─────────────────────┐
      │               └─────│   全球岗位评价系统    │
      │                     └─────────────────────┘
      │   ┌──────────────┐  ┌──────────────────────────┐
      └───│ 岗位评价在薪酬 │──│ 岗位评价在以岗定薪中的应用  │
          │ 设计中的应用   │  └──────────────────────────┘
          └──────────────┘  ┌──────────────────────────┐
                          └─│ 岗位评价在薪酬等级设计中的应用│
                            └──────────────────────────┘
```

【学习目标】

职业知识	• 了解岗位评价的定义及内容 • 明确岗位评价的方法、系统及流程
职业能力	• 能够灵活运用岗位评价的方法、系统及流程，做好岗位评价工作 • 能够熟练运用常用的 4 大岗位评价系统，做好岗位评价工作
职业素质	• 具备优秀的分析能力、反馈能力及协调能力

3.1 岗位评价概述

　　岗位评价是企业进行薪酬设计的前提和基础。可通过岗位评价确定职位等级，进而确定各岗位的薪酬等级。岗位评价是从具体职务整体出发，或者选择决定职务状况的多种因素，测定各因素的作用和重要程度，是连接工作分析和薪酬设计的重要桥梁。工作分析和岗位评价都是为了解决企业薪酬内部公平性的问题。

3.1.1　岗位评价的概念

岗位评价又称工作评价、职位评价，是在工作分析的基础上采用一定的方法对企业中各种工作岗位的性质、责任大小、劳动强度、所需资格条件等特征进行评价，以确定岗位相对价值的过程。

在进行岗位评价前需要获取一些与岗位评价相关的资料，包括岗位名称，岗位编码，岗位所属单位，上下级单位，岗位上下级领导关系，岗位工作内容、职责、权利，任职条件，劳动条件与环境，岗位对员工的综合素质要求（如体能、技能等）。

3.1.2　岗位评价的流程

总体来说，企业在进行岗位评价时应分为3个阶段，即准备阶段、实施阶段、完善与维护阶段，且每个阶段均有着不同的工作内容和操作方法。

1．准备阶段

（1）确定岗位评价目的。进行岗位评价时，企业首先要明确岗位评价的目的。本章所述岗位评价的结果主要用于确定薪酬决策，以实现企业的战略目标。

（2）分析企业现状。企业现状包括企业战略目标、行业特性、企业规模、组织结构、生产流程、目前经营状况及人员状况等。

（3）确定岗位说明书。岗位说明书是工作分析的重要成果，其中包含岗位职责、权限、任职资格、工作环境等重要的岗位信息，是岗位评价信息来源的主要途径。

（4）成立岗位评价委员会。岗位评价委员会是岗位评价的组织与执行机构，在岗位评价过程中担负着重要职责。其职责包括根据工作分析的结果，进行岗位评价体系设计，选择评价方法，并对相应岗位做出评价，形成岗位等级结构等。

（5）选择标杆岗位。标杆岗位是指在大多数企业中都存在的，且岗位职责和任职资格条件差异不大的一般化岗位。标杆岗位一般占企业全部岗位的10%～15%，非标杆岗位的相对价值通过与标杆岗位的岗位评价结果相对比而得出。

（6）建立岗位评价体系。根据工作分析结果划分岗位类别，针对不同岗位类别选择适当的岗位评价方法，确定岗位评价指标、各指标的分级定义及指标权重。

2．实施阶段

（1）对参与评价者进行培训。培训的内容主要包括岗位评价的目的、意义、评价方法、评价流程、评价技术等。企业选择不同的岗位评价方法，其操作流程与操作重点也不一样。

（2）开始进行岗位评价。对非标杆岗位进行初评，了解岗位评价体系并对岗位评价体系的科学性和实用性进行检验。确认无误后开始正式评价，形成岗位等级结构。

（3）建立申诉机制和程序。不断与员工交流，使评价的目的、方法、标准等透明化，建立申诉机制和程序，给员工发表见解的机会与途径。

3. 完善与维护阶段

本阶段最重要的工作是将岗位评价结果形成书面报告。岗位评价结束后，企业应及时对岗位评价的过程、使用的方法、流程等进行整理，编制成书面报告，并在实施过程中及时验证与完善整个评价体系。

3.1.3 岗位评价的指标

岗位评价指标是企业在进行岗位评价的过程中，将劳动责任、劳动技能等主要影响因素根据需要分解成的若干细化了的评价要素。

1. 岗位评价指标的选择原则

岗位评价指标的选择原则如表 3-1 所示。

表 3-1　　　　　　　　　　　　　　　岗位评价指标的选择原则

原则	具体说明
实用性	选择评价指标时，必须从企业的实际出发，全面体现岗位劳动的特点，以提高岗位劳动评价的应用价值
普遍性	所选择的岗位评价指标应该是对不同岗位的劳动具有普遍的适用性和代表性，而不是仅仅适用于或反映个别的特殊劳动。因此，企业要结合本企业的生产实际情况，确定与本企业生产劳动密切相关的具有代表性或共性的反映劳动量及差别的指标
可评价性	评价指标具有可评价性，评价结果才具有科学性，才能体现岗位劳动的差别
全面性	评价指标的全面性是指评价因素能全面反映生产岗位劳动者的劳动状况和劳动量，体现不同岗位的差别劳动，反映岗位劳动对企业劳动成果的贡献。因此，企业对影响岗位劳动诸因素的选择既不能遗漏，也不能重复，必须从多方面选择多个评价因素，通过多因素综合评价来实现全面、科学的评价

2. 岗位评价指标的选择方法

选择岗位评价指标的方法多种多样，目前大多数企业都采用以下两种方法。

（1）因素分析法。从企业的实际出发，对企业生产和岗位劳动状况进行全面分析，并遵循选择指标原则，找出影响和决定岗位劳动状况和劳动量的所有因素，然后确定评价指标。

选择过程应该是由表及里、由粗到细、层层分析，即从总体到局部、从粗到细的过程。

（2）A、B、C 分类权重法。该方法是根据"重要的少数和次要的多数"的基本原理确定各因素权数的简便方法，也是在管理统计分析中常用的主次因素分析法，即将指标体系中的所有因素按其重要程度和对岗位劳动量的影响程度进行分类排序，然后分别用不同的权数对各类因素进行不同的权重设定。具体步骤如下。

① 排序阶段。首先对各因素进行分析，然后根据企业岗位劳动的特点和各因素对岗位劳动量的影响程度及其重要程度，将全部因素按其重要性依次排列。

② 分类阶段。将全部因素划分为 3 类。A 类：主要因素，占全部因素的 10%左右。B 类：次要因素，占全部因素的 20%左右。C 类：一般因素，占全部因素的 70%左右。

③ 权重设定阶段。根据因素分类结果，即可对 A、B、C 3 类因素赋予不同权数。

每个行业或企业生产经营状况各不相同，劳动环境和条件各有差异，因此，在开展岗位评价时，企业应结合自身的实际情况，从中选择合适的评价指标。

3.1.4 岗位评价的方法

企业应选择科学、合理的方法进行岗位评价，岗位评价结果关系到岗位的薪酬水平高低，影响着薪酬水平的外部竞争性和内部公平性，进而影响着企业人员的稳定性。因此，岗位评价方法对于企业来说非常关键。

常用的岗位评价方法有定性和定量两大类。定性岗位评价方法有岗位分类法、排序法、岗位参照法等；定量岗位评价方法有因素计分法、因素比较法等。

1．岗位分类法

岗位分类法是指将企业所有岗位根据岗位工作职责、任职条件等不同要求，分为各种类别。例如，将企业所有岗位按照岗位层级分为经营层岗位、管理层岗位和基层操作层岗位，按照不同序列又分为行政人事类岗位、财务投资类岗位、营销类岗位、技术研发类岗位和生产制造类岗位等。随后，根据每一类岗位确定一个岗位价值范围，并且对同一类岗位进行排序，从而确定每一个岗位的相对价值。

2．排序法

排序法又叫排列法或序列法，包括交替排序和配对排序。该方法是将工作视为一个整体，根据对企业的贡献大小，将岗位从高到低进行排序，通常适用于岗位比较简单的企业。对于规模较大的企业来说，首先以部门为单位对岗位进行排序，再对每个部门进行排序，并确定相应的系数，通过系数进行转化，确定每个岗位的价值大小。

简单排序法易出现主观倾向，应通过培训提高评价人员的价值判断力，或可通过重复评价3次取平均值来消除主观误差。

3．岗位参照法

岗位参照法指企业事先建立一套较合理的标准岗位价值序列，其他岗位比照已有的标准岗位来进行评估。企业有一套合理的岗位价值序列，当新增岗位需要进行价值评估时，就可以参照标准岗位进行。

4．因素计分法

因素计分法是将所有岗位的工作特性抽象成若干计酬要素，然后将岗位的具体内容与这些要素标准相比较，得到每个岗位的价值分数，最后通过分数排序得到岗位价值序列。该方法是一种定量分析方法，可避免一定的主观随意性，但操作起来较烦琐。

5．因素比较法

因素比较法最初是因素计分法的一个分支。它将所有岗位的内容抽象为若干个要素，比较普遍的做法是将岗位内容抽象成智力、技能、体力、责任及工作条件5个要素。根据每个岗位对这些要素要求的不同，得出岗位价值。

首先，因素比较法将各因素区分为多个不同的等级。然后，再根据岗位的内容将不同因素和不同等级对应起来，等级数值的总和就是该岗位的价值。

岗位评估方法就是将评价因素分为 4 个维度，即责任、知识技能、努力程度和工作环境，并将每一维度分为若干因素，共有大约 39 个评价因素，然后对每个岗位按事先设定的标准进行打分，最后得出岗位评估的结果。

【微课堂】

某公司人力资源部门要对公司所有岗位进行评价，假如人力资源部门经理要你来做这件事，试问，你对岗位评价了解多少？你如何着手进行岗位评价？请详细说明。

3.2 常用的岗位评价系统

目前，常用的岗位评价系统有海氏岗位评价系统、IPE 岗位评价系统、CRG 岗位评价系统和全球岗位评价系统，各评价系统分别有其操作的独特性及优势。

3.2.1 海氏岗位评价系统

海氏岗位评价系统实质上是一种评分法，是定量分析的一种，是由美国工资设计专家艾德华·海在 1951 年开发的。该系统适用于管理类、技术类岗位。

1. 岗位薪酬要素

（1）三要素的内容。系统将岗位薪酬要素进一步抽象为具有普遍适用性的三要素，即技能水平、解决问题能力和风险责任，每一个薪酬要素又分别由数量不等的子因素构成。岗位薪酬三要素如表 3-2 所示。

表 3-2　　　　　　　　　　　　　　　岗位薪酬三要素

薪酬要素	解释说明	子因素
技能水平	技能水平是指使绩效达到可接受的程度，所以必须具备的专业理论知识及其相应的实际操作技能	专业知识：对所在领域的理论、方法、技术等的理解程度，分为基本业务的、初等业务的、中等业务的、高等业务的 管理技能：为达到职务绩效水平而必需的计划、组织、执行、控制及评价等管理能力 人际能力：有关激励、沟通、协调、培养等人际关系技巧
解决问题能力	解决问题能力是指任职者在工作中发现、诊断、分析问题，并提出解决问题的方法的能力	思维环境：依据对工作岗位承担者应变能力的要求，将其分为高度常规性的、常规性的、半常规性的、标准化的、明确规定的、广泛规定的、一般规定的和抽象规定的 8 个等级 思维难度：按解决问题所需创造性由低到高分为重复性的、模式化的、中间型的、适应性的和无先例的 5 个等级

续表

薪酬要素	解释说明	子因素
风险责任	风险责任是指任职者行为对工作结果的影响程度及相应的岗位责任大小	行动自由度：任职者工作时间受指导和控制的程度，分为有规定的、受控制的、标准化的、一般性规范的、有指导的、方向性指导的、广泛性指引的、战略性指引的和一般性无指引的 9 个量级
		行为结果的作用：分为后勤性作用、辅助作用、分摊性作用、主要作用 4 个级别
		行为结果的经济性影响：分为微小的、少量的、中级的和大量的 4 个等级，并有相应的金额范围

（2）要素的标尺性评定量表。系统针对三大要素相应地设计了 3 套标尺性评定量表，将所得分值加总，算出各个工作岗位的相对价值，如表 3-3、表 3-4 和表 3-5 所示。

表 3-3　　　　　　　　　　　　　　　技能水平评定量表

人际技能		管理技能														
		基础的			相关的			多样的			广博的			全面的		
		关键的	基本的	重要的	关键的	基本的	重要的	关键的	基本的	重要的	关键的	基本的	重要的	关键的	基本的	重要的
专业知识	基本业务的															
	初等业务的															
	中等业务的															
	高等业务的															
	基本专门技术的															
	熟练专门技术的															
	精通专门技术的															
	权威专门技术的															

表 3-4　　　　　　　　　　　　　　　解决问题能力评定量表

解决问题		思维难度				
		重复性的	模式化的	中间型的	适应性的	无先例的
思维环境	高度常规性的					
	常规性的					
	半常规性的					
	标准化的					
	明确规定的					
	广泛规定的					
	一般规定的					
	抽象规定的					

表 3-5 风险责任评定量表

行为结果经济性影响	微少的				少量的				中量的				大量的			
	间接		直接		间接		直接		间接		直接		间接		直接	
行为结果的作用	后勤	辅助	分摊	主要	后勤	辅助	分摊	主要	后勤	辅助	分摊	主要	后勤	辅助	分摊	主要
行为自由度　有规定的																
受控制的																
标准化的																
一般性规范的																
有指导的																
方向性指引的																
广泛性指引的																
战略性指引的																
一般性无指引的																

技能水平、解决问题能力和风险责任这 3 个要素在加总评价分数时，实际上被归结为以下两个方面。

（1）技能水平与解决问题能力的乘积，反映的是一个工作岗位人力资本存量的使用性价值，即该工作岗位承担者所拥有的技能水平（人力资本存量）实际使用后的绩效水平。

（2）风险责任反映的是某工作岗位人力资本增量的创新性价值，即该工作岗位承担者利用其主观能动性进行创新所获得的绩效水平。

2．海氏岗位评价的操作流程

海氏岗位评价是一种非常有效、实用的岗位测评方法。海氏岗位评价的操作流程分为以下 6 步。

（1）选取标杆岗位。标杆岗位的选择有 3 个原则：够用（过多则不精简，过少非标杆岗位则很难安排）、好用（岗位可以进行横向比较）、中用（标杆岗位能够代表所有的岗位）。需要注意的是，同一个部门价值最高的岗位和价值最低的岗位一定都要选取。

（2）标杆岗位的工作说明书确认。工作说明书是岗位测评的基础，可有效避免测评者对所有标杆岗位不是很清晰时凭主观印象对岗位打分。

（3）成立专家评估小组。评估小组的人员由外部专家与内部测评人员两部分组成。外部专家站在中立、客观的角度进行测评。内部测评人员要对企业的业务和职位非常了解，而且要有良好的品德，能客观公正地评价事务。

（4）对评估小组培训。聘请外部专家给测评者培训，使其在从事测评工作前全面了解海氏测评法的设计原理、逻辑关系、评分过程、评分方法。

（5）对标杆岗位进行海氏评分。海氏测评法的培训讲师选出两个标杆岗位并进行对比打分，详细阐述打分的过程和缘由，其他人员随从演示，直到掌握全部打分技术。测试完毕后应对测试结果统计分析，专家认为测试结果满意后再全面铺开测评工作。

（6）计算岗位的海氏得分并建立岗位等级。薪酬管理工作者计算出各标杆岗位的平均分后，算出每位评分者的评分与平均分的离差，去除离差较大（超出事先设定标准）的分数，避免有些测评者为了本部门的利益或对某些职位不熟悉而导致评分有较大偏差。薪酬管理工作者将标杆岗位按分数从高到低进行排序，并按一定的分数差距（级差可根据划分等级的需要而定）对标杆岗位分级分层。

3.2.2 IPE 岗位评价系统

IPE 岗位评价系统又称国际岗位评估（International Position Evaluation，IPE）系统，适用于不同行业、不同规模的企业中的岗位比较。国际岗位评估系统包括 4 个必需的因素和一个可选的因素：影响、沟通、创新、知识和危险性（可选）。此系统由评价指标、评价标准、评价技术方法和数据处理等若干个系统构成，这些子系统相互联系、相互衔接、相互制约，从而构成具有特定功能的有机整体。

1．岗位评价指标

管理学中，把影响生产岗位价值的劳动责任、劳动技能、劳动心理、劳动强度、劳动环境称为生产五要素。从这 5 个方面进行岗位评价，能较全面、科学地反映岗位的劳动消耗和不同岗位之间的劳动差别。为了便于对五因素进行定量评定或测定，根据企业生产岗位实际情况和管理状况，又将每个因素进行分解，分为 24 个指标。这 24 个指标按照指标的性质和评价方法的不同，可分为以下两类。

（1）评定指标。该指标包括劳动技能、劳动责任及劳动心理等 14 个指标。

（2）测定指标。该指标包括劳动强度和劳动环境等 10 个指标，指标可用仪器或其他方法测定。

评价生产岗位的 5 个因素、24 个指标较全面地体现了各行业生产岗位劳动者的劳动状况。但对每个行业或企业而言，由于生产经营情况各不相同，劳动环境和条件各有差异，因此，在进行岗位评价时，企业应具体结合各自的实际情况，从中选择合适的评价指标。

2．岗位评价标准

岗位评价标准是指对岗位评价的方法、指标及指标体系等方面所做的统一规定。它包括评价指标标准和评价技术方法标准。岗位评价必须采用统一的标准，这样评价结果才具有科学性、可比性。企业应将国家颁布的有关标准和行业标准作为评价标准，应用国家标准规定的方法和技术进行评价；对于暂时还没有国家标准的部分，企业则根据制定国家标准的基本思想和要求制定统一的评价标准。

3．岗位评价技术和方法

岗位评价的因素较多，涉及面广，企业需要运用多种技术和方法才能对多个评价因素进行准确的测定或评定，最终做出科学的评价。

4．岗位评价结果的加工和分析

数据的加工整理过程揭示了各种因素之间的相互关系，并通过整理使这种关系用数量关系表现出来，使各岗位间的差异性表现出来，明确地反映不同工作性质、不同工作责任、不同工作环境和不同工作场所的岗位劳动之间的区别与联系，以达到数据资料配套、规范的目的，更好地完成数据资料的有机配合、完整配套、规范统一的任务。

对这些加工整理以后的资料进行分析研究是整个岗位评价工作的重要环节。评价结果的分析研究工作是对整个评价工作的综合和分析，分析质量的好坏直接影响着评价结果的运用效果。

总之，岗位评价系统的各个子系统都具有特定的功能和目的，同时它们又是相互联系、相互作用和相互依赖的。它们采用各种专业技术方法，从不同的角度全面、准确地反映劳动量的大小，为实现企业现代化管理提供客观、科学的依据。

3.2.3 CRG 岗位评价系统

CRG（Corporate Resources Group）本身是国际资源管理咨询集团的简称，CRG 岗位评价系统是该集团开发使用的岗位评价系统，这个系统运用的方法叫 "CRG 岗位评价法"。这种方法有一套比较系统的评价标准及指标，CRG 岗位评价法的常用指标如表 3-6 所示。

表 3-6　　　　　　　　　　　　　CRG 岗位评价法的常用指标

指标内容	具体说明
组织影响力	在企业起什么作用，对企业的影响有多大，规模有多大
监督治理	管理多少个部门，管理多少人，管理什么样的岗位
责任范围	独立性怎样，责任的宽度和广度
沟通技巧	交往频度如何，技巧难度多大
工作复杂性	要求什么样的学历，要求什么样的经验
解决问题的难度	是不是需要有很强的创造性
环境条件	什么样的工作条件

3.2.4 全球岗位评价系统

全球岗位评价系统又称全球职等评估系统（Get Genuine Sdution，GGS），是 Watson Wyatt（华信惠悦）公司专有的岗位评估软件工具。该系统包含 25 个等级架构，通过其确定企业整体最高岗位等级，并进行职等归类；再详细分析各岗位的专业知识、业务专长、团队领导、影响性质、影响领域、人际关系技巧等多方面因素，进行全方位的平衡比较，以计算机软件的形式实现评估。

1. 全球岗位评价系统的特点

（1）岗位评估的因素与等级/程度为衡量岗位提供了标尺。

（2）岗位评估定义的措辞不可能保证岗位鉴别的绝对精确。评估工具必须由文字建构，而评估工作本身则必须立足于对岗位的正确判断。

（3）正确的评估结果是由具备公正精神和真知灼见的评估成员，始终应用成熟的岗位评价工具，经过谨慎的思考做出最佳判断的结果。

2. 全球岗位评价系统的岗位评价原则

企业在进行岗位评价时，为确保岗位评价的一致性，必须遵循以下原则。

（1）评价必须基于岗位要求、岗位职责和任职条件开展。

（2）只考虑岗位要求，而非个体任职者在此岗位上的表现。

（3）评价不可超越岗位包含信息的准确性与完整性。

（4）避免岗位头衔影响评估。评估成员若掺杂岗位等级的主观判断，不仅将降低岗位评估等级的公信力，还将降低其有效性。

（5）避免个人偏见或成见影响判断。岗位评价过程中，成员常见的偏见包括受个人因素的影响、受岗位主导因素等级/程度描述的影响、受岗位部门的影响、将市场数据纳入岗位评估流程。

【微课堂】

某公司岗位的要素得分如表 3-7 所示，3 个岗位的两组因素权重分配为（30%，70%）、（60%，40%）、（25%，75%），请你运用海氏岗位评价系统计算下面 3 个岗位的评价总分。

表 3-7　　　　　　　　　某公司岗位的要素得分

岗位	技能水平得分	解决问题能力评估结果	职务责任得分
策划总监	1 500	90%	1 250
网络工程师	250	70%	300
生产主管	175	20%	83

3.3 | 岗位评价在薪酬设计中的应用

企业在进行薪酬体系设计时，一般要根据岗位要求及员工的实际工作贡献来确定员工的工资水平，而这一环节的工作则离不开岗位评价。

3.3.1　岗位评价在以岗定薪中的应用

岗位评价在企业薪酬管理中是一项基础性工作，只有确定了岗位的价值，才能确定相应岗位科学、合理的薪酬标准。由此可见，岗位评价是以岗定薪的前提和基础。

1. 岗位评价和以岗定薪的关系

（1）企业要实施按劳分配、公平分配，发挥薪酬的激励作用，就必须通过对各岗位进行价值评估和以岗定薪来实现。

（2）现代企业管理要求建立适应现代企业制度和市场竞争要求的薪酬分配体系，岗位评价和以岗定薪是新型薪酬管理体系的关键环节。

（3）发挥薪酬的激励和约束作用要求建立与员工能力、贡献对等的薪酬分配机制，在制度上需通过岗位评价和以岗定薪来实现。

以岗定薪是建立在岗位评价的基础上的，不是简单地按岗位等级确定薪酬水平。岗位等级是以岗定薪的一个因素，但不是全面的因素，确定岗位薪酬必须进行科学的岗位评价。因此，岗位评价和以岗定薪是现代企业实现科学的人力资源管理、充分发挥人力资源能动性的必要手段，二者是相互结合、不可分离的。

2．岗位评价和以岗定薪的步骤

岗位评价和以岗定薪共分为 4 个阶段，即准备阶段、调查阶段、分析阶段和实施阶段，这 4 个阶段是相互联系、相互影响的，每个阶段均有不同的操作重点。岗位评价和以岗定薪的步骤如表 3-8 所示。

表 3-8　　　　　　　　　　　　　　岗位评价和以岗定薪的步骤

步骤	主要工作内容
准备阶段	主要任务是以精简、高效为原则组成工作小组，明确工作分析的意义、目的、方法、步骤，向有关人员宣传、解释工作的必要性，确定调查和分析对象并考虑对象的代表性
调查阶段	通过编制各种调查问卷和提纲，灵活运用各种调查方法，对岗位的工作内容、工作过程、工作方法、工作环境及相应岗位任职人员的素质要求等进行全面的调查，广泛收集进行岗位评估所需的相关资料、数据
分析阶段	通过仔细审查搜集到的数据、资料，归纳总结、分析，运用排序、分类、打分等方法来确定各类岗位的价值，完成岗位评价工作
实施阶段	根据以上分析结果及得出的相关数据编写岗位说明书，竞聘上岗，以岗定薪

进行岗位评价和以岗定薪的根本目的就是要发挥薪酬机制的激励和约束作用，最大限度地调动员工的主动性、积极性和创造性。企业要实现这一目的，就应该把薪酬与绩效相关联、与员工贡献相关联、与员工能力相关联。这就要求企业建立科学可行的绩效考核体系，对员工的绩效进行定期考评，全面了解员工完成工作的情况，及时发现存在的问题，并提出改进措施。

企业通过对员工的绩效考核，奖优罚劣。绩效考核结果可作为员工竞争上岗、人员调整的主要依据。因此，岗位评价和以岗定薪这套科学并行之有效的管理方法，如果与科学有效的绩效考核体系联系起来，将对企业薪酬管理、员工管理起到非常大的帮助作用。

3.3.2　岗位评价在薪酬等级设计中的应用

岗位评价在薪酬等级设计中的应用主要表现在以下 8 个方面。

（1）岗位评价的结果可以是分值形式，也可以是等级形式，还可以是排序形式。

（2）对应关系既可以是线性关系，也可以是非线性关系。

（3）岗位评价的主要考虑因素是工作内容、职责、权利、任职条件、劳动条件与环境等。

（4）薪酬等级是在岗位评价结果的基础上建立起来的，它将职位价值相近的岗位归入同一个管理等级，并采取一致的管理方法处理该等级内的薪酬管理问题。

（5）薪酬等级划分的考虑要素包括企业文化、企业所属行业、企业员工人数、企业发展阶段、企业组织架构。

（6）等级越多，薪酬管理制度和规范要求越明确，但容易导致机械化；等级越少，相应的灵活性也越高，但容易使薪酬管理失去控制。

（7）薪酬等级包括分层式薪酬等级类型和宽泛式薪酬等级类型。

（8）岗位评价是岗位等级的前提和基础，薪酬等级的划分需建立在岗位等级的基础上。

【微课堂】

某生产制造企业选取了工作复杂性、工作结果的影响、监督管理责任、岗位任职资格、工作环境 5 个因素对该企业的所有岗位展开评估并确定岗位等级，进而为各岗位薪酬水平的制定提供依据。试着将表 3-9 中的空白处补充完整。

表 3-9　　　　　　　　岗位评价表

岗位	评估分数总计	工作复杂性	工作结果的影响	监督管理责任	岗位任职资格	工作环境
		0.35	0.3	0.2	0.1	0.05
总经理	92.25	95	100	100	85	10
副总经理						
生产总监						
车间主任						
生产班组长						

根据上述工作评价指标体系，对组织各个岗位进行评估，并将评估结果汇总于表 3-10。

表 3-10　　　　　　　　企业岗位等级表

岗位	岗位等级	岗位评价分数
总经理	1 ~ 3	_____ ~ _____ 分
副总经理	2 ~ 4	_____ ~ _____ 分
生产总监	3 ~ 5	_____ ~ _____ 分

问题思考

1. 岗位评价流程分为几个阶段？每个阶段分别对应着哪些具体工作？
2. 岗位评价的常用方法有哪些？
3. 四大岗位评价系统分别是什么？
4. 简述岗位评价在薪酬等级设计中的应用。

知识链接

阿里巴巴非管理岗位的级别划分

阿里巴巴的非管理岗位分为 10 级，其中，P6、P7、P8 需求量最大，也是阿里巴巴占比最大的级别。P 序列指技术岗，M 序列指管理岗。阿里巴巴岗位级别划分如表 3-11 所示。

表 3-11　　　　　　　　阿里巴巴岗位级别划分

级别	基本定义	对应级别
P1、P2	一般空缺，为非常低端的岗位预留	
P3	助理	
P4	初级专员	
P5	高级工程师	
P6	资深工程师	M1 主管
P7	技术专家	M2 经理
P8	高级专家	M3 高级经理
P9	资深专家	M4（核心）总监
P10	研究员	M5 高级总监

技能列表

岗位评价工作所需技能如表 3-12 所示。

表 3-12　　　　　　　　　岗位评价工作所需技能表

序号	技能名称	具体描述
1	岗位评价技能	（1）能够灵活运用各种方法系统地比较各岗位的相对价值，并构建一套岗位评估体系 （2）能够根据岗位评估结果，将其运用到企业的薪酬设计工作中
2	沟通协调技能	（1）在与他人交流时能够清晰、准确地表达自己的意思，同时也能理解对方的意思并做出恰当的回应，此外还能够运用一些技巧，使得沟通更加顺畅、有效 （2）能够有效整合各种资源，使得岗位评价工作得以顺利推进
3	信息获取与分析技能	（1）能够通过面谈、会议、书面调查等方式，获得岗位评价工作开展所需的信息 （2）能从获得的信息中筛选出有效、关键的信息并进行深入分析
4	设备、软件操作技能	能够熟练使用人力资源管理工作开展所需的各种办公设备、软件

技能实训

实训内容 1：设计一套岗位评价指标体系。

结合本章内容的学习，为生产企业车间班组长设计一套岗位评价指标体系，请将表 3-13 空白处内容填写完整。

表 3-13　　　　　　　　某生产企业车间班组长岗位评价指标体系

评价要素		分值（单位：分）
劳动责任		

续表

评价要素		分值（单位：分）
劳动技能		
劳动强度		
劳动条件		

实训内容 2：设计一份岗位评价报告。

背景：传统的岗位评价方法往往依赖于人工操作和主观判断，不仅效率低下，而且容易受到个人偏见和经验的影响。为了提升企业人力资源管理的效率和准确性，现决定引入 AIGC 技术，借助智谱清言，来辅助设计一份岗位评价报告。

1. 确定要求

为了确保智谱清言能够精准地辅助完成岗位评价报告的设计，需要进一步细化和明确报告目标与定位、岗位信息收集、评价指标体系、报告结构与内容。然后基于这些要求，确定将要输入的要求："请帮我生成一份全面评估公司内部岗位价值和重要性的岗位评价报告。报告需包含清晰的引言、方法说明、数据分析结果及直观的可视化图表，以及针对岗位优化和薪酬体系调整的具体结论与建议。"

2. 发送要求

打开智谱清言页面，点击"新建对话"，在底部的文本框中输入要求并按"Enter"键发送，然后查看给出回复，如图 3-1 所示。

图 3-1　智谱清言回复岗位评价报告的设计

第4章 基本工资设计

【本章知识导图】

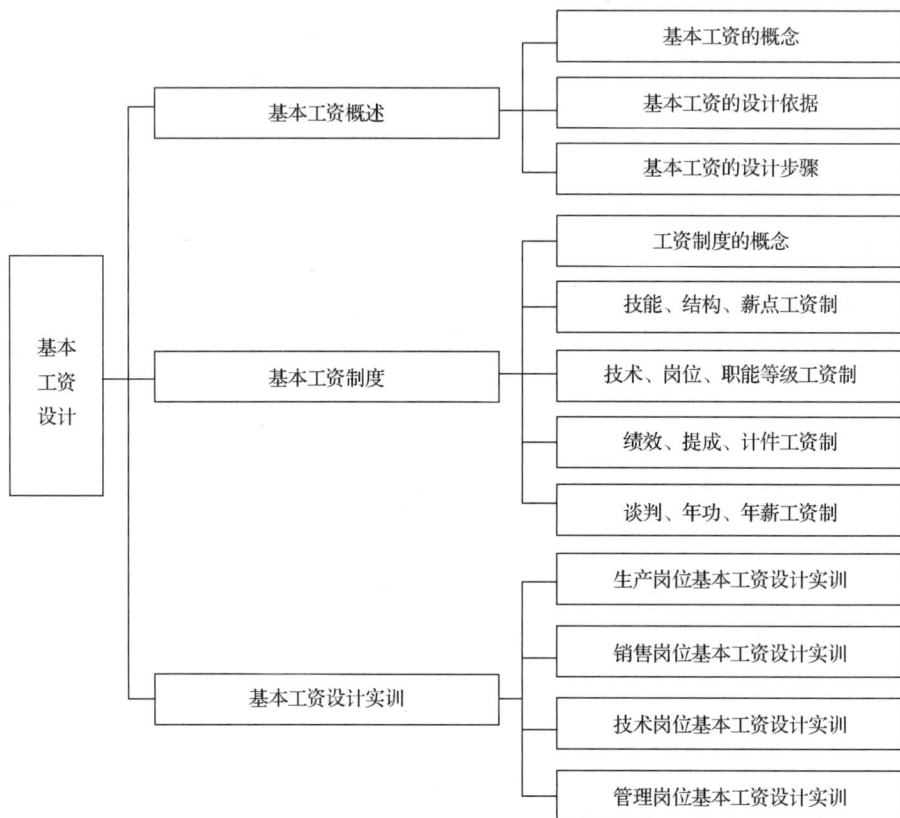

```
                                         ┌─────────────────────┐
                                    ┌────│   基本工资的概念      │
                                    │    └─────────────────────┘
                                    │    ┌─────────────────────┐
                    ┌──────────┐    ├────│   基本工资的设计依据  │
                    │基本工资概述│────┤    └─────────────────────┘
                    └──────────┘    │    ┌─────────────────────┐
                                    └────│   基本工资的设计步骤  │
                                         └─────────────────────┘
                                         ┌─────────────────────┐
                                    ┌────│   工资制度的概念      │
                                    │    └─────────────────────┘
                                    │    ┌─────────────────────┐
                                    ├────│ 技能、结构、薪点工资制│
        ┌────┐                      │    └─────────────────────┘
        │基本│    ┌──────────┐      │    ┌─────────────────────┐
        │工资│────│基本工资制度│──────┼────│技术、岗位、职能等级工资制│
        │设计│    └──────────┘      │    └─────────────────────┘
        └────┘                      │    ┌─────────────────────┐
                                    ├────│ 绩效、提成、计件工资制│
                                    │    └─────────────────────┘
                                    │    ┌─────────────────────┐
                                    └────│ 谈判、年功、年薪工资制│
                                         └─────────────────────┘
                                         ┌─────────────────────┐
                                    ┌────│生产岗位基本工资设计实训│
                                    │    └─────────────────────┘
                                    │    ┌─────────────────────┐
                  ┌────────────┐    ├────│销售岗位基本工资设计实训│
                  │基本工资设计实训│────┤    └─────────────────────┘
                  └────────────┘    │    ┌─────────────────────┐
                                    ├────│技术岗位基本工资设计实训│
                                    │    └─────────────────────┘
                                    │    ┌─────────────────────┐
                                    └────│管理岗位基本工资设计实训│
                                         └─────────────────────┘
```

【学习目标】

职业知识	• 了解基本工资、基本工资制度的概念 • 明确基本工资的设计依据 • 掌握基本工资的设计步骤 • 理解技能、结构、薪点等工资制
职业能力	• 能够灵活运用各种工具和方法，对不同岗位人员的基本工资标准进行设计
职业素质	• 具备优秀的分析能力与设计能力

4.1
基本工资概述

基本工资是员工薪酬组成中的一个重要组成部分，它与岗位工资、绩效工资等是有所区别的。

4.1.1　基本工资的概念

　　基本工资是指用人单位按照法律规定或依据劳动合同的规定，以各种形式支付给劳动者的工资报酬，通常以工时或者完成产品的合格件数来计算。例如，工资可以以小时工资、日工资、周工资、月工资等不同时间计算，或者以计件工资形式计算。

　　与薪酬的定义相比较，工资是与岗位紧密结合的，工资的支付项目比较固定，灵活性不强。而薪酬的范畴比工资的范畴大，薪酬与绩效管理紧密结合，应与个人激励和团队激励相结合，与短期、中期、长期激励相结合。薪酬构成和发放办法紧密联系企业的发展战略，是企业实行现代化管理的一个有效工具，体现的是企业目标的完成和业绩的激励。

　　薪酬包括企业提供的各种福利项目，而工资不包含福利项目。对于普通员工来说，薪酬基本上就等于工资。但是，员工的职位越高，薪酬与工资的差距就越大，因为与工资相比，薪酬包含更多长期激励的内容。

　　在我国，由企业承担或者支付给员工的社会保险费、劳动纠纷中的补偿、劳动保护费、计划生育费、福利费等费用不属于工资项目。

　　在政治经济学中，工资本质上是劳动力的价值或价格。工资是生产成本的重要部分。法定最小数额的工资叫最低工资，工资也有税前工资、税后工资、奖励工资等类型。

4.1.2　基本工资的设计依据

　　员工基本工资的设计需考虑社会和企业的经济水平、企业的劳动条件状况、岗位价值等方面的因素。企业需依据表 4-1 所示的条件对基本工资进行设计。

表 4-1　　　　　　　　　　　　　　基本工资设计的依据

依据	内容说明
法律法规	基本工资设计需要遵守国家法律法规和相关政策，以确保薪酬体系的合法性和合规性，如对最低工资标准的规定等
企业经济状况	基本工资设计需要考虑企业的经济状况，这一因素将直接影响企业的薪酬支付能力
市场薪酬水平	基本工资设计需要考虑市场薪酬水平，以确保企业薪酬水平的合理性和竞争力。通过了解同行业或相近行业的薪酬水平，可以为本企业基本工资的设计提供参考
职位价值	基本工资设计需要考虑每个职位的价值和贡献，以确定每个职位的薪酬水平
员工个人的能力	基本工资设计需要考虑员工的个人能力和绩效表现，以确定员工的薪酬水平

　　在同等情况下，员工基本工资的多少，一般反映他们的工作能力、业务技术水平和担负职责的差异。它在很大程度上决定职工收入水平的高低。基本工资的最小数额，应当保证职工本人及其平均赡养人口的基本生活需要。

4.1.3　基本工资的设计步骤

　　企业可依照以下步骤对基本工资进行设计。

1. 了解同行业基本工资水平

企业通过市场调查，收集同行业或相近行业的薪酬数据，了解市场薪酬水平。

2. 职位评估

企业通过职位评估，确定每个职位的价值和贡献。

3. 分级定薪

企业根据职位评估结果，将企业内部职位按照价值和贡献分为不同的等级，每个等级对应不同的薪酬水平。

4. 设定基本工资

企业根据市场薪酬水平、职位价值评估结果，设定每个职位的基本工资水平。

5. 沟通和实施

企业将设计完成的基本工资体系与员工进行沟通，同时，在实施过程中收集反馈意见，以不断完善和优化。

【微课堂】

> 凌涛学的是市场营销专业，今年毕业后进入北京一家贸易公司做业务。该公司给他设计的工资结构分为"基本工资+提成+福利"3个部分，其中给他定的基本工资为2 200元。虽说靠着凌涛自己的努力，一个月下来到手的工资也不低，但他却颇为不满，认为公司给他设定的基本工资标准是不合理的。对此，你怎么看？

4.2 基本工资制度

工资制度是企业日常开展工资管理的规章制度和实施参照依据。制定的工资政策必须能涵盖企业工资管理过程中可能出现的一系列问题的规定或界定，以备企业在日常工资执行中有据可查、有法可依。

4.2.1 工资制度的概念

工资制度是指与工资决定和工资分配相关的一系列原则、标准和方法。它包括工资原则、工资水平、工资形式、工资等级、工资标准、工资发放等内容。工资制度大体上是通过工资等级表、工资标准表、技术（业务）等级标准及岗位名称表等具体形式加以规定的。

4.2.2　技能、结构、薪点工资制

技能、结构、薪点工资制这 3 类工资制是管理实践中很常见的薪酬模式，下文对其进行了介绍。

1. 技能工资制

技能工资制是根据员工的技术和能力来确定员工工资标准的一种方式。企业只有确定了员工具备某种技能且该技能与本职位工作相关，能为企业带来经济价值，才能支付其相应的技能工资。

技能工资设计的目的是促使员工提高工作的技术和能力水平，促进员工之间友好合作。技能工资的确定，依据的是职位对劳动技能的要求和员工实际掌握的劳动技能的水平。技能工资设计的对象是员工个人而不是具体职位。

员工在相同工作条件下，由于其技能水平不同，其付出的劳动和取得的成果也会有所不同，因而对企业的贡献也会有所差异。并不是所有的企业都适合实行技能工资制，企业在制定或实行技能工资前，必须考察自身的生产经营状况、管理体制、运营环境，以及企业文化、企业的职位与人员结构、企业的经营目标等因素。

2. 结构工资制

结构工资制又称组合工资制，它是依据工资各组成部分的职能，将工资分解为几个组成部分，分别来确定工资额，最后将其相加作为劳动者报酬的一种制度。

结构工资制的各个组成部分分别有其独特的职能特点和作用，同时又具有内在的联系，互相依存、互相制约，形成一个有机的统一体。

（1）结构工资制的组成。结构工资制一般由 6 个部分组成，具体内容如表 4-2 所示。

表 4-2　　　　　　　　　　　　　　结构工资制组成

组成项目	具体内容
基础工资	基础工资是保障员工基本生活需要的工资，设置目的是保证劳动力的简单再生产。企业主要采取按绝对额及系数两种办法确定和发放基础工资，绝对额办法考虑的是员工基本生活费用占总工资水平的比重，系数办法考虑的是员工现行工资关系及其占总工资水平的比重
岗位工资	岗位工资是根据岗位职责、岗位劳动强度、劳动环境等因素确定的报酬，是结构工资制的主要组成部分
技能工资	技能工资是根据员工本身的技术等级或职称高低确定的报酬
效益工资	效益工资是企业根据自身的经济效益和员工实际完成劳动的数量与质量支付给员工的浮动工资部分，发挥着激励员工努力实干、多做贡献的作用
工龄工资	工龄工资是根据员工参加工作的年限，按照一定标准支付给员工的工资；是用来体现企业员工逐年积累的劳动贡献的工资形式，既可以鼓励员工长期在本企业工作、做贡献，又可以适当调节新老员工的工资关系
津贴、补贴	津贴是为补偿员工特殊或额外的劳动消耗及特殊原因支付的劳动报酬。补贴主要是为保证不因物价上涨而导致员工的名义工资降低而设立的

（2）结构工资制的设计流程。

① 实行结构工资制的基础工资。建立健全人力资源信息库，信息库包括员工的姓名、人

数、工资、工作年限、学历职称、技术等级、职务等；进行综合分析，剔除不合理因素，找出工资关系上的突出问题；结合本企业的生产特点及各岗位的工作特点，确定工资结构的基本形式。

② 设计结构工资制的基本模式。在确定工资结构的基础上，进一步确定各组成部分所占的比例。

③ 确定各工资组成的内部结构。根据所选择的工资制度，对工资组成的内部结构，按相应的技术、业务标准、职责条例、劳动定额等进行界定、设置，并拟定具体的考核办法。

④ 确定各工资组成的最低工资额和最高工资额。各工资组成的最低工资加上奖金和一部分津贴的总和不能低于本地区执行的最低工资标准。

⑤ 测算、检验并调整结构工资制方案。根据初步确定的结构工资制各组成部分工资标准，进行测算、检验并调整。测算内容包括以下 3 个部分。

a. 结构工资总额是否与预计相符。

b. 将员工个人工资水平在时间上进行纵向比较，看是否基本相当、计划调薪的岗位调整结果如何。

c. 根据员工各方面情况，预测员工个人工资增长情况及结构工资总额增长的趋势。

如果存在工资总额超过或剩余过多，或多数人工资水平下降、结构工资增长速度过快或过慢等问题，企业都需要适当调整结构工资制方案。

⑥ 实施、套改。在原有工资制度的基础上进行结构工资制度的改革，一般是按照员工原标准工资的一定百分比就近套入岗位（职务）工资，或套入技能（技术）等级工资。

3. 薪点工资制

薪点工资制是在分析劳动技能、劳动责任、劳动强度、劳动条件的基础上，用点数（薪点数）和点值来确定员工实际劳动报酬的一种工资制度。

薪点是企业分配的最小价值单位，它随赋予每个薪点的货币价值的不同而代表不同金额，也叫薪点值。薪点值的高低和企业经济效益的好坏直接挂钩。企业薪点值分为薪点基值和浮动薪点值两部分。员工收入和薪点值计算公式如下：

$$员工收入=点数×薪点值$$
$$薪点值=月度工资总额÷总点数$$

薪点工资制是市场经济条件下新产生的一种薪酬制度，它是以岗位为对象，以点数为标准，按照员工个人的实际贡献定系数，以单位经济效益获取工资薪点，确定劳动报酬的一种弹性工资分配制度。

（1）薪点值的确定。企业的薪点一般由基本保障点、岗位报酬点、技能要素点、技能报酬点、服务贡献点构成。薪点工资制构成因素如表 4-3 所示。

表 4-3　　　　　　　　　　　　　　　　薪点工资制构成因素

薪点构成因素	具体内容
基本保障点	用来确保员工基本生活保障的薪点
岗位报酬点	用来反映劳动差别的薪点，体现了按劳分配原则
技能要素点	由技能等级点、学历点组成，主要体现员工的实际操作技能和整体素质
技能报酬点	用来反映员工技能水平高低的薪点
服务贡献点	用来反映员工对企业实际贡献的薪点，包括工龄点、有突出贡献的奖励晋级点、考评点

薪点值不同，表明员工所任职位的价值不同，这取决于职位评价的结果。薪点数反映的是员工层级，有 3 个因素影响薪点数，即职种、任职资格等级、绩效。

（2）薪点工资制的结构。

① 根据薪酬调研数据，编制不同职务人员的薪酬分布表。薪点工资制由 4 个部分构成：基本工资、工龄工资、岗点工资及效益工资。薪点工资制的结构如表 4-4 所示。

表 4-4　　　　　　　　　　　　　　　　薪点工资制的结构

构成部分	主要内容
基本工资	基本工资是员工的最低生活保障，原则不低于当地政府规定的最低工资标准，按员工的出勤天数计发，占比不超过工资收入的 20%
工龄工资	这是体现员工劳动积累贡献和工资调节职能的部分，员工的工龄工资标准应按分段累进的办法确定，也可以按每年一定的工资额确定；可按出勤天数计发，占工资收入的 10% 左右
岗点工资	这是薪点工资制中体现按劳分配的主体部分，也是最具活力和体现工资激励职能的部分，其标准用点数表示，占工资收入的 45%～50%
效益工资	这是实现工资与单位经济效益和员工实际贡献挂钩、体现工资激励职能的部分；是薪点工资制的重要组成部分，占工资收入的 20%～25%

② 岗点的确定。岗点一般由基本岗点和技能点两部分构成。条件成熟的企业也可把专业技术职务和技术等级作为任职、上岗的条件，只设岗点不设技能点。

a. 基本岗点标准的制定。基本岗点对岗不对人，以体现岗位的客观差别。确定基本岗点的操作步骤包括岗位分类、岗位测评、列点排序、分级定点。确定点数的方法有倍数法、系数法和变换法 3 种，如表 4-5 所示。

表 4-5　　　　　　　　　　　　　　　　确定点数的方法

方法	说明
倍数法	首先确定最低岗级点数，然后确定最低岗级点数与最高岗级点数的倍数，再用等差或等比法确定其他岗级的点数。该方法适用于岗位较多且岗位可比性差、测评分数不能充分反映各类岗位差别的企业
系数法	岗级的点数完全根据测评得分确定。先将最低岗级的分数视为 1，再分别求出各岗级的相对系数，然后用系数乘以 1 000 求出各岗级的点数。该方法适用于岗位较少且可比性强、测评工作规范、测评分数能准确反映各类岗位差别的企业
变换法	考虑到现行岗位工资都是按劳动岗位四要素测评归级确定的，并经过实践证明是基本合理的，因而可以直接把各岗位同档次的岗位工资额变换成点数，也可按同样的倍数进行放大或缩小。这种方法适用于现行岗位工资已能较准确地反映各岗位差别的企业

b. 技能点的制定。为体现相同岗位不同技能人员待遇的差异，鼓励员工学技术，把工资与个人的技能挂钩。技能点对人不对岗，以体现个人的主观差别。确定技能点的两种方法如表 4-6 所示。

表 4-6　　　　　　　　　　　　　　确定技能点的两种方法

方法	说明
增加技能点	依据专业技术职务任职资格和工人的技术等级，按照逐级等比递增的方法增加技能点
浮动技能点	实行一岗多档工资制。凡技能水平达到岗位技能要求的，享受基本点；凡低于或高于岗位要求的，在基本点的基础上，按一定比例向下或向上浮动点数

4.2.3　技术、岗位、职能等级工资制

员工因自身的技术能力高低、所处岗位等级、职务级别的不同，薪酬水平也不一样。下文就技术等级工资制、岗位等级工资制、职能等级工资制这 3 种薪酬模式进行介绍。

1. 技术等级工资制

技术等级工资制是一种主要根据技术复杂程度及劳动熟练程度划分等级和规定相应的工资标准，然后根据员工所达到的技术水平评定技术（工资）等级和标准工资的一种等级工资制度。技术等级标准包括 3 项内容：专业知识、工作技能和工作实例，在我国简称应知、应会和工作实例。

技术等级工资制由工资等级表、工资标准和技术等级标准等要素组成。企业通过对组成要素的分析和量化，给具有不同技术水平或从事不同工作的员工规定适当的工资等级。

（1）工资等级表。工资等级表是指规定工资等级数目和各等级之间工资差别的总览表。它表示不同质量的劳动或工作之间工资标准的比例关系，反映不同等级劳动报酬的变化规律，是确定各等级工资标准数额的依据。

（2）工资标准。工资标准亦称工资率，是按单位时间（时、日、周、月）规定的工资数额，表示某一等级在单位时间内的货币工资水平。

（3）技术等级标准。技术等级标准又称技术标准，是按生产和工作分类的所有技术工种工人的技术等级规范，用来确定工人的技术等级和工人工资等级的尺度。它包括应知、应会和工作实例 3 个组成部分。技术等级标准的主要内容如表 4-7 所示。

表 4-7　　　　　　　　　　　　　　技术等级标准的主要内容

项目	主要内容
应知	应知是指完成某等级工作所应具有的理论知识，也可以规定员工应达到的文化水平
应会	应会是指员工完成某等级工作所应具备的技术能力和实际经验
工作实例	工作实例是根据基本知识和专门技能的要求，列举不同技术等级员工应该会做的典型工作项目或操作实例，对员工进行培训和考核

技术等级标准的确定需要经过 4 个步骤。

（1）根据劳动的复杂程度、繁复程度、精确程度等因素确定和划分等级。

（2）对工作成果进行分析比较，纳入相应的等级。

（3）规定技术等级标准，即确定最高等级工资和最低等级工资的倍数及各工资等级之间的工资级差。

（4）确定各等级的工资标准和制定技能工资等级表。

2．岗位等级工资制

岗位等级工资制是按照员工所任职岗位的等级来规定其工资等级和工资标准的一种工资制度。

（1）岗位等级工资制的形式。岗位等级工资制主要有一岗一薪制、一岗数薪制两种形式。岗位等级工资制的两种形式如表4-8所示。

表 4-8　　　　　　　　　　　岗位等级工资制的两种形式

形式	具体说明
一岗一薪制	一岗一薪制是指每一个岗位只有一个工资标准，凡在同一岗位上工作的员工都执行同一工资标准。这种工资制度体现了不同岗位之间的工资差别，不能体现岗位内部的劳动差别和工资差别
一岗数薪制	一岗数薪制是指为同一个岗位设置几个工资等级，以反映同一岗位不同等级的差别。这种形式是在岗位内部设级，以反映同一岗位上不同员工之间的劳动差别。岗内级别是根据该岗位工作的技术水平高低、责任大小、劳动强度、劳动条件等因素来确定的，不同岗位之间的级别可能会有交叉。一岗数薪制不仅体现了不同岗位之间的劳动差别，而且体现了同一岗位内部不同劳动者的劳动差异，并使之在劳动报酬上得到反映

（2）岗位等级工资制设计的操作流程。岗位等级工资制的设计是一项系统的工作，其操作流程如图4-1所示。

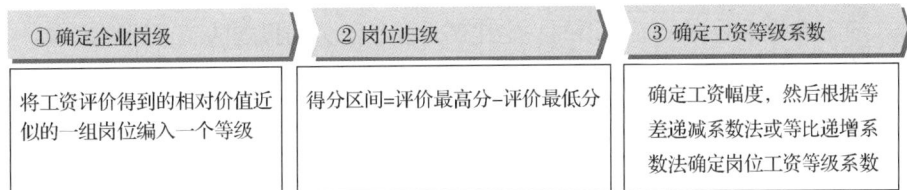

图 4-1　岗位等级工资制设计的操作流程

3．职能等级工资制

职能等级工资制是指根据员工个人的职务级别和能力大小来确定基本工资的制度。职能等级是按照不同的职务分别确定的。职能等级的评定依据包括所担任工作的重要性、知识与经验及工作能力和指导能力。

职能等级工资制设计的4个主要特点如下。

（1）职位与工资并不直接挂钩，影响员工工资的主要因素之一是员工的技术水平和工作能力。

（2）能力等级决定工资等级。确定工资等级，首先要确定职能等级，这需要制定一套客观、科学且完整的职位等级标准和职能等级标准，并按照标准对员工进行客观、准确的考核与评定。

（3）员工调整灵活，有较强的适应性。

（4）相邻职位间工作能力要求、技术水平要求相差不大时，可以减少等级层次。

4.2.4 绩效、提成、计件工资制

1. 绩效工资制

绩效工资制是一种根据员工个人工作绩效而发放工资的工资制度。它建立在对员工进行有效绩效评估的基础上，关注的重点是工作的"产出"，如销售量、产量、质量、利润额及实际工作效果等，是典型的以成果论英雄、以员工实际最终的劳动成果确定员工薪酬的工资制度。

（1）特点。这一工资制度的特点如下。

① 将员工工资与可量化的业绩挂钩，将激励机制融于企业目标和个人业绩的联系之中。

② 工资向业绩优秀者倾斜，有助于提高企业效率和节省工资成本。

③ 绩效工资占总体工资的比例较高，员工工资中浮动部分较大。

（2）实施条件。绩效工资制的实施需要具备一些条件，具体包括以下4个方面。

① 工资范围足够大，各档次之间拉开距离。

② 业绩标准要制定地科学、客观；业绩衡量要公正、有效，衡量结果应与工资挂钩。

③ 有浓厚的企业文化氛围支持业绩评估系统的实施和运作，使之起到奖励先进、约束落后的作用。

④ 将业绩评估过程与组织目标实施过程相结合。

2. 提成工资制

提成工资制是企业根据员工业绩的一定比例计发员工劳动报酬的工资计算方式。提成工资制又称"拆账工资制"或"分成工资制"。提成工资能够把员工的工资收入直接同本单位的销售状况或盈利状况联系起来，有利于激发员工的工作积极性，提高工作效率。企业采取提成工资制还可以减少企业运营成本。

若企业采取提成工资制，应当在劳动合同中明确提成的比例、提成的基数、基数的计算方式、给付方式等。这种形式适用于劳动成果难以用事先制定劳动定额的方法计量、不易确定计件单价的工作。

（1）提成工资制的形式。提成工资制的具体形式可分为以下两种。

① 超额提成。扣除一部分或保留其基本工资作为固定工资部分，并相应规定需完成的销售额或利润，超额完成的部分再按一定的比例提取提成工资，计算公式为：

$$员工收入 = 基本工资 + 超额收入 \times 提成比例$$

② 全额提成。取消固定的基本工资，员工的收入完全随利润或销售收入额浮动，计算公式为：

$$员工收入 = 利润或销售收入额 \times 提成比例$$

（2）提成工资制实施的三要素。提成工资制实施的三要素包括适当的提成指标、提成方式和提成比例。

3．计件工资制

计件工资是按照劳动者生产合格产品的数量和预先规定的计件单价计量并支付劳动报酬的一种工资形式。按照员工完成的产品数量或作业量支付工资，是资本主义工资的基本形式之一。

计件工资是由计时工资转化而来的，是变相的计时工资。工资形式的差别并不改变工资的本质。计件工资和计时工资的本质是相同的，它们都是劳动力价值或价格的转化形式。

计件工资的设计

计件工资的显著特点是将劳动报酬与劳动成果紧密联系在一起，能够在劳动报酬上直接、准确地反映出劳动者实际付出的劳动量及劳动差别。因此，计件工资能够更好地体现按劳分配原则。

（1）计件工资的构成。计件工资的构成如图 4-2 所示。

（2）计件工资的实施要点。

① 企业要将推行计件工资形式与经营效益联系起来，将计件工资作为落实经营目标的有效手段。

② 企业要加强对计件工资的宣传解释，使广大员工对计件工资的目的、意义、可行性及与切身利益的关系有深入的理解，取得所有员工的支持。

③ 企业要加强科学管理，建立和健全各项管理制度。

④ 企业必须同时制定严格的任务要求。

⑤ 班组要有合理的劳动组合，工人技术等级的配置合理且能满足所从事工作在技术复杂、熟练、精确及繁重等不同方面的要求。

（3）计件工资制的常见形式。常见的计件工资制形式如表 4-9 所示。

图 4-2　计件工资的构成

表 4-9　　常见的计件工资制形式

类型	特点
无限计件工资	◇ 按照员工单位时间内所生产的合格品的数量和统一的计件单价计算劳动报酬 ◇ 员工完成的合格产品，不论数量的多少，均用一个计件单价计算 ◇ 生产产品没有数量的规定
有限计件工资	◇ 对员工在单位时间内所得的计件工资收入总额加以一定的限制 ◇ 可对个人计件工资的收入规定最高限额 ◇ 可采用超额累退计件单价，即计件工资超过规定数额后，计件工资按比例递减 ◇ 可采用可变计件单价，即企业的计件工资总额固定，个人计件单价随企业计件产品产量的增减而降低或提高，对个人计件工资总收入不加限制 ◇ 多适用于定额不够准确、合理，管理制度不够健全或工资总额受到控制的企业

续表

类型	特点
全额计件工资	◇ 企业取消原本的基本工资、奖金、加班工资和生产津贴等分别核算和支付工资的办法，工人全部工资都根据完成和超额完成劳动定额的多少，按统一的计件单价计发 ◇ 非工资性津贴、物价补贴和劳保福利不得列入 ◇ 适用于产品单一、劳动定额水平较先进、管理制度较健全、经济效益好且生产稳定的企业
超额累进计件工资	◇ 又称计时计件混合工资，它将员工完成的工作量分为定额以内的和定额以外的两部分 ◇ 对员工完成产量定额的部分，按计时工资标准和任务完成程度发放计时工资 ◇ 对员工未完成产量定额的部分，按照员工工资标准和完成的比例计发工资，超过定额部分按预先规定的计件单价和产品量计发工资 ◇ 计件单价的递增比例必须事先经过精确测算，保证达到预期的经济效益目标
间接计件工资	◇ 工资不是直接由员工的工作量来确定的，而是由其所服务的主要生产工人的生产成果计算的 ◇ 适用于辅助类工种
集体计件工资	◇ 以一个集体（车间、班组）为计件单位 ◇ 员工的工资根据班组集体完成的合格产品数量或工作量来计算，然后按照每个员工的贡献大小进行合理分配 ◇ 适用于机器设备和工艺过程要求员工集体完成某种产品或某项工程，而又不能直接计算个人的产品数量或工作量的情况
提成工资	◇ 按照班组或集体的销售收入或纯利润的一定比例提取工资总额 ◇ 根据员工的技术水平和实际工作量状况计发员工个人工资 ◇ 适用于劳动成果难以事先用制定劳动定额的方法计量、不易确定计件单价的工作 ◇ 餐饮业、服务业多采用这种工资形式

4.2.5 谈判、年功、年薪工资制

除了上文介绍的技能工资制、薪点工资制等薪酬模式，还有谈判工资制、年功工资制、年薪工资制等多种形式。下文就谈判工资制、年功工资制、年薪工资制这三种薪酬模式进行介绍。

1. 谈判工资制

谈判工资又称协议工资，是指企业与员工以协商的方式，根据法律、法规、规章的规定，就劳动报酬、工作时间、休息休假、劳动安全卫生、职业培训、保险福利等事项签订的书面协议。其基本含义是员工工资数额完全取决于劳动双方的意愿，在劳动力市场交易法则的指导下，由企业与员工自愿协商确定。

（1）谈判工资制的特点。

① 谈判工资制运作简单，可以自由、灵活地给各类岗位加薪，在竞争中实现员工工资水平分布地自然、合理。

② 谈判工资制是一种灵活反映企业经营状况和劳动力市场供求状况并对员工工资收入实行保密的工资制度。

③ 员工的工资额由企业根据操作的技术复杂程度、熟练程度与员工当面谈判协商确定，其工资额的高低取决于劳动力市场的供求状况和企业的经营状况。

（2）影响谈判工资水平高低的4个因素。在谈判工资制中，工资水平的高低取决于4个因素，如表4-10所示。

表 4-10   影响工资水平高低的 4 个因素

因素项目	具体内容
技术因素	技术因素包括业务能力、岗位适应能力、技术全面性及承担重要复杂工作的能力及潜能等
成果因素	成果因素包括实物成果、理论成果、创新方法、工作质量、差错率等
态度因素	态度因素主要指勤奋程度、遵纪守法情况和敬业精神
替代因素	替代因素主要指缺员时替代的难易程度，如学历高低、专业紧缺度、特别技能和特殊需要

通过谈判，人才有了话语权，进而使人才价值的有偿转让更透明、更合理。

2. 年功工资制

年功工资制是一种简单而传统的工资制度，其主要内涵是员工的基本工资随员工本人的年龄和企业工龄的增长而逐年增加，而且增加工资有一定的序列，按企业自行规定的年功工资表次序增加，也称年功序列工资制。

（1）年功工资制的特点。年功工资制以劳动等价报酬和生活补偿为原则。它有以下 4 个特点。

① 基本工资由年龄、企业工龄和学历等因素决定，工资标准由企业自定，并随员工生活费用、物价、企业的经济效益等因素而每年变动。

② 多等级、小级差，每年定期增加工资，也就是随着员工年龄的增长、家庭负担的增加而增加工资。

③ 年功序列工资制下的薪酬结构除基本工资，还有优厚的奖金和各种各样的津贴和补贴，多方面为员工考虑，以尽可能解除员工的后顾之忧。

④ 员工退休金和奖金的计算，也与员工的年龄、工龄有一定的关系。

（2）年功工资制的构成。年功工资制一般包括基本工资、奖金和津贴 3 个部分。

① 基本工资：包括工龄薪金、年龄薪金和学历薪金。基本工资一般占员工总收入的 70%。

② 奖金：包括两部分，一部分为固定部分，不需评定，每月即可发放，企业亏损时也不会取消；另外一部分为变动奖金，即与业绩评定结果相关联。奖金一般占员工总收入的 25%。

③ 津贴：是补充基本薪金未能补偿的部分，分为与工作直接相关的津贴（也称为工作薪金性津贴）、保障职工生活津贴及其他津贴。

a. 工作薪金性津贴，包括职位津贴、技能津贴、全勤津贴、成绩津贴等。

b. 保障职工生活津贴包括家属津贴、住宅津贴、交通津贴等。

c. 其他津贴主要是指特殊劳动时发放的补助。

3. 年薪工资制

年薪工资制是以年度为单位，依据企业的生产经营规模和经营业绩，确定并支付经营管理者和一些创造性人才年薪的分配方式，通常包括基本薪酬和效益收益两部分。年薪工资制实施的目的是把经营管理人员的利益与企业所有者的利益联系起来，使经理人的目标与所有者的目标一致，形成对经理人的有效激励和约束。因此，年薪工资制的主要对象是企业的经营管理人员。

（1）年薪工资制的特点。年薪工资制的特点如表 4-11 所示。

表 4-11　　　　　　　　　　　　　　年薪工资制的特点

特点	解释说明
针对性	适用于特定的对象，包括企业的经营管理者（包括中层管理者和高层管理者）和一些创造性人才，如科研人员、营销人才、软件工程师、项目管理人才等。这些人具有这样的特点：素质较高，工作性质决定了他们的工作需要较强的创造力，工作中更需要激励而不是简单地管理和约束，工作的价值难以在短期内体现
周期较长	一般以年为周期，这是与其考核相关的。对于绝大部分的年薪工资制适用人员，都是以企业经营年度为周期的；对于一些科研人员、项目开发人员，这个周期也可能是半年、一年半、两年或其他，虽然不一定是一整年，但是都具有周期较长这一特点
存在一定的风险	薪酬中的很大一部分是与本人的努力及企业经营情况相挂钩的。年薪工资制在相当大的程度上是面向未来的，年薪的制定不是简单地依据过去的业绩，更多地取决于接受者所具备的经营企业（或其他工作）的能力和贡献潜力，因此具有较大的风险和不确定性
企业与个人利益紧密联系	对于接受年薪工资制的企业经营者而言，年薪工资制是委托人和代理人之间的一个动态合约，是双方通过博弈而实现的动态均衡，其目标对双方来说就是以最低的委托代理成本获得双方相对满意的委托代理收益，把委托人即企业的利益和经营者个人的利益更多、更紧密地联系起来

（2）年薪工资制的常见模式。年薪工资制的模式主要有两种：一种是"基本年薪+奖励年薪"模式，优点是便于实施，且不会造成企业员工和管理层之间薪金差距过大的问题；另一种是"基本年薪+绩效年薪+奖励年薪"模式，即在奖励年薪中引入期权收益方式，符合国际通行的职业经理人模式。

4．年薪工资制的实施步骤

年薪工资制的实施步骤包括确定年薪工资制的应用范围、确定年薪工资制的基薪、确定考核指标和效益收入的计算公式、实施考核、发放薪酬。

【微课堂】

> 某公司薪酬制度实行结构工资制，员工薪酬具体由以下项目组成。
> （1）工龄工资，所占比例为 14%。
> （2）基础工资，所占比例为 33%。
> （3）岗位工资，所占比例为 24%。
> （4）效益工资，所占比例为 29%。
> 假如某岗位员工在 4 月拿到的薪酬为 5 000 元，试计算该员工拿到的工龄工资、基础工资、岗位工资和效益工资各是多少？

4.3　基本工资设计实训

具体到实操部分，基本工资该如何设计呢？下文针对企业中的生产岗位、销售岗位、技术岗位、管理岗位 4 类岗位的基本工资，以方案的形式进行说明。

4.3.1 生产岗位基本工资设计实训

基本工资是员工劳动报酬的重要组成部分，其设计的效果对团队成员的稳定性有着重要的影响。生产人员作为企业的重要组成部分，对企业的生产运营起着至关重要的作用，在基本工资设计这一环节，更是不可忽视。

根据生产岗位的工作内容和职责，设计出的生产岗位基本工资设计方案示例如下。

方案名称	生产岗位基本工资设计方案	编号	
		受控状态	

一、设计目的

为明确生产岗位基本工资设计标准，规范工资核算工作，特制定本方案。

二、适用范围

本方案仅适用于企业生产岗位的基本工资设计，但也可为企业其他岗位的薪酬体系设计提供参考。

三、明确影响因素

决定生产岗位基本工资水平高低的主要是以下两方面因素。

1. 内部因素

内部因素主要指岗位职责、技能水平、工作经验等，如熟练工的基本工资水平会高于普工。

2. 外部因素

因为地区经济发展水平的不同，生产岗位的基本工资也会不同。经济发展水平高的地区，其工资水平高；反之则低。

四、基本工资设计

1. 基本工资比例设计

总体来说，生产岗位的基本工资是根据岗位职责、技能水平、工作经验、市场状况等因素来确定的。一般来说，生产岗位的基本工资占总收入的比例为50%～70%，具体比例还需要根据企业实际情况和市场状况来确定。

2. 基本工资水平设计

表 4-12 所示为车间主任、班组长、生产作业岗 3 类生产岗位的基本工资水平设计，具体内容如下。

表 4-12　　　车间主任、班组长、生产作业岗 3 类生产岗位的基本工资水平设计

总体要求：不得低于企业所在地的最低工资标准	
岗位	基本工资水平
车间主任	由人力资源部门按照员工的学历、职称、工作经验、工作年限、岗位职责的重要程度、责任大小、工作条件等因素确立，将其分为三档：一档____元、二档____元、三档____元
班组长	计算方法：本班组生产作业人员月计件薪酬的平均值×岗位系数
生产作业岗	计算方法：当地最低工资标准×某系数

五、补充说明

若因业务发展需要，出现生产旺季的情形，可适时调整基本工资的基数和比例。

六、其他

本方案自____年____月____日实施。

执行部门		监督部门		编修部门	
执行责任人		监督责任人		编修责任人	

4.3.2 销售岗位基本工资设计实训

虽说销售岗位员工的收入与其销售业绩密切关联，但也不能忽视其基本工资。如果企业的基本工资待遇不能满足员工的基本需求，就会导致员工流失、人才招聘难等问题。对此，下面设计了一则销售岗位基本工资设计方案，仅供参考。

方案名称	销售岗位基本工资设计方案	编号	
		受控状态	

一、设计目的

为明确销售岗位基本工资设计标准，规范工资核算工作，特制定本方案。

二、适用范围

本方案适用于销售人员基本工资的计算、发放等工作。

三、设计总体要求

对销售岗位基本工资的设定应该具有一定的公平性，能够提供一定的生活保障，但不可过高，以防员工缺乏动力。

四、基本工资设计

基本工资是销售岗位人员薪酬的基础，一般是固定的月薪或年薪。

1. 基本工资水平设计

基本工资可以根据销售岗位人员的工作经验、岗位级别和市场竞争情况来确定，本企业将销售岗位的基本工资划分为3档。销售岗位基本工资水平设定示例如表4-13所示。

表4-13　　　　　　　销售岗位基本工资水平设定示例

销售岗位划分	基本工资/元
普通	
资深	
高级	

2. 基本工资比例设计

（1）不同类型企业的销售岗位基本工资占比。销售岗位基本工资比例的具体设定需要考虑企业实际情况、行业特点、市场竞争等多方面的因素。具体到不同类型的企业，其比例又有所不同，下文提供了一点参考。基本工资比例设计如表4-14所示。

表4-14　　　　　　　基本工资比例设计

企业类型	建议比例/%
生产型企业	30
贸易型企业	20
IT型企业	40

需要注意的是，以上数据仅供参考，实际情况因企业而异。

（2）企业在不同阶段的销售岗位基本工资占比。在企业的不同阶段，销售岗位的基本工资占比也会有所不同，具体内容如表4-15所示。

表4-15　　　　　　　企业在不同阶段的销售岗位基本工资占比

阶段	特点	基本工资比例设计
成长期	企业处于成长期，意味着企业需积极扩大市场份额，因此为了吸引和留住优秀的销售人员，基本工资的比例可以适度提高，以稳定销售队伍，促进销售业务的增长	具体的比例可以参考行业平均水平或根据企业实际情况来确定，如可以将其设定为40%左右，这样可以兼顾销售人员的稳定收入和激励作用，同时也符合企业成长期的发展需要
成熟期	企业进入成熟期，意味着企业已经进入稳定发展阶段，销售业绩相对平稳，业务流程较为规范，此时则需要合理控制成本，因此销售人员基本工资比例通常会相对较低	这一阶段销售岗位基本工资占销售人员月收入的比例一般为20%左右，浮动工资部分则相应提高，这样的设计可以控制基本工资成本，同时激励销售人员提高销售业绩，保持企业稳定发展

五、基本工资发放

每月____日，销售人员的基本工资随同其他报酬一并发放。

六、基本工资调整

企业根据自身的经营效益及外部市场环境的变化适时进行基本工资水平的调整。

七、补充说明

销售业绩无疑是销售岗位的重点工作。但除了这点之外，一般还包括其他的关键点，如重点客户维护、销售回款等，这些关键点在设计销售岗位的基本工资时要充分考虑。

八、附则

本方案所有未定事项，由企业人力资源部门依照其他管理办法参考执行。

执行部门		监督部门		编修部门	
执行责任人		监督责任人		编修责任人	

4.3.3　技术岗位基本工资设计实训

技术人员负责研究、开发、改进企业的产品或服务，是提高企业技术水平和竞争力的推动者。薪酬激励作为激发员工工作积极性的一个最重要的方法，理所当然地成了企业薪酬管理工作中的重点。

合理的薪资构成，可以让企业在不增加成本的情况下，提高员工对薪酬的满意度，为企业留住和吸引必需的技术人员。基本工资作为技术岗位人员薪资构成的重要组成部分，该如何设计呢？下文给出了一则设计示例，仅供参考。

方案名称	技术岗位基本工资设计方案	编号	
		受控状态	

一、设计目的

为合理调整本企业技术岗位的工资比例关系，促进企业员工的技术业务素质不断进步，特制定本方案。

二、适用范围

本方案适用于对企业技术岗位基本工资的管理工作。

三、工作特点分析

专业性、创造性是技术岗位工作的两个显著特点。企业技术人员需具备较强的专业能力和创新能力，能够不断地提出新的想法和解决方案，为企业的发展提供有力的支持。同时，技术人员需要在已有技术的基础上不断改进和优化，提高工作效率和质量。

四、影响因素说明

由上文可知，技术人员对企业的发展至关重要。具体到基本工资设计，尤其是一些高端技术行业的企业对研发投入较大，对技术人员的水平要求较高，因此技术人员的基本工资水平也较高。当然，技术岗位的薪酬水平也受外部市场的影响。例如，一项新技术面世且被广泛应用的时候，拥有这项技能的人员是各企业竞相争夺的对象，其工资水平自然水涨船高；而落后或面临淘汰的技术，对技术人员的需求会急剧减少，其薪酬水平自然会下降。

五、基本工资设计

1. 比例设计说明

一般来说，基本工资占技术人员总收入的比例较高，一般在 50% 以上，甚至可以达到 70%~80%。这样的设计是因为技术人员需要具备较高水平的专业知识和技能，而这些技能和知识是企业提高竞争力的重要资源。所以企业需要给予技术人员相对较高的基本工资以吸引和留住人才。

2. 设计模式

管理实践中，对技术岗位的基本工资多采用宽带等级的形式，一般设立 3~4 个级别即可（示例见图 4-3）。通过能力评估确定能力等级后，根据薪酬调查结果和对企业自身发展情况制定薪酬方案，核心技术岗位薪酬以领先市场中位水平为基准，一般技术岗位薪酬以市场中值为基准。

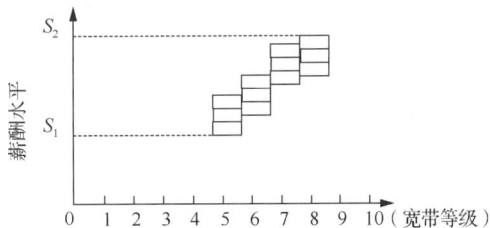

图 4-3　设计示例

六、基本工资调整

企业可以对技术岗位的基本工资实行动态管理，易岗易薪，岗变薪变，按照员工现从事岗位规定的岗级和标准执行。

（1）员工技术职务变化时，自技术职务变化的下月 1 日起执行新的标准。

（2）员工学历变化时，从提供学历证明的下月 1 日起执行新的标准。

七、附则

本方案自____年____月____日实施。

执行部门		监督部门		编修部门	
执行责任人		监督责任人		编修责任人	

4.3.4　管理岗位基本工资设计实训

管理者按所处层次的不同可以分为高层管理者、中层管理者和基层管理者。不同层级的管理者，其管理职责、担负的责任、任职要求等是不同的，因此在对管理人员基本工资的设计方面，也应有明显的区别。对这一部分内容，下文编制出了管理岗位基本工资设计方案。

方案名称	管理岗位基本工资设计方案	编号	
		受控状态	

一、设计目的

为规范企业管理岗位基本工资的设计、发放等管理工作，确保公平公正、激励员工、留住人才并提升绩效管理水平，特制定本方案。

二、适用范围

本方案仅适用于企业管理岗位的基本工资设计、发放等管理工作。

三、高层管理人员基本工资设计

1. 制定者及决策的依据

高层管理人员位于企业管理层级的最高层，他们需要密切关注企业的外部经营环境，确保达成企业的总体战略目标，是企业经营管理活动的主要参与者。高层管理人员的基本工资设计将直接影响其工作积极性，进而对企业的经营管理活动产生重要的影响。因此，企业高层管理人员的基本工资通常由以董事会主席为首的薪酬委员会来确定，决策的依据是上一年度的企业总体经营业绩及对外部薪酬调查数据的分析。

2. 基本工资占比

基本工资是高层管理人员的一个稳定的收入来源，它是由高层管理人员的个人资历和职位决定的。该部分工资在其工资总额中的占比不会较高，结合本企业的实际，设定的比例为30%。

3. 基本工资设定

根据岗位评估结果，将企业高层管理人员的基本工资划分为4个等级，高层管理人员的基本工资设定标准如表4-16所示。

表4-16　　　　　　　高层管理人员的基本工资设定标准

等级评定的影响因素	等级	基本工资水平/元
1. 职位的复杂程度（管理层级、直接负责部门的数量、管辖权限等） 2. 高层管理人员的人力资本状况（受教育程度、工作经验、技能专长等）	岗位10级	
	岗位9级	
	岗位8级	
	岗位7级	

四、中层管理人员基本工资设计

1. 基本工资占比

考虑到本企业对技术人员的需求，此次设计出的中层管理人员基本工资占比为60%。

2. 基本工资水平设计

中层管理人员是企业中的重要力量，起着承上启下的作用，需要承担一定的管理职责和决策责任，同时也需要具备较高的专业知识技能和管理技能。综合考虑各方面的情况，中层管理人员的基本工资水平设计如表4-17所示。

表4-17　　　　　　　中层管理人员的基本工资水平设计

薪酬定位	市场追随策略	
外部竞争情况	对技术人员的需求较大	
市场薪酬水平	初级____元、中级____元、高级____元	
本企业中层管理岗位基本工资水平	初级：与市场薪酬水平持平，____元	
	中级：略高于市场薪酬水平，____元	
	高级：高于市场薪酬水平，在市场薪酬水平的基础上上浮____个百分点，即____元	

五、基层管理人员基本工资设计

1. 工作特点

基层管理人员要做好企业的上情下达和下情上达工作，并且执行力较强，其岗位职责通常包括管理下属员工、协调部门工作、执行企业政策等。这类人员以执行为主，创新性和开拓性较其他管理人员要求较低，这些特点决定了基层管理人员的基本工资占其工资总额的比例会较高。

2. 基本工资占比

本企业对基层管理人员基本工资的比例设计，参考了同行业的设计标准，将其定为____%。

3. 基本工资水平设计

基层管理人员的基本工资水平除了要考虑市场薪酬水平这一因素，主要根据管理岗位等级来确定。基层管理人员基本工资设定标准如表4-18所示。

表4-18　　　　　　　基层管理人员基本工资设定标准

等级评定影响因素	等级	基本工资水平/元
外部：当地的薪酬整体情况及行业的竞争力 内部：基层管理人员的工作年限、管理能力、管理幅度、管理难度、管理职责内容等	管理岗一级	
	管理岗二级	
	管理岗三级	

六、基本工资发放

每月____日，管理岗位人员的基本工资随同其他应发工资一并发放。

七、附则

本方案自____年____月____日实施。

执行部门		监督部门		编修部门	
执行责任人		监督责任人		编修责任人	

【微课堂】

　　假如你是一家知名化妆品公司的人力资源部经理，现你需要对公司销售人员的基本工资进行初步的设计，请根据本章所学内容，完成设计。

问题思考

1. 季度奖、半年奖、年终奖、业务提成等是否包含在基本工资的范围内？
2. 津贴、补贴是否属于基本工资？
3. 同一职位，基本工资水平是否一样？

知识链接

　　表 4-19 显示了部分地区 2023 年度最低工资标准。

表 4-19　　　　2023 年度最低工资标准情况（部分，截至 2023 年 7 月 1 日）

单位：元

地区	月最低工资标准			
	第一档	第二档	第三档	第四档
北京	2 320			
天津	2 180			
上海	2 690			
江苏	2 280	2 070	1 840	
广东	2 300	1 900	1 720	1 620
其中：深圳	2 360			
重庆	2 100	2 000		

技能列表

基本工资设计工作所需的技能如表 4-20 所示。

表 4-20　　　　　　　　　　　基本工资设计工作所需的技能

序号	技能名称	具体描述
1	薪酬体系设计技术	（1）明确基本工资设计的要求 （2）能够根据企业实际情况制定出各类岗位的基本工资体系
2	数据分析技能	能够运用各种工具和技术进行薪酬信息的数据分析工作，并为企业管理者提供有价值的建议和决策支持
3	文字描述技能	能够将基本工资设计的构想通过文字准确地描述出来
4	设备、软件操作技能	能够熟练使用开展薪酬管理工作所需的各种办公设备、软件

技能实训

实训内容 1：设计一则基本工资调整通知。

基本工资应根据市场薪酬水平、员工能力的提升等因素进行适时调整，以更好地激励员工努力工作。请将下文的一则"基本工资调整通知"中空白内容处补充完整。

基本工资调整通知

为了更好地回报员工的辛勤付出，促进员工与企业的共同成长，即日起，本企业决定对所有员工的基本工资进行调整。具体调整内容如下。

一、调整范围

二、调整幅度

_____企业（盖章）

发布日期：

实训内容 2：设计一份一线城市制造业技术员岗位的基本工资表。

背景：随着制造业的转型升级，技术员岗位在一线城市的需求日益增加。为了合理制定技术员岗位的基本工资，确保薪酬与市场相匹配并激励员工，决定借助 Kimi 来辅助进行工资表设计。

1. 确定要求

根据使用目的、岗位层级、工作经验、技能水平等确定具体要求，如"帮我设计一份一线城市制造业技术员岗位的基本工资表，要求：岗位层级初级。薪酬影响因素：工作经验（1~3 年、3~5 年、5 年以上）、技能水平（电工证、PLC 证书等）、岗位职责（设备维护）、市场竞争力（参考 2023 年市场薪酬分位值）。工资表结构：基本工资、技能津贴、绩效奖金、地区系数（一线城市 1.2）。输出形式：表格形式，包含具体数值范围"。

2. 发送要求

打开 Kimi 页面，点击"开启新对话"，在底部的文本框中继续输入要求并按"Enter"键发送，然后查看给出回复，如图 4-4 所示。

> 帮我设计一份一线城市制造业技术员岗位的基本工资表，要求：岗位层级：初级。薪酬影响因素：工作经验（1~3 年、3~5 年、5 年以上）、技能水平（电工证、PLC证书等）、岗位职责（设备维护）、市场竞争力（参考2023年市场薪酬分位值）。工资表结构：基本工资、技能津贴、绩效奖金、地区系数（一线城市1.2）。输出形式：表格形式，包含具体数值范围"

好的，以下是根据您提供的要求设计的一线城市制造业初级技术员岗位基本工资表：

项目	工作经验（1~3年）	工作经验（3~5年）	工作经验（5年以上）
基本工资	8000-10000元/月	10000-12000元/月	12000-14000元/月
技能津贴			
- 电工证	500-800元/月	800-1000元/月	1000-1200元/月
- PLC证书	600-1000元/月	1000-1500元/月	1500-2000元/月
绩效奖金	1000-2000元/月	2000-3000元/月	3000-4000元/月

图 4-4　Kimi 回复基本工资表设计

第5章 | 岗位工资设计

【本章知识导图】

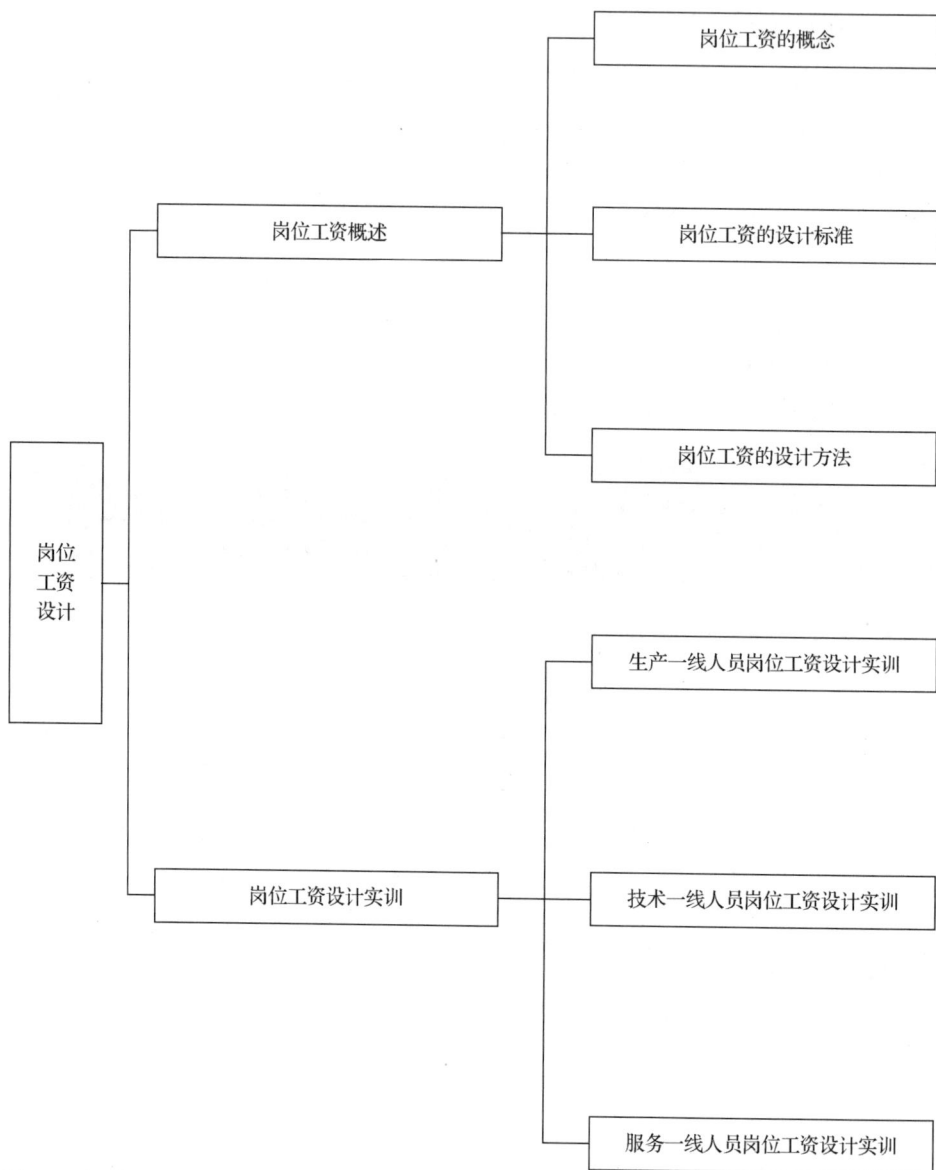

```
                                              ┌──────────────────────────┐
                                          ┌───│        岗位工资的概念         │
                                          │   └──────────────────────────┘
                        ┌──────────────┐  │   ┌──────────────────────────┐
                    ┌───│   岗位工资概述   │──┼───│      岗位工资的设计标准        │
                    │   └──────────────┘  │   └──────────────────────────┘
                    │                     │   ┌──────────────────────────┐
   ┌────────┐       │                     └───│      岗位工资的设计方法        │
   │  岗位   │       │                         └──────────────────────────┘
   │  工资   │───────┤
   │  设计   │       │                         ┌──────────────────────────┐
   └────────┘       │                     ┌───│   生产一线人员岗位工资设计实训     │
                    │                     │   └──────────────────────────┘
                    │   ┌──────────────┐  │   ┌──────────────────────────┐
                    └───│  岗位工资设计实训  │──┼───│  技术一线人员岗位工资设计实训     │
                        └──────────────┘  │   └──────────────────────────┘
                                          │   ┌──────────────────────────┐
                                          └───│   服务一线人员岗位工资设计实训     │
                                              └──────────────────────────┘
```

【学习目标】

职业知识	• 了解岗位工资的概念 • 了解岗位工资的设计标准与设计方法
职业能力	• 灵活运用各种方法，为企业不同岗位设计岗位工资
职业素质	• 具备优秀的理解能力、沟通能力、分析能力与设计能力

5.1

岗位工资概述

岗位工资是一种能够体现员工岗位价值、责任、技能等因素，激励员工提高工作效率和质量，促进企业内部公平、增强企业竞争力的工资支付制度。企业在设计岗位工资时，需要遵循一定的标准和方法，以得到科学、合理的岗位工资设计结果。

5.1.1 岗位工资的概念

岗位工资是指以岗位劳动技能、劳动责任、劳动强度、劳动条件等要素为基础确定岗位系数，并以此系数为依据向员工支付的工资。

岗位工资的概念包含以下4个方面的内涵。

（1）岗位分析。岗位分析是指对岗位的职责、任务、要求、条件等进行系统地收集、整理、描述和评价的过程，是岗位工资建立的基础。通过岗位分析，企业可以明确岗位的目标、内容和标准，为后续的岗位评价、定级和定薪提供依据。

（2）岗位评价。岗位评价是指对不同岗位的重要性或价值进行相对比较和排序的过程，是岗位工资制度实施的关键。通过岗位评价，企业可以确定各个岗位在企业中的相对地位和等级，为制定合理的工资差距提供依据。

（3）岗位定级。岗位定级是指根据岗位评价的结果，将不同的岗位按照一定的标准和原则划分为若干个等级或档次的过程，是岗位工资操作的依据。通过岗位定级，企业可以形成一个清晰的岗位等级体系，为确定各个等级或档次的工资水平提供依据。

（4）岗位定薪。岗位定薪是指根据岗位定级的结果，结合市场调查和企业策略，确定各个等级或档次的工资范围和中值的过程，是岗位工资实现的目标。通过岗位定薪，企业可以建立一个合理、公平、有竞争力的工资体系，为吸引、留住和激励人才提供保障。

5.1.2 岗位工资的设计标准

岗位工资的设计标准是指在制定和实施岗位工资制度时，应遵循的一些原则和规范，以保证岗位工资制度的科学性、合理性和有效性。

1. 市场导向

市场导向是指根据市场上同类岗位的工资水平和变化趋势，确定企业内部岗位的工资水平和差距，以保持企业的工资竞争力。市场导向要求企业定期进行市场调查，收集、分析和比较外部工资数据，建立一个与市场相适应的工资体系。

2. 公平导向

公平导向是指根据岗位的价值和难度，确定岗位的工资水平和差距，以体现企业对员工的尊重和认可。公平导向要求企业采用客观、统一、透明的岗位评价方法，确立各个岗位在企业中的相对地位和等级，制定合理的工资差距比例，避免过大或过小的工资差异，满足员工的公平需求。

3. 策略导向

策略导向是指根据企业的发展目标和战略规划，确定岗位的工资水平和差距，以支持企业的战略实施和变革。策略导向要求企业明确自身的愿景、使命、价值观和核心竞争力，识别关键岗位和人才，制定符合企业战略方向的工资政策和措施，促进企业与员工之间的利益一致。

5.1.3 岗位工资的设计方法

岗位工资的设计方法有多种，本节将介绍5种常用的方法，分别是岗位评价法、市场薪酬法、线性规划法、关键岗位定薪法和能力本位薪酬法。这些方法各有优缺点，企业应根据自身的实际情况和目标选择合适的方法。

1. 岗位评价法

岗位评价法是企业设计岗位工资最基本也最常用的方法之一。该方法通过对不同岗位的价值要素进行系统评估，确定岗位的相对价值，以此作为决定岗位工资水平的依据。

岗位评价法的优点是可以客观地反映岗位之间的相对价值，为岗位工资的制定提供科学的依据，促进岗位工资的公平和合理，激励员工提高工作效率和质量；缺点是需要花费较多的时间、人力和财力，进行大量的数据收集、处理和分析，并且可能受到主观因素的影响，导致评价结果的偏差和误差。

2. 市场薪酬法

除了内部评估，参考外部劳动力市场的薪酬水平也是设计岗位工资的重要方法。市场薪酬法就是通过对标调查，掌握岗位的市场薪酬水平，为企业岗位定薪提供依据。

市场薪酬法的优点是可以使企业的岗位工资与市场水平保持一致，提高企业的吸引力和竞争力，可以促进企业的薪酬管理与战略目标相协调，根据不同岗位的重要性和紧缺性，采用不同的市场薪酬分位；缺点是需要定期进行市场薪酬调查，收集、处理和分析大量的数据，增加了调研成本和工作量，并且可能导致企业的薪酬水平过高或过低，影响企业的盈利能力和发展潜力。

3. 线性规划法

线性规划法是一种运用数学模型来优化岗位薪酬的方法。该方法试图在满足企业预算总额约束的条件下，通过建立目标函数和决策变量，求出一组达到目标的岗位薪酬水平。

线性规划法的优点是可以客观地反映岗位之间的相对价值，为岗位薪酬的制定提供科学的依据，可以有效地利用企业的预算总额，在理论上实现岗位薪酬的最优分配；缺点是需要收集、处理和分析大量的数据，增加了企业的成本和工作量，而且对数据质量要求极高，同时无法考虑所有实际因素，实际操作难度较大。

4. 关键岗位定薪法

关键岗位定薪法根据企业战略和经营重点，确定对战略目标贡献最大的核心岗位，以这些关键岗位的薪酬水平为基准设计整个岗位薪酬体系。

关键岗位定薪法的优点是可以突出企业的战略导向，激励关键岗位的员工发挥最大的价值，提高企业的核心竞争力，同时，可以简化岗位薪酬体系的设计和管理，减少数据收集和分析的工作量，提高薪酬管理的效率；缺点是可能导致非关键岗位的员工感到不公平和不满，影响员工的工作积极性和团队合作，另外，可能存在难以确定关键岗位的标准和范围的情况，需要结合企业的战略目标、组织结构、业务流程等多方面因素进行综合分析。

5. 能力本位薪酬法

能力本位薪酬法关注员工的实际能力而不是岗位，根据员工能力确定薪酬水平。该方法需要通过设计能力级别、评估员工能力、设置薪酬线等程序建立科学的能力评估模型。

能力本位薪酬法的优点是可以体现为能力付薪、为员工潜能付薪、为未来的绩效付薪的理念，能激励员工在工作中不断增强自己的能力，同时，可以提高员工的满意度和忠诚度，让员工了解自己的价值和发展空间，降低员工流失率；缺点是需要建立科学的能力评估模型，收集、分析和处理大量的数据，增加了前期的工作难度和工作成本。

【微课堂】

某生产企业准备为生产车间一线生产员工设计岗位工资，请问该企业可以采用哪些方法进行岗位工资设计？

5.2 岗位工资设计实训

岗位工资设计需要遵循一定的方法和步骤，不同岗位的岗位工资设计也存在一些区别。本节选取了 3 个有代表性的岗位，通过实训的形式，将岗位工资设计的过程清晰、明确地呈现出来。

5.2.1 生产一线人员岗位工资设计实训

生产一线人员是指直接参与产品或服务的生产、加工、装配、检验、维修等活动的人员，如操作工、技工、质检员、维修员等。生产一线人员的工作特点主要有以下 3 个。

（1）工作内容较为固定，工作流程较为规范，工作效率和质量容易量化和评价。

（2）对体力、技能要求较高，需要经过专门培训。

（3）工作环境根据不同的行业性质变动较大，可能存在工作环境较为恶劣、工作强度较大的情况。

根据生产一线人员的工作内容和工作特点，编制的生产一线人员岗位工资设计方案如下。

方案名称	生产一线人员岗位工资设计方案	编号	
		受控状态	

一、设计目的

（1）激励生产一线人员提高工作效率和质量，提高企业的生产力和竞争力，实现企业战略目标。

（2）建立公平、合理、透明的工资分配制度，体现生产一线人员的劳动价值和贡献，促进内部激励和外部竞争。

（3）适应市场变化和行业发展，建立灵活、多元、创新的工资模式，满足生产一线人员的多样化需求和期望。

二、适用范围

（1）本方案适用于直接参与产品或服务的生产、加工、装配、检验、维修等活动的人员，如操作工、技工、质检员、维修员等。

（2）本方案不适用于生产管理人员、技术人员、销售人员等非生产一线人员。

（3）本方案仅在企业内部执行。

三、设计要求

（1）生产一线人员岗位工资设计应符合国家法律法规和行业标准，保障生产一线人员的基本工资水平和福利待遇不低于当地最低工资标准。

（2）生产一线人员岗位工资设计应考虑生产一线人员的工作内容、工作特点、工作环境等因素，制定合理的工资结构和水平，反映岗位的相对价值和难度。

四、设计步骤

（1）调研分析。收集并分析企业内部和外部的相关数据，如生产一线人员的数量、结构、职责、能力、绩效等，以及同行业或同地区的工资水平和趋势等，确定工资设计的目标和原则。

（2）岗位分类。根据企业经营实际，对生产一线岗位进行分类，以确定哪些岗位适合一岗一薪制、哪些岗位适合一岗多薪制。

（3）模式设计。根据调研分析的结果，选择合适的岗位工资模式，确定工资结构和水平，制定具体的计算公式和评价标准。

五、模式设计

对于绝大多数工作内容较为固定、工作流程较为规范的生产一线岗位来说，都适用于一岗一薪制；对于某些存在技术熟练程度差异的岗位，则适合一岗多薪制。生产一线人员岗位工资模式设计如表 5-1 所示。

表 5-1 　　　　　　　　　　　　生产一线人员岗位工资模式设计

序号	模式	具体形式	
1	一岗一薪制	各岗位只有一个工资等级	
2	一岗多薪制	1 级	工资=X
		2 级	工资=$X+a$
		3 级	工资=$X+2a$
		4 级	工资=$X+3a$
		5 级	工资=$X+4a$

注："X"表示工资数额；"a"表示不同工资等级之间在金额上的差异。

六、其他

（1）本方案由人力资源部门和生产部门联合制定。

（2）本方案的修订、调整工作由人力资源部门和生产部门共同通过后方可进行。

（3）本方案自＿＿＿年＿＿＿月＿＿＿日实施。

（4）本方案未尽事宜，由企业人力资源部门依照其他管理办法参考执行。

执行部门		监督部门		编修部门	
执行责任人		监督责任人		编修责任人	

5.2.2　技术一线人员岗位工资设计实训

技术一线人员是指从事技术研发、创新、应用、维护等工作的人员，如工程师、技术员、程序员等。技术一线人员的工作特点主要有以下两点。

（1）技术一线人员的工作具有较高的专业度和熟练度，需要不断学习和更新知识，以适应技术的发展和变化。

（2）技术一线人员的工作成果往往具有较强的不确定性和风险性，面临的工作任务复杂、难度大，需要分析和解决技术难题。

根据技术一线人员的工作内容和工作特点，编制的技术一线人员岗位工资设计方案如下。

方案名称	技术一线人员岗位工资设计方案	编号	
		受控状态	

一、设计目的
（1）激励技术一线人员提高工作效率和质量，促进技术创新和应用。
（2）建立科学合理的技术岗位工资体系，反映技术一线人员的工作价值和贡献。
二、适用范围
本设计方案仅适用于对企业内部技术一线人员岗位进行岗位工资设计。
三、设计要求
（1）设计的岗位工资应符合国家法律法规和企业规章制度，保障技术一线人员的合法权益。
（2）设计的岗位工资应该体现技术一线人员的专业水平和技能等级，以激励其不断提高自身素质和能力。
（3）设计的岗位工资应该体现技术一线人员的创新成果和风险承担，以激励其积极参与技术研发和创新活动。
（4）设计的岗位工资应该体现技术一线人员的工作效果和价值贡献，以激励其提高工作质量和效率。
四、岗位分类
根据技术一线人员的工作性质和难度，将岗位分为以下 4 类。
（1）研发类，主要从事新产品或新技术的开发和研究，具有较强的创新能力和风险承担能力。
（2）应用类，主要从事现有产品或技术的应用和改进，具有较强的实践能力和服务意识。
（3）维护类，主要从事产品或技术的运行和维护，具有较强的稳定性和可靠性。
（4）支持类，主要从事产品或技术的测试和评估，具有较强的质量控制和数据分析能力。
五、岗位分级
根据技术一线人员的专业性和熟练度，可将其分为以下 3 级。
（1）初级，具备基本的专业知识和技能，能够完成简单的工作任务，需要在指导下进行工作。
（2）中级，具备较扎实的专业知识和技能，能够完成一般的工作任务，需要在监督下进行工作。
（3）高级，具备丰富的专业知识和技能，能够完成复杂的工作任务，能够独立进行工作，并指导初级人员或中级人员。
六、模式设计
技术一线岗位通常适用一岗多薪制，也就是岗位等级工资制。根据岗位分类和分级的结果，结合一岗多薪制的设计要求，企业技术一线人员岗位工资模式设计如表 5-2 所示。

表 5-2　　　　　　　　　　企业技术一线人员岗位工资模式设计

序号	岗位类型	岗位等级	岗位工资	技术难度要求	熟练度要求	创新要求
1	研发类	初级（基础要求）	X	低	中	低
		中级（能够胜任）	$X+a$	中	高	低
		高级（创新应用）	$X+2a$	高	高	高
2	应用类	初级（基础要求）	Y	低	中	低
		中级（能够胜任）	$Y+a$	中	高	低
		高级（创新应用）	$Y+2a$	高	高	低
3	维护类	初级（基础要求）	Z	低	中	低
		中级（能够胜任）	$Z+a$	中	高	低
		高级（创新应用）	$Z+1.5a$	高	高	中
4	支持类	初级（基础要求）	W	低	中	低
		中级（能够胜任）	$W+0.5a$	中	高	低
		高级（创新应用）	$W+a$	高	高	低

表 5-2 中的字母"X""Y""Z""W"分别表示不同岗位类型的最低岗位工资，字母"a"表示随着岗位等级变化而设置的岗位工资调整系数，该系数前的"0.5""2"等数字则表示该系数对岗位工资调整的影响程度。

例如，"研发类"岗位中的"高级"岗位，岗位工资为"$X+2a$"，这说明在研发类岗位中，不同级别的岗位之间因技术要素的不同存在着较大的工资差异；而"支持类"岗位中的"中级"岗位，其岗位工资为"$W+0.5a$"，说明在支持类岗位中，不同级别的岗位之间因技术要素产生的工资差异较小。

七、其他
（1）本方案由人力资源部门和技术部门联合制定。
（2）本方案的修订、调整工作由人力资源部门和技术部门共同通过后方可进行。
（3）本方案自＿＿年＿＿月＿＿日实施。
（4）本方案未尽事宜，由企业人力资源部门依照其他管理办法参考执行。

执行部门		监督部门		编修部门	
执行责任人		监督责任人		编修责任人	

5.2.3 服务一线人员岗位工资设计实训

服务一线人员是指直接面对客户、提供各种服务的人员，如餐饮、酒店、零售、旅游、教育、医疗等行业的服务人员。服务一线人员的工作特点有以下3个。

（1）工作内容多样，需要具备不同的技能和知识，如沟通、礼仪、专业知识等。

（2）工作环境复杂，需要适应不同的客户需求和情绪，如满意、不满意、投诉、赞扬等。

（3）工作效果难以量化，需要依靠客户反馈和评价来衡量，如满意度、忠诚度、口碑等。

根据服务一线人员的工作内容和工作特点，编制的服务一线人员岗位工资设计方案如下。

方案名称	服务一线人员岗位工资设计方案	编号	
		受控状态	

一、设计目的

（1）激励服务一线人员提高服务质量和效率，提升客户满意度和忠诚度。

（2）建立合理的薪酬体系，体现服务一线人员的工作价值和贡献，促进员工发展和留存。

二、适用范围

本设计方案仅适用于对企业内部服务一线岗位进行岗位工资设计。

三、设计要求

（1）设计的岗位工资应符合国家法律法规和行业规范，保障服务一线人员的合法权益。

（2）设计的岗位工资要符合市场水平，要与同行业、同地区、同规模的企业进行比较，确定合理的工资范围和中值。

（3）设计的岗位工资要体现岗位价值，根据岗位分析和评价的结果，确定不同等级或档次的岗位系数，反映岗位的技能、责任、强度、条件等因素。

四、岗位调查

企业为了了解服务一线人员的工作情况和薪酬水平，采用了以下方法进行岗位调查。

（1）问卷调查。企业通过在线或纸质问卷，收集企业内部服务一线人员的基本信息、工作内容、工作环境、工作满意度、薪酬状况等数据。

（2）访谈调查。企业通过个别或小组访谈，深入了解服务一线人员的工作需求、工作挑战、工作期望、薪酬诉求等信息。

（3）市场调研。企业通过网络或实地调研，收集同行业或相似岗位的薪酬水平和趋势，分析市场竞争力和吸引力。

五、岗位分类

根据岗位调查的结果，将本企业服务一线人员分为以下两类。

（1）基础服务岗。其是指类似于餐厅服务员、迎宾员、保洁服务员等岗位的替代性强、工作内容简单的服务一线岗位。

（2）综合服务岗。其是指类似于接线员、调解人员、大客户服务员等服务质量要求较高、服务难度较大、工作内容繁杂的服务一线岗位。

六、模式设计

根据本企业服务一线人员岗位的实际情况，对基础服务岗实行一岗一薪制，对综合服务岗实行一岗多薪制。服务一线人员岗位工资模式设计如表5-3所示。

表5-3　　　　　　　　　　　　服务一线人员岗位工资模式设计

序号	模式				
	基础服务岗		综合服务岗		
	一岗一薪制		一岗多薪制		
	岗位工资	服务难度	岗位工资	岗位等级	服务难度
1	X	低	$X+a$	低级	低
2			$X+2a$	中级	中
3			$X+3a$	高级	高

注："X"表示工资数额；"a"表示不同工资等级之间在金额上的差异。

七、其他

（1）本方案由人力资源部门、行政管理部门、客户服务部门联合制定。

（2）本方案的修订、调整工作由人力资源部门、行政管理部门、客户服务部门共同通过后方可进行。

（3）本方案自____年____月____日实施。

（4）本方案未尽事宜，由企业人力资源部门依照其他管理办法参考执行。

执行部门		监督部门		编修部门	
执行责任人		监督责任人		编修责任人	

【微课堂】

> 根据本节内容，尝试自己编制一个"销售一线人员岗位工资设计方案"。

问题思考

1. 请简述岗位工资的设计标准。

2. 请简述主要的岗位工资设计方法。

3. 结合实际，选择你印象中最熟悉的一个岗位，说说若让你为其设计岗位工资，需要注意哪些问题。

知识链接

岗位薪点工资制

岗位薪点工资制是用薪点数和薪点值来确定员工实际劳动报酬的一种工资制度。岗位薪点工资的通用计算公式如下。

岗位薪点工资=薪点数×薪点值

在上述公式中，薪点数实际上包括很多内容，如岗位薪点数、技能薪点数、学历薪点数、工龄薪点数等，薪点数可通过一系列量化的考核指标来确定。而薪点值也分为固定薪点值与效益薪点值，与企业效益挂钩，这使得工资分配与企业经济效益密切联系起来。

技能列表

岗位工资设计工作所需技能如表5-4所示。

表5-4　　　　　　　　岗位工资设计工作所需技能

序号	技能名称	具体描述
1	工资设计技能	能结合企业实际情况，对企业岗位情况进行梳理和评价，设计科学合理的岗位工资体系
2	方案编制技能	能够根据企业方案编制的有关要求和企业岗位工资设计的实际情况，编制相关设计方案
3	文字描述技能	（1）能够将岗位工资设计过程中产生的各种想法与结果通过文字准确地描述出来 （2）能使用多种文字进行描述
4	语言表达技能	（1）能够将岗位工资设计过程中产生的各种想法与结果通过语言进行流畅的表达 （2）能使用多种语言进行表达 （3）能够与企业的多个部门、人员进行密切、有效的沟通
5	设备、软件操作技能	能够熟练使用各种办公设备、软件

技能实训

实训内容1：设计岗位工资管理制度。

结合本章所学知识，参照下列模板，设计岗位工资管理制度。

制度名称	岗位工资管理制度		受控状态	
			编号	
执行部门		监督部门	考证部门	

第1章总则

第1条　目的
具体内容请自行编制。
第2条　职责范围
具体内容自行编制。

第2章×××

…………

后续章节与内容请自行编制。

实训内容 2：对市场营销专员岗位进行分析。

背景：通过对市场营销专员岗位的分析，可以帮助企业更好地理解该岗位的职责、技能要求以及未来发展趋势，从而优化招聘、培训和绩效管理。现决定借助智谱清言来辅助完成分析工作。

1. 确定要求

根据企业的实际情况和市场需求，确定该岗位的具体要求，如"请帮我分析市场营销专员岗位，包括但不限于其职责、技能要求以及未来发展趋势"。

2. 发送要求

打开智谱清言页面，点击"新建对话"，在底部的文本框中继续输入要求并按"Enter"键发送，然后查看给出回复，如图 5-1 所示。

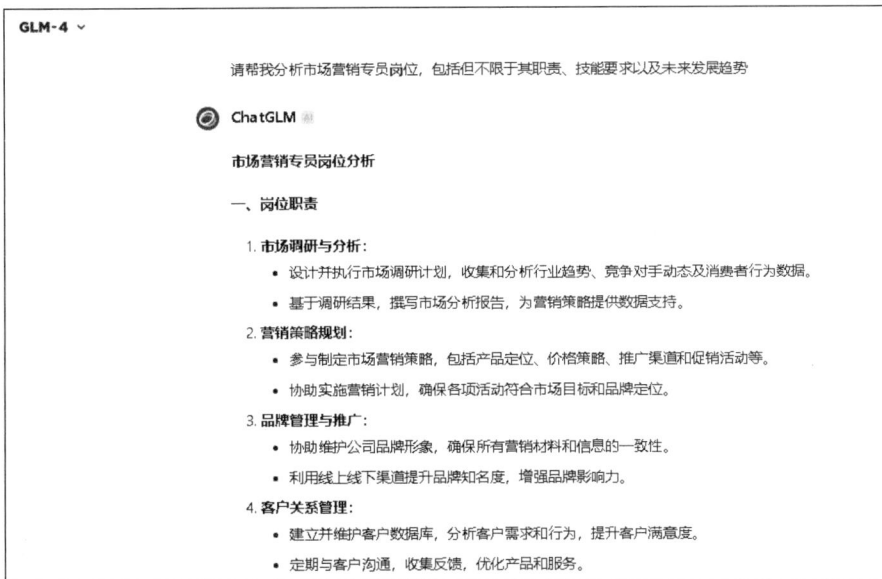

图 5-1　智谱清言回复分析市场营销专员岗位

第6章 | 技能工资设计

【本章知识导图】

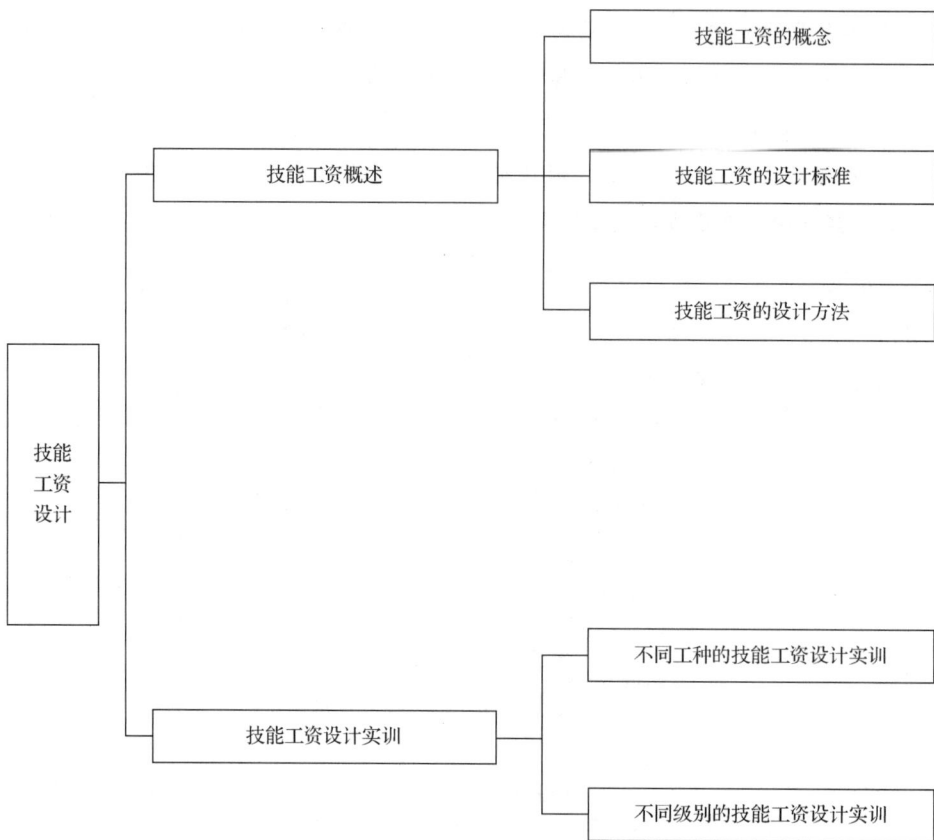

```
                                        ┌─────────────────────┐
                                        │    技能工资的概念     │
                                        └─────────────────────┘
                    ┌──────────────┐    ┌─────────────────────┐
                    │  技能工资概述  │────│   技能工资的设计标准  │
                    └──────────────┘    └─────────────────────┘
                                        ┌─────────────────────┐
        ┌────────┐                      │   技能工资的设计方法  │
        │ 技能   │                      └─────────────────────┘
        │ 工资   │
        │ 设计   │
        └────────┘                      ┌─────────────────────────┐
                                        │ 不同工种的技能工资设计实训 │
                    ┌──────────────┐    └─────────────────────────┘
                    │技能工资设计实训│────
                    └──────────────┘    ┌─────────────────────────┐
                                        │ 不同级别的技能工资设计实训 │
                                        └─────────────────────────┘
```

【学习目标】

职业知识	• 了解技能工资的概念 • 了解技能工资的设计标准与设计方法
职业能力	• 灵活运用各种方法，为企业设计不同工种、不同级别的技能工资
职业素质	• 具备优秀的理解能力、沟通能力、分析能力与设计能力

6.1
技能工资概述

技能工资制是一种能够提高员工技能、生产力、满意度和忠诚度，同时增强企业竞争力和适应性的双赢的薪酬制度。企业在设计技能工资时，需要遵循一定的标准和方法，以得到科学合理的技能工资设计结果。

6.1.1　技能工资的概念

技能工资是指以员工个人所掌握的知识、技术和所具备的能力为基础来进行支付的工资。技能工资与岗位工资相比有以下特点。

（1）技能工资评定的依据是技能特征而不是职位特征。

（2）企业设置技能工资时，会考虑员工技能的掌握程度。

6.1.2　技能工资的设计标准

技能工资主要由技术工资和能力工资两部分构成。其设计标准是指根据技能工资的目的和原则，确定技能工资的水平、结构和调整方式的规则和方法。技能工资的设计标准主要包括技术工资标准和能力工资标准两个方面。

1．技术工资标准

技术工资标准是指根据员工所掌握的技术水平和技术难度，确定技术工资的等级和额度的标准。技术工资标准的设计应遵循以下原则。

（1）以技术水平为主要依据，以技术难度为辅助依据，综合考虑技术的广度、深度、复杂性、创新性等因素，建立科学合理的技术等级划分体系。

（2）以市场需求为导向，以行业平均水平为参照，以企业实际情况为依据，确定各技术等级对应的技术工资额度，体现技术价值和竞争力。

（3）以绩效为导向，以激励为目的，建立灵活多样的技术工资调整机制，反映技术进步和贡献。

2．能力工资标准

能力工资标准是指根据员工所具备的能力水平和能力要求，确定能力工资的等级和额度的标准。能力工资标准的设计应遵循以下原则。

（1）以能力水平为主要依据，以能力要求为辅助依据，综合考虑能力的范围、层次、重要性、稀缺性等因素，建立科学合理的能力等级划分体系。

（2）以岗位需求为导向，以岗位价值为参照，以企业实际情况为依据，确定各能力等级对应的能力工资额度，体现能力价值和匹配度。

（3）以发展为导向，以激励为目的，建立灵活多样的能力工资调整机制，反映能力提升和应用。

6.1.3　技能工资的设计方法

技能工资的设计方法有多种，本节将介绍3种常用的方法，分别是技能等级法、技能点数法、市场标杆法。这些方法各有优缺点，企业应根据自身的实际情况和目标选择合适的方法。

1. 技能等级法

这种方法根据技能工资的设计标准，将员工所掌握的技能分为不同的等级，每个等级对应一定的技能工资额度。

技能等级法的优点是简单易行，便于管理；缺点是不能灵活反映员工技能的差异和变化。

2. 技能点数法

这种方法根据技能工资的设计标准，将员工所掌握的技能分解为不同的技能要素，为每个技能要素赋予一定的点数，员工的技能点数等于其所掌握的所有技能要素点数之和，员工的技能工资等于其技能点数乘以单位点数价值。

技能点数法的优点是可以细致地反映员工技能的差异和变化；缺点是操作复杂，需要大量的数据和计算。

3. 市场标杆法

这种方法根据市场对不同技能人才的需求和供给情况，确定不同技能人才的市场价值，以此作为员工技能工资的依据。

市场标杆法的优点是可以及时调整员工的技能工资，使之与市场保持一致；缺点是需要收集和分析大量的市场信息，且受市场波动影响较大。

【微课堂】

> 某企业打算用市场标杆法进行技能工资设计，准备进行市场调研，你觉得该企业需要调研哪些方面的内容？

6.2 技能工资设计实训

企业在设计技能工资时，需要考虑不同工种的技能工资设计和不同级别的技能工资设计两种情况。

6.2.1 不同工种的技能工资设计实训

工种是指具有相同或相近的技能特征、工作内容和工作要求的一类职业。不同的工种对应不同的技能要求和工资水平。在技能工资制中，员工的工资取决于其掌握的技能情况，而不是其所担任的职位。因此，设计技能工资时，企业需要考虑不同工种的技能结构、技能等级和技能价值。

企业不同工种的技能工资设计方案如下。

方案名称	不同工种的技能工资设计方案	编号	
		受控状态	

一、设计目的

（1）通过技能工资制，激励员工提高自身技能水平，提升企业的核心竞争力。

（2）建立合理的技能工资体系，实现不同工种之间的公平竞争和合理分配，促进员工的职业发展。

（3）根据市场需求和技能价值，制定科学的技能工资标准，保证员工的收入水平和激励效果。

二、适用范围

（1）本方案仅适用于企业不同工种的技能工资设计工作，但也可为企业其他薪酬体系设计工作提供参考。

（2）本方案之设计结果适用于企业内所有工种。

三、设计要求

（1）技能工资应与员工的技能情况相匹配，即员工掌握的技能越多、越高级，其技能工资越高。

（2）技能工资应与市场需求和技能价值相一致，即市场对某项技能的需求越大、价值越高，其技能工资越高。

（3）技能工资应与企业的战略目标和发展方向相协调，即企业对某项技能的重视程度越高、发展空间越大，其技能工资越高。

四、企业工种分类

根据企业的生产经营特点，将工种分为不同的类别，如管理类、技术类、生产类、服务类等。不同类别的工种，其技能要求和评价标准也不同。

例如，管理类工种需要具备组织协调、沟通协作、决策创新等技能；技术类工种需要具备专业知识、操作技能、创新能力等技能；生产类工种需要具备操作规范、质量控制、安全意识等技能；服务类工种需要具备服务态度、沟通技巧、应变能力等技能。

五、不同工种的技能需要情况诊断

企业要根据本企业的战略目标和发展规划，分析不同工种的技能需求和现状，确定技能缺口和提升方向。

企业可以采用问卷调查、访谈讨论、观察评估等方法，收集员工的技能水平和发展需求的数据，进行统计分析和综合评价。

六、不同工种的技能工资模式设计

（1）根据不同工种的技能需求和现状，制定相应的技能等级和标准，确定技能工资的计算方法和支付方式。

（2）采用固定比例法、浮动比例法、积分法等方法，将员工的技能水平转化为相应的技能工资。

（3）将技能工资拆分为技术工资和能力工资。

（4）将技能工资与基本工资、绩效工资等其他薪酬项目进行协调和平衡。

表6-1选择了企业中9种常见的工种，进行了技能工资设计。

表 6-1　　　　　　　　　　　不同工种技能工资设计示例

序号	工种	技能工资设计					技能工资在总工资中的占比/%
		技术要求	技术工资/元	能力要求	能力工资/元	技能工资总和/元	
1	技术人员	高	100	高	100	200	70
2	采购人员	低	40	中	50	90	10
3	生产人员	中	50	中	50	100	15
4	维修人员	高	80	中	50	130	60
5	物流人员	高	80	中	30	110	50
6	销售人员	低	30	高	80	110	10
7	客服人员	低	30	中	60	90	10
8	财务人员	高	80	高	80	160	60
9	行政人员	低	0	中	60	60	10

注：以上工资金额均假设"100元"为标准技能工资参考线。

七、技能工资设计落地

（1）根据"步骤六"，结合企业实际情况，设计出具体的技能工资体系。

（2）将技能工资设计过程和结果开会论证，确定最终的"不同工种技能工资体系"。

八、其他

（1）本方案由人力资源部门连同企业各主要部门负责人共同制定。

（2）本方案是过程设计方案，不是工资设计方案，参考本方案实施得到的结果，才是最终的"不同工种技能工资体系"。

（3）本方案自＿＿＿年＿＿＿月＿＿＿日实施。

（4）本方案未尽事宜，由企业人力资源部门依照其他管理办法参考执行。

执行部门		监督部门		编修部门	
执行责任人		监督责任人		编修责任人	

6.2.2 不同级别的技能工资设计实训

给企业不同技能级别的员工制定不同的工资，是为了体现薪酬体系的公平性、激励性和竞争性。

设计不同级别技能工资前，企业需要先考虑技能等级和技能要求、技能评价方法和程序、技能工资标准和结构等方面的内容。

企业不同级别的技能工资设计方案如下。

方案名称	不同级别的技能工资设计方案	编号	
		受控状态	

一、设计目的

（1）体现薪酬体系的公平性、激励性和竞争性，激发员工的技能提升动力，提高员工的工作效率和质量。

（2）建立技能等级和技能工资的对应关系，使员工的技能水平和收入水平相匹配，实现内部和外部的薪酬公平。

二、适用范围

本方案既适用于企业不同级别的技能工资设计工作，也可为企业其他薪酬体系设计工作提供参考。

三、设计要求

（1）技能等级和技能要求应根据岗位的实际需求和行业的发展趋势制定，反映员工的技能掌握程度和应用能力。

（2）技能评价方法和程序应科学合理、公开透明，保证评价的客观性和有效性。

（3）技能工资标准和结构应与市场水平相一致，体现技能等级的差异，激励员工提高技能水平。

四、确定技能等级和技能要求

（1）技能等级是指员工在某一工种上所掌握的知识、技术和能力的程度，通常用初级、中级、高级和特级来表示。

（2）技能要求是指员工在某一技能等级上所应具备的知识、技术和能力的内容和标准，通常用文字描述或量化指标来表示。为了确定技能等级和技能要求，需要参考相关的职业标准、行业规范、企业需求等因素，同时也要考虑员工的实际情况和发展潜力。

表6-2所示为某汽车制造企业的装配工技能等级要求，企业其他岗位的技能等级要求参考此表设计。

表6-2　　　　　　　　　某汽车制造企业的装配工技能等级要求

序号	技能等级	技能要求
1	初级	掌握基本的汽车结构和原理，能够按照规范进行简单的零部件安装、拆卸和调试，能够使用常用的工具和设备，能够识别和处理常见的质量问题，能够遵守安全操作规程
2	中级	掌握较复杂的汽车结构和原理，能够按照图纸进行多种零部件安装、拆卸和调试，能够熟练使用各种工具和设备，能够检测和解决较难的质量问题，能够保证安全生产
3	高级	掌握全面的汽车结构和原理，能够按照设计进行整车装配、调试和检验，能够灵活使用各种工具和设备，能够分析和处理复杂的质量问题，能够提高安全效率
4	特级	掌握先进的汽车结构和原理，能够参与新型汽车的开发、试制和改进，能够创新使用各种工具和设备，能够预防和消除潜在的质量问题，能够优化安全流程

五、确定技能评价方法和程序

（1）技能评价是指对员工在某一工种方面所掌握的知识、技术和能力进行客观、公正、有效的测量和评定的过程。

（2）技能评价方法是指用于测量和评定员工技能水平的具体手段，通常包括笔试、面试、操作考核、综合评估等。

表6-3所示为某汽车制造企业的装配工技能评价方法。企业其他岗位的技能评价方法参考此表设计。

表6-3　　　　　　　　　某汽车制造企业的装配工技能评价方法

序号	技能等级	技能要求
1	初级	面试+操作考核
2	中级	笔试 + 面试 + 操作考核
3	高级	面试+ 操作考核 + 综合评估
4	特级	面试 + 操作考核 + 综合评估

表6-3 中，笔试是指对员工的基本知识进行客观题测试；面试是指对员工的理论水平进行主观题问答；操作考核是指对员工的实际技能进行现场演示；综合评估是指对员工的创新能力进行综合性分析。

（3）技能评价程序是指进行技能评价的具体步骤和规则，通常包括报名、培训、考试、评分、公示等。

① 报名。员工根据自身情况和意愿，在规定时间内向人力资源部门提出申请，并提交相关证明材料。

② 培训。人力资源部门根据报名情况，安排相应的培训课程，并提供相关的培训资料。

③ 考试。人力资源部门根据不同技能等级，组织相应的考试活动，并邀请相关专家作为评委。

④ 评分。评委根据不同技能评价方法，对员工进行打分。

⑤ 公示。人力资源部门根据评分结果，确定员工的技能等级，并在公告栏上进行公示，接受员工的质疑和申诉。

⑥ 认证。人力资源部门根据公示结果，向员工颁发相应的技能证书，并在人事档案中进行记录。

⑦ 调整。人力资源部门根据员工的技能等级，调整员工的技能工资，并在工资单上进行说明。

六、确定技能工资标准和结构

（1）技能工资标准是指根据员工在某一工种上所达到的技能等级而确定的基本薪酬水平，通常用货币数额或薪点数来表示。

（2）技能工资结构是指根据员工在某一工种上所达到的不同技能等级而形成的基本薪酬差异，通常用比例或倍数来表示。

表6-4 所示为某汽车制造企业的装配工技能工资标准和结构，企业其他岗位的技能工资标准和结构参考此表设计。

表6-4　　　　　　　　　某汽车制造企业的装配工技能工资标准和结构

序号	技能等级	技能工资标准/元/月	技能工资结构/倍数
1	初级	3 000	1
2	中级	4 500	1.5
3	高级	6 000	2
4	特级	9 000	3

从表6-4 可以看出，随着技能等级的提高，技能工资标准和结构都呈现出递增的趋势，这体现了企业对员工技能水平提高的激励和认可。

七、促进"不同级别技能工资体系"落地

为了使"不同级别技能工资体系"能够有效地实施和运行，企业需要进行以下几个方面的工作。

（1）宣传。企业要通过各种渠道（如会议、培训、公告等）向员工宣传和解释"不同级别技能工资体系"的目的、意义、内容和要求，增强员工的认知和认同，消除员工的疑虑和抵触。

（2）培训。企业要根据技能要求和评价标准，为员工提供相应的技能培训和指导，帮助员工提高自己的技能水平，为参加技能评价做好准备。

（3）监督。企业要建立有效的监督机制，对技能评价的过程和结果进行监督和检查，确保评价的公平性和有效性，及时发现问题和纠正错误。

（4）评估。定期对"不同级别技能工资体系"的实施效果进行评估和分析，收集员工的反馈和建议，找出其优势和不足，进行相应的调整或改进。

八、其他

（1）本方案由人力资源部门连同企业各主要部门负责人共同制定。

（2）本方案是过程设计方案，不是工资设计方案，参考本方案实施得到的结果，才是最终的"不同级别技能工资体系"。

（3）本方案自____年____月____日实施。

（4）本方案未尽事宜，由企业人力资源部门依照其他管理办法参考执行。

执行部门		监督部门		编修部门	
执行责任人		监督责任人		编修责任人	

【微课堂】

　　　根据本节内容，尝试自己编制"企业维修岗位三级技能工资设计方案"。

问题思考

1. 请简述技能工资的设计标准。
2. 请简述主要的技能工资设计方法。
3. 现有一个200人左右的生产型企业，生产人员130人左右，若要你对这130人进行工种分类，并为不同工种设计不同的技能工资标准，请问你会怎么做？请描述过程。

知识链接

M公司的技能工资设计

　　M公司采用平行的技能等级体系和职级体系，将技术人员和管理人员的职业发展路径区分开来。

　　在技术线，M公司针对不同专业领域设立多个技能等级，采用数字表示法对员工的专业技能和工作经验进行评定，并据此确定员工的薪酬水平。技术等级的评定每年进行一次，通过与同行的比较，员工可以充分理解公司对其技能的认可程度。

　　具体而言，M公司的技术等级划分为15个档次。初入职的应届毕业生通常起步于10级，通过每年的技能评估，员工可以提级，每提升1级通常需要6～18个月的时间。具有硕士学位的员工的升级速度会更快一些，入职时也可以直接定位为11级。不同技能等级对员工的技能要求也各有差异，如12级需要在项目中独立工作，13级需要具备跨部门协作能力。

　　这种以技能为基础的工资体系，为M公司技术人员提供了较为清晰的职业发展路径，能够有效激发员工学习新技能、不断进步的内在动力，是M公司实施技能工资管理的一个成功案例。

技能列表

技能工资设计工作所需技能如表 6-5 所示。

表 6-5 技能工资设计工作所需技能

序号	技能名称	具体描述
1	工资设计技能	能结合企业实际情况，对企业岗位情况进行分析和研究，设计科学合理的技能工资体系
2	方案编制技能	能够根据企业方案编制的有关要求和企业技能工资设计的实际情况，编制相关设计方案
3	文字描述技能	（1）能够将技能工资设计过程中产生的各种想法与结果通过文字准确地描述出来 （2）能使用多种文字进行描述
4	语言表达技能	（1）能够将技能工资设计过程中产生的各种想法与结果通过语言进行流畅的表达 （2）能使用多种语言进行表达 （3）能够与企业的多个部门、人员进行密切、有效的沟通
5	设备、软件操作技能	能够熟练使用各种办公设备、软件

技能实训

实训内容 1：梳理我国职业分类体系

以 3 人为一组组成学习小组，小组成员自行查找《中华人民共和国职业分类大典》有关内容，了解我国职业分类体系，并按照自己的喜好从 3 个大类中挑选出 3 个具体职业，尝试为这 3 个具体职业设计技能工资，以设计方案的形式呈现结果。

实训内容 2：设计一份技能工资方案。

背景：随着企业对员工技能和知识要求的提升，基于传统职位和年限的工资体系已不完全适应企业需求。为了更有效地激励员工提高技能，企业计划实施以技能为基础的工资制度，并利用如文心一言辅助设计这一制度。

1. 确定要求

基于企业实际情况及市场调研结果，可以确定具体的要求，如"请为我设计一份技能工资方案。该方案需详细阐述技能的评估方法、工资与技能的挂钩方式，同时考虑到激励与约束的平衡，确保公平性和透明度"。

2. 发送要求

打开文心一言页面，打开"新建对话"页面，在底部的文本框中输入要求并按"Enter"键发送，然后查看给出回复，如图 6-1 所示。

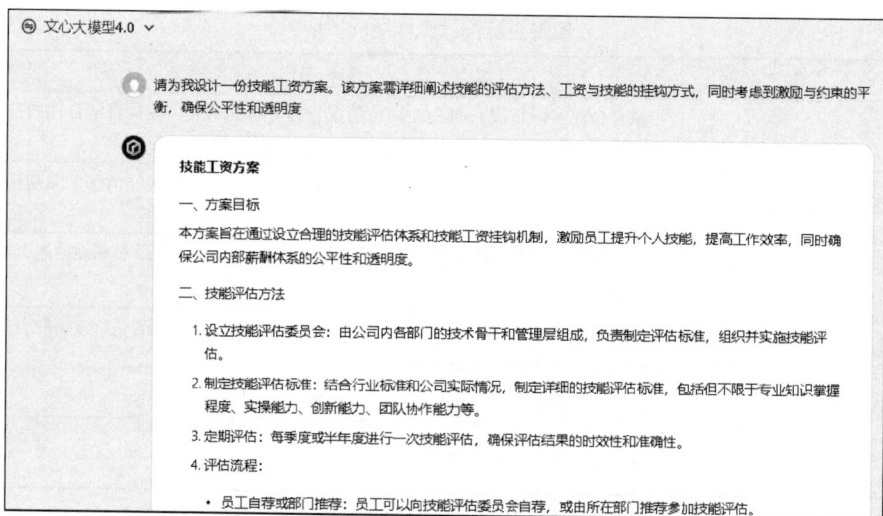

图 6-1　文心一言回复设计一份技能工资方案

绩效工资设计 | 第7章

【本章知识导图】

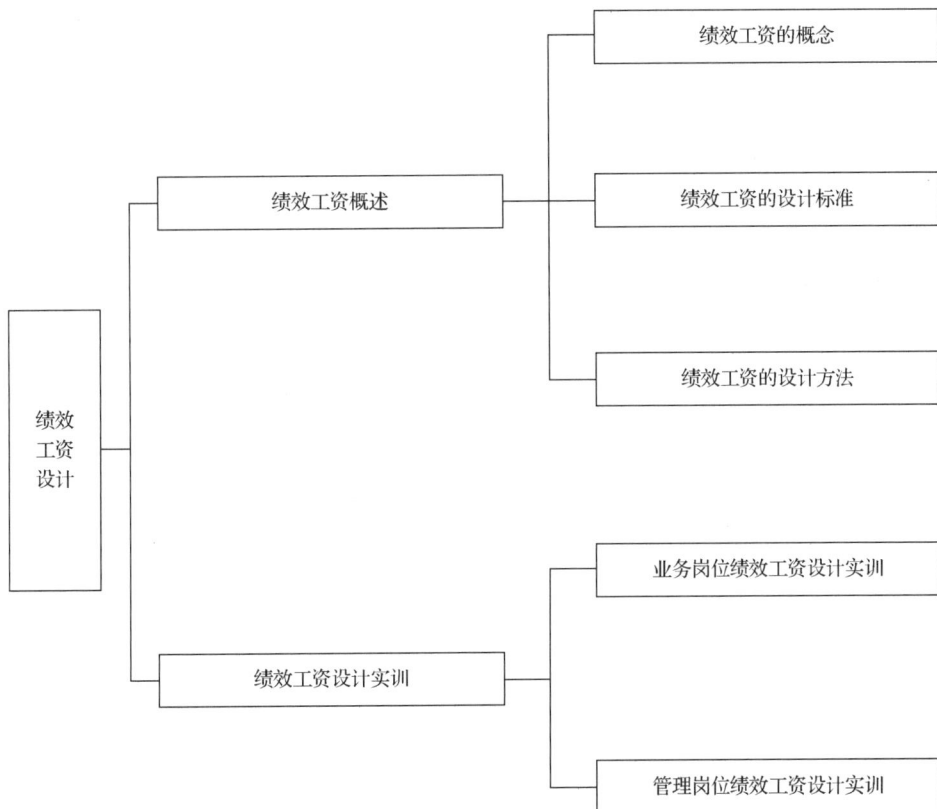

```
                                        ┌──────────────────────┐
                                    ┌───│     绩效工资的概念     │
                                    │   └──────────────────────┘
                  ┌────────────┐    │   ┌──────────────────────┐
              ┌───│  绩效工资概述 │────┼───│    绩效工资的设计标准   │
              │   └────────────┘    │   └──────────────────────┘
              │                     │   ┌──────────────────────┐
  ┌──────┐    │                     └───│    绩效工资的设计方法   │
  │ 绩效  │    │                         └──────────────────────┘
  │ 工资  │────┤
  │ 设计  │    │                         ┌──────────────────────────┐
  └──────┘    │                     ┌───│   业务岗位绩效工资设计实训    │
              │   ┌──────────────┐  │   └──────────────────────────┘
              └───│ 绩效工资设计实训 │──┤
                  └──────────────┘  │   ┌──────────────────────────┐
                                    └───│   管理岗位绩效工资设计实训    │
                                        └──────────────────────────┘
```

【学习目标】

职业知识	• 了解绩效工资的概念
	• 了解绩效工资的设计标准与设计方法
职业能力	• 灵活运用各种方法，为企业业务岗、管理岗分别设计技能工资
职业素质	• 具备优秀的理解能力、沟通能力、分析能力与设计能力

7.1 绩效工资概述

  绩效工资是一种能够提高员工的工作动力、效率和质量，同时增强企业的竞争力和适应性的工资制度。企业在设计绩效工资时，需要遵循一定的标准和方法，以得到科学合理的绩效工资设计结果。

7.1.1 绩效工资的概念

绩效工资是指根据员工的工作绩效和贡献程度，确定其工资水平和增长幅度的一种工资制度。绩效工资的核心思想是"多劳多得，少劳少得，不劳不得"，即用工作业绩来衡量和评价员工的价值，激励员工提高工作效率和质量，促进企业目标的实现。

绩效工资有以下几个特点。

（1）绩效工资是一种动态、变化的工资制度，它随着员工的绩效水平和企业的经营状况而变化，反映了员工与企业之间的互动关系。

（2）绩效工资是一种差别化、激励性的工资制度，它根据员工的绩效差异，给予不同的工资待遇，体现了公平和竞争的原则，激发了员工的积极性和创造性。

（3）绩效工资是一种比较科学、合理的工资制度，它依据客观、可量化的绩效指标和标准，采用科学、规范的绩效评估方法，保证了绩效工资的有效性和公正性。

7.1.2 绩效工资的设计标准

绩效工资的设计标准是指在制定绩效工资方案时，应遵循的一些原则或要求，以保证绩效工资的合理性、有效性和公平性。企业可以从以下几个角度来确定绩效工资的设计标准。

1. 从目标的角度

绩效工资的设计标准应该符合企业的战略目标和员工的个人目标，以实现双赢。绩效工资应该能够激励员工提高工作效率和质量，促进企业发展；同时，绩效工资也应该能够满足员工的物质需求和精神需求，提升员工的归属感和忠诚度。

2. 从过程的角度

绩效工资的设计标准应该遵循科学、公正、透明和灵活的原则。绩效工资的制定应该基于充分的调研和分析，考虑企业和员工的实际情况，制定合理的绩效指标和评价方法；其分配应该客观地反映员工的绩效水平和贡献程度，避免任何形式的偏见和歧视；其实施应该及时地向员工公布和解释，接受员工的反馈和建议；其调整应该根据市场和企业的变化，灵活地进行修订和完善。

3. 从结果的角度

绩效工资的设计标准应该体现激励、激发和激化的作用。绩效工资应该激励员工积极主动地参与工作，提高自身的能力和素质；应该激发员工创新和进取的精神，挑战自我和超越极限；还应该激化员工之间的合作和竞争，形成良好的团队氛围和企业文化。

7.1.3 绩效工资的设计方法

绩效工资的设计方法是指根据绩效工资的设计标准，确定绩效工资的具体形式、计算方法和分配方式的过程。绩效工资的设计方法主要有以下几种。

1. 比例法

比例法是将员工的绩效评分与基本工资相乘，以得到绩效工资的方法。

比例法的优点是简单易行，能够体现员工的绩效差异，激励员工提高绩效；缺点是不能反映员工的能力水平，也不能考虑员工的个性化需求，可能导致员工对绩效评价不满意。

2. 积分法

积分法是将员工的各项绩效指标按照一定的权重分配积分，然后将积分与基本工资相乘，以得到绩效工资的方法。

积分法的优点是能够综合考虑员工的多方面绩效，更加客观公正，也能够调整权重以适应不同的岗位和环境；缺点是比较复杂，企业需要建立一套完善的积分制度和评价体系，也需要定期更新积分标准和权重。

3. 等级法

等级法是将员工的绩效评分按照一定的区间划分为不同的等级，然后根据等级确定绩效工资的方法。

等级法的优点是能够避免细微的绩效差异造成过大的工资差异，也能够减小评价误差和主观影响；缺点是不能充分体现员工的绩效差异，也不能激发员工的进取心和创新意识。

4. 定额法

定额法是将员工的绩效指标量化为一定的定额，然后根据完成定额的情况确定绩效工资的方法。

定额法的优点是能够明确员工的目标和责任，也能够激励员工努力完成定额；缺点是不能适应变化的环境和市场，也不能考虑员工的质量和效率，可能导致员工只关注数量而忽视质量。

5. 目标法

目标法是将员工的绩效指标设定为一定的目标，然后根据完成目标的程度确定绩效工资的方法。

目标法的优点是能够兼顾员工的数量和质量，也能够适应不同的情况和要求，提高员工的主动性和创造性；缺点是需要与员工进行充分的沟通和协商，也需要对目标进行合理的分解和分配，避免目标过高或过低。

【微课堂】

> 企业行政部门的行政专员工作比较繁杂，且往往无法直接为企业带来利益，这种岗位适合用哪种方法设计绩效工资？

7.2 绩效工资设计实训

绝大部分企业的岗位都有业务岗位和管理岗位之分，企业为两种不同类型的岗位设计绩效工资时，要采取不同的思路。

7.2.1　业务岗位绩效工资设计实训

业务岗位是指直接从事营销、销售、服务等与企业核心业务相关的岗位，如销售专员、调研专员、渠道管理员、客户服务专员等。

业务岗位往往能够直接为企业带来利益，因此，企业为相关岗位设计合理的薪酬机制，可以提高相关岗位人才的工作积极性，为企业创造更多的价值。

企业业务岗位绩效工资设计可参考以下方案。

方案名称	业务岗位绩效工资设计方案	编号	
		受控状态	

一、设计目的

（1）企业可通过绩效工资激励业务岗位员工提高工作效率和质量，提升企业核心竞争力。

（2）企业可通过建立科学合理的绩效评价体系，实现业务岗位员工的公平竞争和优胜劣汰，促进人才梯队建设。

二、适用范围

本方案仅适用于企业业务岗位绩效工资设计工作，但也可为企业其他薪酬体系设计工作提供参考。

三、设计要求

（1）以业务目标为导向，体现业务绩效与工资的正向关联，即业务绩效越高，工资越高，反之，工资越低。

（2）以业务过程为基础，考核业务岗位员工的工作行为、工作方法、工作质量和工作效率等方面，反映员工的工作能力和水平。

（3）以业务结果为评价，采用客观的、可量化的业务指标和标准，如销售额、客户满意度、产品质量等，衡量员工的业绩贡献和价值。

四、设计步骤

1.　确定业务岗位的职责和要求

（1）分析企业核心业务的流程和内容，明确各个业务岗位在其中的作用和定位。

（2）描述各个业务岗位的主要职责和任务，以及完成这些职责和任务所需的知识、技能、态度等条件。

（3）制定各个业务岗位的职位说明书，作为绩效评价的基础。

2.　设定业务岗位的绩效目标和指标

（1）根据企业战略目标和市场需求，制定各个业务岗位的年度、季度、月度等绩效目标，确保目标具有可衡量性、可实现性、可比较性等特点。

（2）设定各个业务岗位的绩效指标，包括数量指标（如销售额、客户数等）和质量指标（如客户满意度、市场占有率等），并确定各个指标在绩效评价中的权重。

（3）制定各个业务岗位的绩效考核表，作为绩效评价的工具。

3.　确定业务岗位的绩效工资结构和水平

（1）确定业务岗位的绩效工资结构，并确定各部分在总工资中的比例。

（2）根据市场行情和企业实际情况，确定业务岗位的绩效工资水平。

五、模式设计

以某企业销售专员为例，讲解业务岗位的绩效工资模式设计。

1.　考核内容与考核指标设计

表7-1所示为以某企业的销售专员为例设计的考核内容与指标，企业其他业务岗位的考核内容与指标参考此表设计。

表 7-1　　　　　　　　　　　某企业销售专员的考核内容与指标

考核内容及所占的权重	考核指标	得分
工作绩效（60%）	销售任务完成率	
	销售计划增长率	
	应收账款回收率	
	新客户增加数量	
	销售成本费用	
工作能力（25%）	略	
工作态度（15%）	略	

2. 薪酬结构设计

本企业销售专员的薪酬结构为：总薪酬=基本工资+绩效工资+津贴+特别奖。其他业务岗位根据岗位特点，以此为参考进行薪酬结构设计。

3. 绩效工资发放规则

本企业销售专员的绩效工资每月发放一次。其他业务岗位的绩效工资发放规则根据岗位特性酌情设计。

4. 绩效核算标准设计

当销售专员的销售业绩达到一定的标准时，企业为其发放的绩效工资标准如表 7-2 所示。其他业务岗位的绩效工资标准根据岗位特点酌情设计。

表 7-2　　　　　　　　　　企业销售专员每月绩效工资核算标准

序号	完成的销售额/元	绩效奖金/元
1	1 万～2 万（不包括 2 万）	完成的销售额×2%
2	2 万～3 万（不包括 3 万）	完成的销售额×4%
3	3 万～5 万（不包括 5 万）	完成的销售额×6%
4	5 万以上	完成的销售额×10%

六、其他

（1）本方案由人力资源部门连同企业各主要部门负责人共同制定。

（2）本方案是过程设计方案，不是工资模式设计方案，参考本方案实施得到的结果，可作为企业的业务岗位绩效工资模式。

（3）本方案自____年____月____日实施。

（4）本方案未尽事宜，由企业人力资源部门依照其他管理办法参考执行。

执行部门		监督部门		编修部门	
执行责任人		监督责任人		编修责任人	

7.2.2　管理岗位绩效工资设计实训

管理岗位是指在企业中负责组织、协调、指导、监督和控制各项业务活动的岗位，如总经理、部门经理、项目经理等。

企业通过对管理岗位进行合理的绩效工资设计，可以激励管理人员提升管理水平和效果，促进企业战略目标的实现。

企业管理岗位绩效工资设计可参考以下方案。

方案名称	管理岗位绩效工资设计方案	编号	
		受控状态	

一、设计目的

（1）激励管理人员提升管理水平和效果，促进企业战略目标的实现。

（2）建立管理人员的绩效工资与绩效评价的有效联系，实现公平、合理、科学的工资分配。

二、适用范围

本方案仅适用于企业管理岗位绩效工资设计工作，但也可为企业其他薪酬体系设计工作提供参考。

三、设计要求

企业在设计管理岗位绩效工资时，要注意以下要求。

（1）与企业战略目标相一致，反映企业的核心价值观和文化。

（2）与管理人员的职责、权力和风险相匹配，体现管理人员的职业发展和潜力。

（3）与管理人员的绩效水平和贡献程度相符合，体现绩效差异和激励效果。

（4）与市场竞争状况和行业水平相适应，体现市场竞争力和行业地位。

四、设计步骤

（1）分析管理人员的工作职责和目标，确定管理人员的绩效评价指标和权重。

（2）设定管理人员的绩效评价方法和标准，建立管理人员的绩效评价体系。

（3）确定管理人员的绩效工资构成和比例，设计管理人员的绩效工资模式。

五、模式设计

以企业行政部门行政主管为例，解释企业管理岗位绩效工资的模式设计。企业其他管理岗位的绩效工资，可参考此模式设计。

1. 绩效考核时间

该岗位的绩效考核每月进行一次。

2. 考核内容及指标

企业行政主管考核指标说明如表 7-3 所示。

表 7-3　　　　　　　　　企业行政主管考核指标说明

考核内容	考核指标	权重	资料来源	目标值
日常工作	工作完成率	30%	行政部门	不低于__%
办公设备管理	设备完好率	15%	行政部门	不低于__%
办公用品管理	采购及时率	10%	行政部门	不低于__%
	发放准确率	10%	行政部门	不低于__%
行政公文管理	公文起草及时率	10%	行政部门	不低于__%
	文件归档及时率	5%	行政部门	不低于__%
会议管理	领导满意度	10%	行政部门	满意度评分不低于__分
	会议记录完整度	10%	行政部门	无重要内容缺失
备注	考核指标值每降低__%（分），扣__分，低于__%（分），该项不得分			

3. 薪酬结构

该岗位的薪酬结构为：总薪酬=基本薪酬+绩效薪酬+激励薪酬+相应福利。其中，绩效薪酬的占比为25%。

4. 绩效工资支付时间与标准

该岗位的绩效工资以现金形式按月支付。某文化传媒公司行政主管绩效薪酬标准如表 7-4 所示。

表 7-4　　　　　　　　　某文化传媒公司行政主管绩效薪酬标准

档次	A	B	C	D
支付标准（绩效目标完成情况）	完成绩效目标的90%～100%	完成绩效目标的80%～89%	完成绩效目标的70%～79%	完成绩效目标的60%～69%
绩效薪酬标准/元	2 000	1 500	1 000	500

六、其他

（1）本方案由人力资源部门连同企业各主要部门负责人共同制定。

（2）本方案未尽事宜，由企业人力资源部门依照其他管理办法参考执行。

执行部门		监督部门		编修部门	
执行责任人		监督责任人		编修责任人	

【微课堂】

根据本节内容，尝试编制"生产主管绩效工资设计方案"。

问题思考

1. 请简述绩效工资的设计标准。
2. 请简述主要的绩效工资设计方法。
3. 假设你是某电商企业的薪酬主管，现需为企业的线上推广专员设计绩效工资标准，请你写出具体的绩效考核内容与考核指标。

知识链接

关键绩效指标的确定

1. 什么是关键绩效指标

关键绩效指标是用于评估和管理被评估者绩效的定量化或行为化的标准体系。它包括以下 3 个方面的内容。

（1）关键绩效指标是一个标准体系，它必须是定量化的，如果难以实现定量化，那么也必须是行为化的。如果定量化和行为化这两个特征都无法满足，就不是符合要求的关键绩效指标。

（2）关键绩效指标是体现对组织目标有增值作用的绩效指标。基于关键绩效指标对绩效进行管理，可以保证真正对组织有贡献的行为受到鼓励。

（3）通过在关键绩效指标上达成的承诺，员工与管理人员可以进行工作期望、工作表现和未来发展等方面的沟通。

2. 确定关键绩效指标应遵循的原则

关键绩效指标的确定有一个很重要的原则，即 SMART 原则。

（1）Specific（明确的、具体的），指绩效指标要切中特定的工作目标，不是笼统的，而应该适度细化，并且随情境变化而发生变化。

（2）Measurable（可度量的、可衡量的），指绩效指标或者是数量化的数据或信息，或者是行为化的数据或信息，是可以获得的。

（3）Attainable（可实现的、可达到的），指绩效指标在付出努力的情况下可以达到，以避免设立过高或过低的目标，从而失去了设立该考核指标的意义。

（4）Realistic（现实的），指绩效指标是实实在在的，是可以证明和观察得到的，而并非假设的。

（5）Time-bound（有时限的），指在绩效指标中要使用一定的时间单位，即设定完成这些绩效指标的期限，这也是关注效率的一种表现。

技能列表

绩效工资设计工作所需技能如表 7-5 所示。

表 7-5　　　　　　　　　　　　绩效工资设计工作所需技能

序号	技能名称	具体描述
1	工资设计技能	能结合企业实际情况，对企业业务岗位和管理岗位进行梳理，分别设计科学合理的绩效工资体系
2	方案编制技能	能够根据企业方案编制的有关要求和企业绩效工资设计的实际情况，编制相关绩效设计方案
3	文字描述技能	（1）能够将绩效工资设计过程中产生的各种想法与结果通过文字准确地描述出来 （2）能使用多种文字进行描述
4	语言表达技能	（1）能够将绩效工资设计过程中产生的各种想法与结果通过语言进行流畅的表达 （2）能使用多种语言进行表达 （3）能够与企业的多个部门、人员进行密切、有效的沟通
5	设备、软件操作技能	能够熟练使用各种办公设备、软件

技能实训

实训内容 1：编制绩效工资设计方案。

根据本章实训部分的内容，选择一家企业，通过实地考察、网络调研等方式，了解其主要的业务岗位设置情况，选择一个具体的业务岗位，为该岗位编制绩效工资设计方案，并请该企业相关人员或其他专家、导师对方案做出评价。

实训内容 2：设计一份销售人员的绩效工资方案。

背景：为了更有效地激励销售人员，提高销售业绩，企业计划实施以绩效为基础的工资制度。现决定借助 DeepSeek 辅助设计既科学又实用的绩效工资方案。

1. 确定要求

根据销售人员的岗位特征以及企业的目标，确定具体要求，如"请为我设计一份针对销售人员的绩效工资方案。该方案需明确销售业绩的评估标准，以及绩效工资与销售业绩的挂钩方式。同时，方案应考虑到激励与约束的平衡，既要能激发销售人员的积极性，又要防止他们为了追求短期利益而忽视长期客户关系"。

2. 发送要求

打开 DeepSeek 页面，点击"开启新对话"，在底部的文本框中继续输入要求并按"Enter"键发送，然后查看给出回复，如图 7-1 所示。

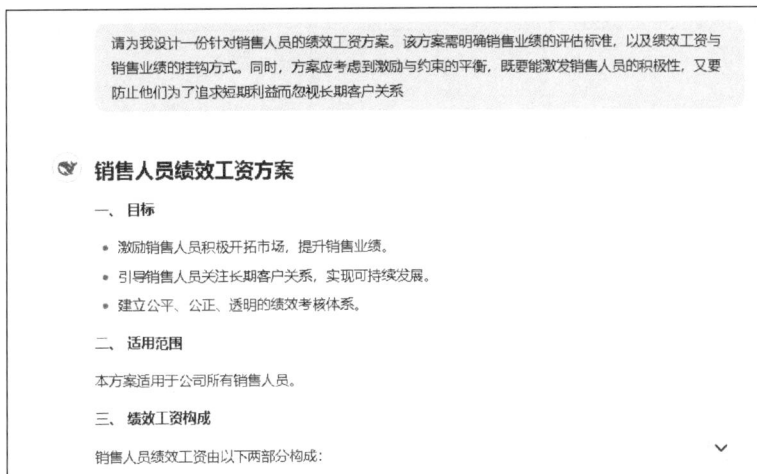

图 7-1 DeepSeek 回复设计一份绩效工资方案

第8章 提成设计

【本章知识导图】

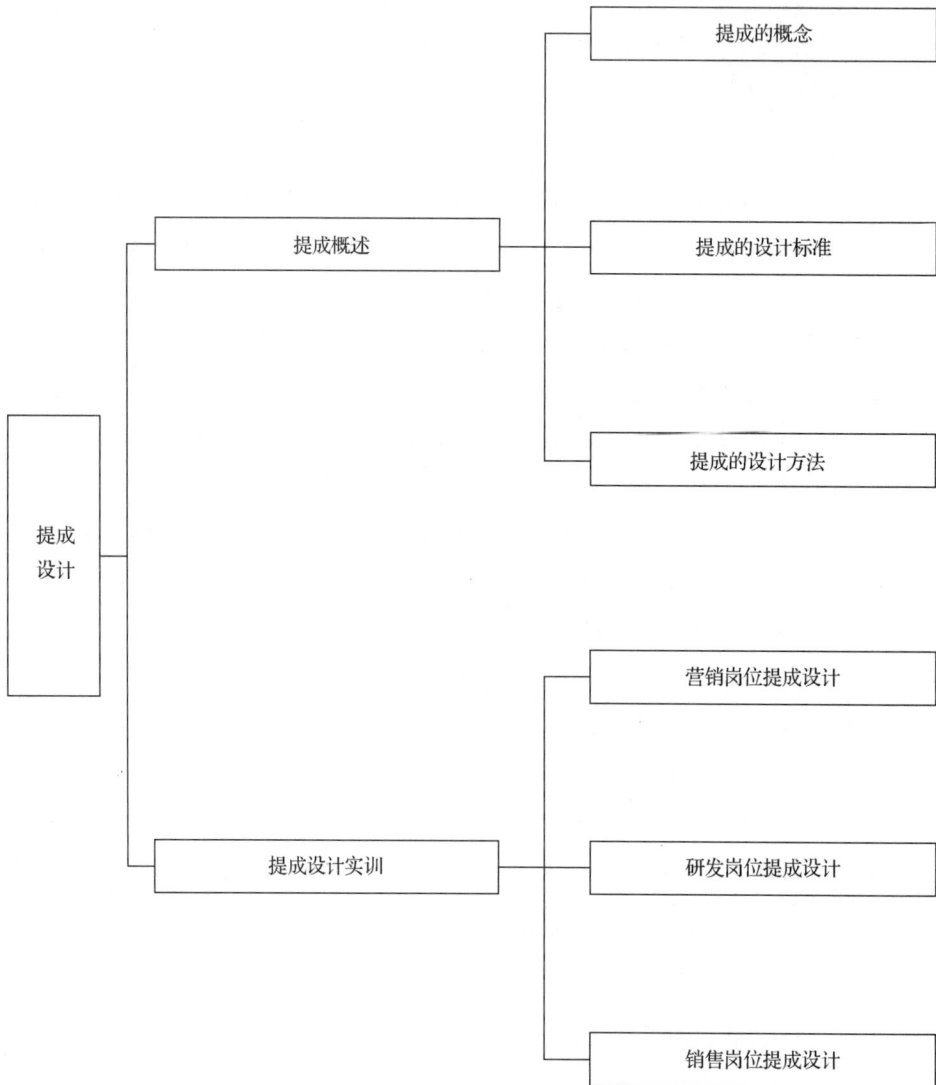

```
                                              ┌─────────────────────┐
                                              │      提成的概念       │
                                              └─────────────────────┘

                    ┌──────────────┐          ┌─────────────────────┐
                    │   提成概述    │──────────│    提成的设计标准     │
                    └──────────────┘          └─────────────────────┘

                                              ┌─────────────────────┐
   ┌────────┐                                 │    提成的设计方法     │
   │  提成  │                                 └─────────────────────┘
   │  设计  │
   └────────┘
                                              ┌─────────────────────┐
                                              │    营销岗位提成设计   │
                                              └─────────────────────┘

                    ┌──────────────┐          ┌─────────────────────┐
                    │  提成设计实训  │──────────│    研发岗位提成设计   │
                    └──────────────┘          └─────────────────────┘

                                              ┌─────────────────────┐
                                              │    销售岗位提成设计   │
                                              └─────────────────────┘
```

【学习目标】

职业知识	• 了解提成的概念 • 了解提成的设计标准与设计方法
职业能力	• 能够灵活运用各种方法，为企业不同岗位设计提成工资
职业素质	• 具备优秀的理解能力、沟通能力、分析能力与设计能力

8.1

提成概述

提成即根据员工的个人能力和贡献进行差别化的奖励，激励员工提高工作效率和质量，从而增加企业的收入和利润，是一种能够促进员工和企业共同发展的有效激励机制。企业在设计提成时，需要遵循一定的标准和方法，以得到科学、合理的提成设计结果。

8.1.1 提成的概念

提成是一种按照员工的业绩或销售额给予的报酬形式，是一种与绩效挂钩的激励机制。提成的目的是激发员工的工作积极性和创造力，提高员工的工作效率和质量，增加企业的利润和竞争力。

提成是一种变动性的报酬，它与员工的固定工资相对应，是在固定工资的基础上增加的一部分。提成的多少取决于员工的业绩或销售额，即员工的贡献值。提成的计算方法通常是按照一定的比例或标准，将员工的业绩或销售额乘以一个系数，得到提成金额。提成可以按照个人、小组、部门或全体员工进行分配，也可以按照不同的时间周期进行发放，如每周、每月、每季度或每年等。

8.1.2 提成的设计标准

提成的设计标准是指在制定提成方案时，应遵循的一些原则或要求，以保证提成方案的合理性、有效性和公平性。企业可以从以下几个角度来确定提成的设计标准。

1. 从企业的角度

从企业的角度，提成的设计标准应符合企业的战略目标、业务特点和市场竞争状况，以激励员工为企业的长期发展做出贡献。例如，如果企业的战略目标是提高市场份额，那么提成方案应以销售额为主要指标；如果企业的战略目标是提高利润率，那么提成方案应以毛利润为主要指标。

2. 从员工的角度

从员工的角度，提成的设计标准应考虑员工的需求、能力和行为，以激发员工的积极性、主动性和创造性。例如，如果员工的需求是获得稳定的收入，那么提成方案应设置一定的保底工资；如果员工的需求是获得更多的收入，那么提成方案应设置一定的上限或无上限。

3. 从客户的角度

从客户的角度，提成的设计标准应体现客户的价值、满意度和忠诚度，以促进员工与客户之间的良好关系和互利合作。

8.1.3 提成的设计方法

提成的设计方法是指根据提成的目标、原则和标准，确定提成的对象、方式、比例、计算方法和支付条件等内容。提成的设计方法主要有以下 3 种。

1. 固定比例法

固定比例法即按照销售额或利润的固定比例来确定提成金额的方法。这种方法简单易行，适用于销售业绩与销售人员的努力程度成正比的情况。

固定比例法的优点是可以保证销售人员的收入稳定，不受市场波动的影响；缺点是可能缺乏激励作用，无法刺激销售人员提高工作效率和质量。

2. 阶梯比例法

阶梯比例法即按照销售额或利润的不同区间，设定不同的提成比例，使得销售额或利润越高，提成比例越高的方法。这种方法可以激励销售人员追求更高的业绩，适用于市场竞争激烈、需要突破销售目标的情况。

阶梯比例法的优点是可以增强销售人员的积极性和主动性，促进销售业绩的增长；缺点是可能导致销售人员过分重视业绩，忽视客户关系和服务质量。

3. 差额法

差额法即按照销售额或利润超过预定目标的部分来确定提成金额的方法。这种方法可以避免销售人员在达到目标后松懈，适用于有明确销售计划和预期收益的情况。

差额法的优点是可以保证销售人员达到最低业绩要求，同时鼓励他们超额完成任务；缺点是可能造成销售人员对目标设置不满，或者在完成目标后放弃其他机会。

【微课堂】

> 企业哪些岗位比较适合设计提成？请通过实地调查、网络调查等方式，列举至少 5 个适合设计提成的岗位。

8.2
提成设计实训

8.2.1 营销岗位提成设计

营销岗位是指在企业中主要负责市场分析、市场策划、市场推广、品牌管理、客户关系等工作的岗位，如市场经理、市场专员、品牌经理、品牌专员等。

营销岗位以创新和变化为特征，需要该岗位员工具备较强的市场洞察力、创意能力、沟通能力和执行能力。营销岗位的工作成果往往与企业的市场占有率、品牌知名度、客户满意度等指标密切相关，对企业的长期发展具有重要影响。

根据以上营销岗位的有关知识，编制的营销岗位提成设计方案如下。

方案名称	营销岗位提成设计方案	编号	
		受控状态	

一、设计目的

（1）激励营销人员积极主动地开拓市场，提高企业的市场占有率和品牌知名度。

（2）建立营销人员与客户之间长期稳定的合作关系，提高客户满意度和忠诚度。

二、适用范围

本方案仅适用于企业营销岗位提成设计工作，但也可为企业其他薪酬体系设计工作提供参考。

三、设计要求

企业在设计营销岗位的提成时，要注意以下要求。

（1）要激励营销人员提高工作效率和质量，增强工作积极性和主动性，促进个人和团队的发展。

（2）要考虑市场的竞争环境和变化趋势，适应市场的需求和变化，保持企业的竞争优势。

（3）要公平合理，反映营销人员的工作难度和贡献度，避免产生不良的激励效应和内部矛盾。

四、设计步骤

具体而言，营销岗位提成设计需要经过以下 4 个阶段。

（1）确定提成对象。根据营销岗位的职责范围和工作内容，确定哪些岗位可以享受提成，以及提成的分配方式（如个人提成、团队提成或混合提成）。

（2）确定提成指标。根据营销岗位的工作目标和评价标准，确定哪些指标可以作为提成的依据，以及指标的权重和计算方法。提成指标应该具有可量化、可操作、可控制和可比较等特点。

（3）确定提成比例。根据营销岗位的工作难度和风险，确定提成在总薪酬中所占的比例，以及不同级别或不同区间的提成比例。提成比例应该能够体现绩效差异，激发高绩效者的动力，同时也要保障低绩效者的基本需求。

（4）确定提成周期。根据营销岗位的工作特点和周期性，确定提成的发放时间和频率。提成周期应该能够及时反馈绩效结果，增强激励效果，同时也要考虑企业的现金流状况和管理成本。

五、提成设计

以企业营销岗位中的市场推广专员岗位为例，解释营销岗位的提成设计。其他营销岗位的提成设计，可参照市场推广专员岗位的模式进行。

1. 薪酬结构设计

市场推广专员的提成是其薪酬体系的重要构成部分，其薪酬结构为：月薪（基本工资+月度提成）+奖金+福利。

2. 提成考核和支付设计

市场推广专员月度提成根据市场推广目标的达成情况，按月考核、按月支付，一般不超过该岗位的月基本工资。

3. 考核内容设计

考核内容包括市场推广活动开展的次数、终端包装陈列情况、POP（购买点）广告布置情况、信息与报表提交情况、终端人员的培训与沟通等。

4. 提成标准设计

考核成绩低于 60 分者，停发月度提成；考核成绩达到 60 分及 60 分以上者，按企业规定的百分比支付月度提成。企业市场推广专员月度提成支付比例如表 8-1 所示。

表 8-1　　　　　　　　　　企业市场推广专员月度提成支付比例

考核成绩	60（含）～70 分	70（含）～80 分	80（含）～90 分	90（含）～100 分
月度提成比例	1%	2%	3%	4%

需要说明的是，提成的基数是销售终端店铺、超市当月实现的商品销售利润。

六、其他

（1）本方案由人力资源部门连同市场部门共同制定。

（2）本方案未尽事宜，由企业人力资源部门依照其他管理办法参考执行。

执行部门		监督部门		编修部门	
执行责任人		监督责任人		编修责任人	

8.2.2 研发岗位提成设计

研发岗位是指在企业中主要负责产品或服务的创新、改进、开发、测试等工作的岗位，如软件开发师、测试工程师、研发专员等。

研发岗位的特点是专业技能和知识水平要求较高，工作内容复杂多变，工作成果难以量化和评价，工作周期较长，工作效果受多方面因素的影响。

根据以上研发岗位的有关知识，编制的研发岗位提成设计方案如下。

方案名称	研发岗位提成设计方案	编号	
		受控状态	

一、设计目的

（1）激励研发人员提高工作积极性和创新能力，提升产品或服务的质量和竞争力。

（2）建立合理的薪酬体系，根据研发人员的工作内容、工作难度、工作贡献等因素，给予公平的奖励和反馈。

二、适用范围

本方案仅适用于企业研发岗位提成设计工作，但也可为企业其他薪酬体系设计工作提供参考。

三、设计要求

企业在设计研发岗位的提成时，要注意以下要求。

（1）要符合企业的战略目标和研发部门的工作计划，激励员工高质量、高效率地创造高价值的研发成果。

（2）要考虑研发岗位的特点和差异，制定合理的提成标准和比例，体现员工的个人能力和团队协作，平衡员工的短期利益和长期利益。

（3）要建立有效的研发成果评估机制，确保提成分配的公平、公正、透明，提高员工的信任度和满意度。

四、新产品研发完成奖

（1）新产品研发完成后，由研发总监组织参与研发的人员进行评定，提出提成分配比例，报总经理审批。

（2）新产品研发完成后，根据不同类别的新产品按规定的提奖率计算提奖，分两次发放。

（3）在图纸设计、工艺编制等技术准备工作完成后，发放应计提数的__%，剩余部分待样品试制成功，通过鉴定或用户认可后发放。

（4）如未按计划进度完成图纸设计和工艺编制等技术准备工作，每延期一天，扣减奖金额的__%，造成经济损失的，视情节加倍扣罚。

五、新产品销售提成奖

（1）产品达到一定的市场占有率后，主要研发人员开始从该产品的年销售贡献中按一定比例提取奖励。

（2）新产品销售提成奖以产品的年销售额为基准，即以阳历年度内回款数为准。

（3）在新产品投放市场的前__年内，根据新产品年销售额、市场占有率、回款额、毛利率等指标，每年分别按不同的提奖率提取奖金。研发人员新产品销售提成比例如表8-2所示。

表8-2　　研发人员新产品销售提成比例

序号	产品名称	规格型号	创新等级	市场占有率	销售额	回款额	提成比例/%

（4）提成期限为___年，分为两个阶段，其总体原则是前期提成比例较后期提成比例高。

六、提成奖励实施

产品开发和研发提成的奖励对象为整个研发小组。小组内部分配方法应由研发项目组长提出分配计划，交由企业研发评审委员会审核通过后实施。

七、其他

（1）本方案由人力资源部门连同研发部门共同制定。

（2）本方案未尽事宜，由企业人力资源部门依照其他管理办法参考执行。

执行部门		监督部门		编修部门	
执行责任人		监督责任人		编修责任人	

8.2.3　销售岗位提成设计

销售岗位是指直接或间接参与产品或服务的销售活动的岗位，如销售代表、销售经理、销售总监等。销售岗位的主要职责是开拓市场，拓展客户，促成交易，提高销售额和市场份额，为企业创造利润和价值。

根据以上销售岗位的有关知识，编制的销售岗位提成设计方案如下。

方案名称	销售岗位提成设计方案	编号	
		受控状态	

一、设计目的
为了提高销售专员的工作积极性，增加市场份额，特制定本提成方案。
二、适用范围
本方案仅适用于企业销售岗位提成设计工作，但也可为企业其他薪酬体系设计工作提供参考。
三、设计要求
企业在设计销售岗位的提成时，要注意以下要求。
（1）要能激励销售人员积极主动地开展销售活动，提高销售业绩和客户满意度。
（2）要考虑销售人员的个性差异和职业发展，提供公平、合理的激励机会和竞争环境。
（3）要简单易懂，便于计算和执行，减少管理成本和纠纷。
四、设计步骤
（1）确定提成对象和范围，即哪些销售人员可以享受提成，以及提成涵盖哪些产品或服务。
（2）确定提成指标和权重，即根据销售人员的职责和目标，选择合适的业绩或行为指标作为提成依据，以及确定各指标在提成中所占的比例。
（3）确定提成计算公式和参数，即根据提成指标和权重，设计合理的计算方法，以及确定相关的参数值，如提成比例、阈值、上限、下限等。
（4）确定提成发放方式和时间，即选择适当的发放形式，如现金、股票、期权等，以及确定发放周期，如每月、每季度、每年等。
五、提成设计
以企业销售岗位中的销售专员岗位为例，解释销售岗位的提成设计。其他销售岗位的提成设计，可参照销售专员岗位的模式进行。
1. 工资形式
销售专员的工资形式为：底薪+提成。
2. 提成比例设计
为了迅速占领市场、提高市场占有率，应按照销售业绩设计销售专员的提成比例，具体提成比例如表 8-3 所示。

表 8-3　　　　　按销售业绩设计的提成比例

等级	月度销售额（Q）	提成比例/%
1	$Q < 10$ 万元	1
2	10 万元 $\leq Q < 20$ 万元	2
3	20 万元 $\leq Q < 30$ 万元	3
4	$Q \geq 30$ 万元	4
备注	销售提成=实际回款额×提成比例	

3. 销售提成发放设计
（1）提成与该销售专员所服务的客户的付款情况对应。
（2）每季度统计一次客户的付款数额，同时计算该销售专员提成的数额。
（3）每年年底核算并发放销售专员当年提成应发数额。
（4）对于多名销售专员合作完成的项目，销售经理根据实际情况，征求有关人员意见后，确定分配方案。
（5）关于销售专员提成的个人所得税，依法由企业代扣代缴。
六、其他
（1）本方案由人力资源部门连同销售部门共同制定。
（2）本方案未尽事宜，由企业人力资源部门依照其他管理办法参考执行。

执行部门		监督部门		编修部门	
执行责任人		监督责任人		编修责任人	

【微课堂】

> 　　根据本节内容，自选一个营销岗位（市场推广专员除外），为其编制提成设计方案。

问题思考

1. 请简述提成的设计标准。

2. 请简述主要的提成设计方法。

3. 除本节介绍的提成设计方法，你还知道哪些提成设计方法？请你通过调研、询问、查阅资料等方法，至少了解 3 种提成方法，并简述其主要内容。

知识链接

提成制度的优缺点

1. 提成制度的优点

（1）提成制度能够激发员工的积极性和创造性。提成制度使员工的收入与工作量或业绩成正比，员工因而更加努力地工作、更主动地寻找机会、更灵活地应对挑战，从而提高自己的收入水平和职业满足感。

（2）提成制度能够使员工的收入与企业的利益挂钩。提成制度使员工的收入与企业的销售额或利润成正比，员工会更加关注企业的目标和战略、更加重视客户的需求和反馈、更加注重产品的质量和创新，从而增强企业的竞争力。

（3）提成制度能够降低企业的人力成本。提成制度使员工的收入与市场薪酬水平成正比，企业可以根据市场变化来调整员工的薪酬水平，避免在市场低迷时支付过高的固定工资，或者在市场繁荣时支付过低的固定工资，从而节省企业的人力资源开支。

2. 提成制度的缺点

（1）提成制度可能导致员工过于关注个人业绩而忽视团队协作。提成制度使员工的收入与个人的贡献成正比,员工可能会为了争夺客户或资源而与同事产生竞争或冲突,或者为了保护自己的利益而拒绝与同事分享信息或经验,从而破坏团队的凝聚力和协同效应。

(2)提成制度可能导致员工过于急功近利而牺牲客户关系。提成制度使员工的收入与短期的结果成正比,员工可能会为了追求高额的提成而采取一些不道德或不专业的手段,如欺骗客户、夸大产品功能、隐瞒产品缺陷、压缩服务时间等,从而降低客户的信任度和满意度。

(3)提成制度可能导致员工收入不稳定而影响生活质量。提成制度使员工可能会面临收入下降的风险,如市场需求减少、竞争对手增加、政策法规变化等。这样会给员工带来心理压力和生活困扰,甚至影响员工的健康和家庭。

技能列表

提成设计工作所需技能如表 8-4 所示。

表 8-4 提成设计工作所需技能

序号	技能名称	具体描述
1	工资设计技能	能结合企业实际情况,选择合适的岗位,为其设计科学合理的提成工资体系
2	方案编制技能	能够根据企业方案编制的有关要求和企业提成工资设计的实际情况,编制相关设计方案
3	文字描述技能	(1)能够将提成设计过程中产生的各种想法与结果通过文字准确描述出来 (2)能使用多种文字进行描述
4	语言表达技能	(1)能够将提成设计过程中产生的各种想法与结果通过语言进行流畅的表达 (2)能使用多种语言进行表达 (3)能够与企业的多个部门、人员进行密切、有效的沟通
5	设备、软件操作技能	能够熟练使用各种办公设备、软件

技能实训

实训内容1：设计一份"化妆品柜台销售人员"的提成方案。

请你结合实际，通过实地走访、网络调研等办法查阅资料，设计一份"化妆品柜台销售人员"的提成方案，该方案需包括设计目的、适用范围、提成周期、提成比例设置、提成发放管理等内容。

实训内容2：设计一份提成方案。

背景：某公司销售岗位销售提成标准为销售额高于2万元（含），提成比例为销售额的5%，销售额高于2万元但低于5万元（含），提成比例为销售额的6%，销售额高于5万元的，提成比例为销售额的8%，2024年12月李文销售额为34 120元，王一销售额为64 210元，孙恒销售额为19 450元，运用百小应设计出一份在Excel中使用的提成计算表格。

1. 确定要求

针对销售岗位得哪些人员；在Excel中使用；带有自动计算公式；薪酬体系设计方案。

2. 发送要求

打开百小应页面，在底部的文本框中输入要求，如"某公司销售岗位销售提成标准为销售额高于2万元（含），提成比例为销售额的5%，销售额高于2万元但低于5万元（含），提成比例为销售额的6%，销售额高于5万元的，提成比例为销售额的8%，2024年12月李文销售额为34 120元，王一销售额为64 210元，孙恒销售额为19 450元。请据此直接生成一个在Excel中使用含有计算公式及提成结果的计算提成表格"。按"Enter"键发送，然后查看回复，如图8-1所示。

图8-1 百小应回复设计提成计算表格

津贴、补贴、福利与奖金
的设计方法

第9章

【本章知识导图】

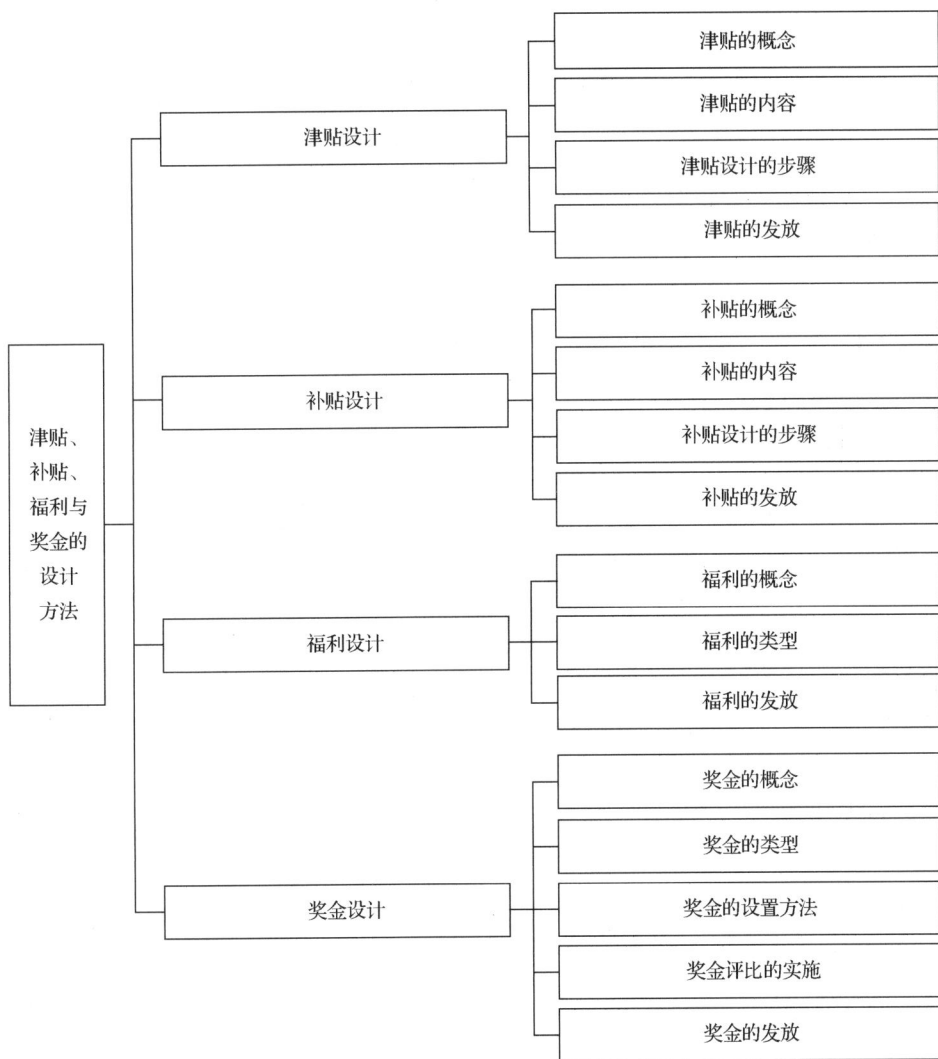

```
                                        ┌──────────────────────┐
                                    ┌───┤      津贴的概念        │
                                    │   └──────────────────────┘
                                    │   ┌──────────────────────┐
                  ┌───────────┐    ├───┤      津贴的内容        │
              ┌───┤  津贴设计  ├────┤   └──────────────────────┘
              │   └───────────┘    │   ┌──────────────────────┐
              │                    ├───┤    津贴设计的步骤      │
              │                    │   └──────────────────────┘
              │                    │   ┌──────────────────────┐
              │                    └───┤      津贴的发放        │
              │                        └──────────────────────┘
              │                        ┌──────────────────────┐
              │                    ┌───┤      补贴的概念        │
              │                    │   └──────────────────────┘
              │                    │   ┌──────────────────────┐
              │   ┌───────────┐    ├───┤      补贴的内容        │
              ├───┤  补贴设计  ├────┤   └──────────────────────┘
  ┌────────┐  │   └───────────┘    │   ┌──────────────────────┐
  │ 津贴、  │  │                    ├───┤    补贴设计的步骤      │
  │ 补贴、  │  │                    │   └──────────────────────┘
  │ 福利与  │  │                    │   ┌──────────────────────┐
  │ 奖金的  ├──┤                    └───┤      补贴的发放        │
  │ 设计    │  │                        └──────────────────────┘
  │ 方法    │  │                        ┌──────────────────────┐
  └────────┘  │                    ┌───┤      福利的概念        │
              │   ┌───────────┐    │   └──────────────────────┘
              ├───┤  福利设计  ├────┤   ┌──────────────────────┐
              │   └───────────┘    ├───┤      福利的类型        │
              │                    │   └──────────────────────┘
              │                    │   ┌──────────────────────┐
              │                    └───┤      福利的发放        │
              │                        └──────────────────────┘
              │                        ┌──────────────────────┐
              │                    ┌───┤      奖金的概念        │
              │                    │   └──────────────────────┘
              │                    │   ┌──────────────────────┐
              │                    ├───┤      奖金的类型        │
              │   ┌───────────┐    │   └──────────────────────┘
              └───┤  奖金设计  ├────┤   ┌──────────────────────┐
                  └───────────┘    ├───┤    奖金的设置方法      │
                                   │   └──────────────────────┘
                                   │   ┌──────────────────────┐
                                   ├───┤    奖金评比的实施      │
                                   │   └──────────────────────┘
                                   │   ┌──────────────────────┐
                                   └───┤      奖金的发放        │
                                       └──────────────────────┘
```

【学习目标】

职业知识	• 了解津贴、补贴、福利与奖金的概念与内容 • 掌握津贴、补贴与奖金的设计方法与发放方式
职业能力	• 能够灵活运用津贴、补贴与奖金的设计方法与发放方式，根据企业实际需求做好津贴、补贴与奖金的设计工作
职业素质	• 具备优秀的协调能力与分析能力

9.1 | 津贴设计

津贴是补偿员工特殊条件下的劳动消耗及生活费额外支出的工资补充形式。下文将围绕津贴设计展开说明。

9.1.1 津贴的概念

津贴是企业支付给员工工资以外的补助费，主要是为了补偿员工特殊或额外的劳动消耗。津贴作为劳动报酬的一种补充分配形式，不仅能给员工多一份保障，还能体现企业对员工的关怀与照顾。津贴的特点如图 9-1 所示。

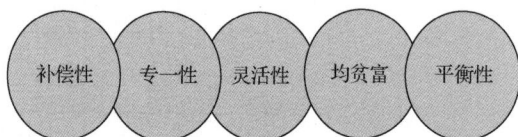

图 9-1　津贴的特点

9.1.2 津贴的内容

根据《关于工资总额组成的规定》及《国家统计局〈关于工资总额组成的规定〉若干具体范围的解释》的规定，津贴的内容包括 5 项，如表 9-1 所示。

表 9-1　　　　　　　　　　　　　　　　　　津贴的内容

津贴项目	具体内容
补偿员工特殊或额外劳动消耗的津贴	高空津贴、井下津贴、流动施工津贴、野外工作津贴、高温作业津贴、冷库低温津贴、海岛津贴、高原地区临时津贴、夜班津贴、中班津贴等
保健性津贴	卫生防疫津贴、医疗卫生津贴、员工特殊保健津贴等
技术性津贴	特殊教师津贴、科研津贴、工人技师津贴、中药老药工技术津贴、特殊教育津贴等
年功性津贴	工龄津贴、教龄津贴、护士工龄津贴等
其他津贴	直接支付给个人的伙食津贴，包括火车司机和乘务员的乘务津贴、航行和空勤人员伙食津贴、体育运动员和教练员伙食补助费、少数民族伙食津贴等，还有书报费等

9.1.3 津贴设计的步骤

津贴是员工工资构成的一部分，津贴设计的合理与否关系到企业的薪酬体系合理与否。完整的津贴制度应明确规定津贴的适用范围、项目、标准及发放形式等内容。其设计步骤如下。

1. 确定津贴的适用范围

确定哪些工种或岗位要纳入实施津贴的范围，以及根据工种或岗位的性质，确定这些工种或岗位分别适用什么样的津贴项目。

2. 设置津贴的项目

津贴的设计要符合国家的相关法律法规,对要求设计津贴的岗位或工种进行详细调查研究,综合权衡后再设计津贴项目。企业在设计津贴项目时应注意以下要点。

(1)避免任意设置津贴项目。企业应根据自身情况设置津贴,考虑津贴设计的目的和意义,避免随意设计没有任何目的的津贴。

(2)避免重复设置津贴项目。为适应新的工作环境,各种新的津贴项目应运而生,同时一些旧的津贴项目可能失去了继续存在的价值,这时要及时废止,防止津贴项目越来越多,给企业带来较沉重的负担。

3. 确定津贴标准

津贴标准的制定有两种方法:一是在保障员工生活水平的保障性津贴中,按照员工本人标准工资的一定比例制定;二是在其他津贴中,采用绝对额进行制定。

确定津贴标准时,企业应考虑员工在特殊条件下劳动的繁重程度、身体受到危害的程度、生活费用支出增加的程度及劳动保护设施的完善程度、工作时间的长短等情况。针对在特殊条件下,劳动强度越大、对身体危害越严重、生活费用越高及劳动保护设施越差的工种或岗位,津贴标准应越高一些;反之,则应适当低一些。

4. 明确津贴的发放形式

企业应根据自身特点确定津贴的发放形式。

5. 津贴的日常管理

津贴制度是整个工资制度的组成部分之一,加强津贴制度的管理,对做好企业内部分配、调动员工积极性、提高企业经济效益有重要意义。企业在津贴制度管理上应做好以下两个方面的工作。

(1)做好津贴日常管理工作。企业要制定一整套加强津贴管理的规章制度和合理的支付方法。津贴制度设立之后,企业要对其进行跟踪,检验其可实施性和科学性,发现问题时及时改进。

(2)做好津贴制度的动态管理工作。津贴制度的一个显著特点是随情况的变化而变化。当劳动条件和生活环境发生变化时,企业应及时对津贴制度做出相应的调整,使之能够始终有效地发挥积极作用。

9.1.4 津贴的发放

津贴发放的唯一依据是劳动条件与环境,一般是以货币形式支付的,但占薪酬总额的比例较小,一般不超过薪酬总额的 10%。

1. 津贴的发放形式

津贴既有货币形式,又有实物形式,企业应根据自身的特点来确定采用哪种形式发放津贴。

通常，与额外劳动补偿有关的津贴采取货币形式发放，并构成辅助工资的一部分；与身体健康补偿有关的津贴，一般采取实物形式发放。

2．津贴的发放时间

各企业应根据自己与员工协商的结果确定津贴的发放时间。一般情况下，津贴的发放时间有两种，如表9-2所示。

表9-2 津贴的发放时间

发放时间	具体说明
按月全额发放	每月随工资一并全额发放
分阶段考核发放	也可采用每月先发放一定比例的津贴，其余部分结合员工表现，根据考核结果发放，考核内容可以与员工考勤、工作态度、业绩等相关

【微课堂】

A 公司是一家集设计、研究与生产于一体的冶金及环保设备的科技型专业公司，是中关村最新认定的首批国家双高新技术企业。请你利用本章所学知识为 A 公司设计学历津贴、职务津贴和加班津贴。

9.2 | 补贴设计

补贴是对员工日常生活费用开支的补助，侧重于生活。下文将围绕补贴设计展开说明。

9.2.1 补贴的概念

补贴是指为了补偿员工特殊或额外的劳动消耗和其他特殊原因而支付给员工的基本工资以外的报酬。例如，为了保证员工工资水平不受物价影响而支付给员工的物价补贴，主要包括交通补贴、通信补贴等。

9.2.2 补贴的内容

在企业实际操作中，补贴也可作为津贴的一种形式，与津贴合并设计。每个企业薪酬制度不同，规定的补助及标准也各不相同，工资补贴大致包括餐饮补贴、住房补贴、交通补贴、通信补贴、出差补贴、CPI（Consumer Price Index，消费价格指数）补贴、医疗补贴、困难补贴等，即企业可通过多种形式对员工进行补贴。补贴项目如表9-3所示。

表 9-3   补贴项目

补贴项目	具体说明
餐饮补贴	企业为员工提供的早、中、晚餐补贴或饮料补贴
住房补贴	企业对无自有住房员工或自有住房面积未满足住用需求的员工发放的购房或住房补贴
交通补贴	企业用于补偿员工上下班乘坐市内公共交通工具而发生的费用，或补偿员工使用个人交通工具而发生的燃油费、保养费
通信补贴	企业为补偿员工因工作需要发生的移动、固定电话通信费用
出差补贴	企业为补偿员工因出差造成生活成本增加的费用
CPI 补贴	企业根据当前经济形势向员工提供的临时性物价补贴，用来缓解员工因 CPI 上涨带来的生活拮据情形如果 CPI 下降，则可以随时取消该补贴项目
医疗补贴	企业补偿员工因病或非因工负伤发生的医疗费用而支付的补贴
困难补贴	企业对因病、因残或其他原因导致生活困难的部分员工发放定期或一次性困难补助费

此外，补贴还包括保健费、异地补贴、特殊岗位补贴、肉类价格补贴、副食品价格补贴、粮价补贴、煤价补贴、房屋补贴、水电补贴等。

9.2.3　补贴设计的步骤

企业在进行补贴的设计时一般应遵循以下步骤。

1．确定补贴的适用范围

确定要纳入实施补贴的范围的工种或岗位，以及根据工种或岗位的性质，确定这些工种或岗位分别适用什么样的补贴项目。

2．设置补贴的项目

企业在设计补贴项目时应注意以下要点。

（1）避免任意设置补贴项目。企业应根据自身情况设置补贴，考虑补贴设计的目的和意义，避免随意、没有任何目的地设计补贴。

（2）避免重复设置补贴项目。为适应新的工作环境，各种补贴项目应运而生，同时一些补贴项目可能失去了继续存在的价值，这时要及时废止，防止补贴项目越来越多，给企业带来沉重的负担。

3．确定补贴标准

（1）补贴标准的制定方法。补贴标准的制定方法包括：按照员工本人标准工资的一定比例制定，这种方法适用于保障员工生活水平的保障性补贴；绝对额制定法，这种方法适用于除保障性补贴以外的其他补贴。

（2）确定补贴标准时应考虑的因素。补贴设计既需要考虑与能力和资历等个人差别有关的因素，又要考虑与工作环境、工作条件、工作时间、物价等工作生活差别有关的因素等。确定补贴标准应考虑的因素如表 9-4 所示。

表 9-4　　　　　　　　　　　　确定补贴标准应考虑的因素

补贴因素	具体说明
个人因素	个人因素补贴主要是为了补贴任职者的知识、技能、资格等因素
工作生活因素	工作生活因素补贴用于补偿员工特殊劳动消耗或额外生活支出

一般来说，劳动强度越大、对身体危害越严重、生活费用越高及劳动保护设施越差的工种或岗位，补贴标准应越高一些；反之，补贴标准则应适当低一些。

4．进行补贴的日常管理

补贴制度是整个工资制度的主要组成部分之一，加强补贴制度的管理，对做好企业内部分配、调动员工积极性、提高企业经济效益有重要意义。企业在补贴制度管理上应做好以下两个方面的工作。

（1）做好补贴的日常管理工作。企业要制定一整套加强补贴管理的规章制度和合理的支付方法。补贴制度设立之后，企业要对其进行跟踪，检验其可实施性和科学性，发现问题时及时改进。

（2）做好补贴的动态管理工作。补贴制度的一个显著特点是可以随情况而变化。当劳动条件和生活环境发生变化时，企业应该及时对补贴制度做出相应的调整，使之能够始终有效地发挥积极作用。

9.2.4　补贴的发放

通常把与生产（工作）相联系的补偿称为津贴，把与生活相联系的补偿称为补贴。补贴一般是以货币形式支付的，但占薪酬总额的比例较小，一般不超过薪酬总额的 10%。

1．补贴的发放形式

补贴通常采取货币形式发放，并构成辅助工资的一部分。

2．补贴的发放时间

各企业应根据自己与员工协商的结果，自行确定补贴的发放时间。一般情况下，补贴的发放时间与津贴基本一致。

【微课堂】

> A 公司某员工 11 月份的工资是 5 000 元，其中，基本工资 3 000 元，奖金 1 000 元，交通补贴 300 元，餐饮补贴 600 元，通信补贴 100 元。试问，该员工工资中补贴工资是多少？

9.3

福利设计

薪酬体系中员工福利项目越来越受到企业的重视，企业设置福利的目的不仅是提高员工收入，更主要的是激励员工更加努力地工作，增强员工对企业的归属感，以及提高企业在社会上的美誉度。

因此，企业设置的福利项目也应该立足于满足员工的不同需求，只有这样企业才能达到设置福利项目的目的，实现福利激励的有效性。

9.3.1 福利的概念

福利是企业为了保留和激励员工而采用的一种形式，其体现形式不局限于现金，还可以是实物、带薪休假、旅游、股权、培训、保险等。

福利是企业向所有员工提供的，用来创造良好的工作环境和方便员工生活的报酬。它是一种补偿性、调和性的报酬，一般情况下，福利以服务或实物的形式支付给员工。福利是一种间接的激励，然而影响是巨大的。

员工福利与薪酬最大的区别在于，福利不以员工对企业的相对价值和员工的当前贡献为基础。

9.3.2 福利的类型

企业为员工提供的福利项目可分为国家福利和企业福利两大类。

1. 国家福利

国家福利是指国家相关法律法规规定的必须由企业为员工提供的福利项目，包括社会保险、住房公积金、带薪假、法定节假日等。

（1）社会保险。社会保险作为国家福利的重要组成部分，是指为了保障员工的合法权益，而由政府统一管理、强制执行的社会性福利措施，具体包括养老保险、医疗保险、失业保险、工伤保险和生育保险 5 项基本内容。社会保险的计算由两个主要因素组成，即社会保险的缴费基数和社会保险的缴费比例。

① 养老保险。养老保险是社会保险中最重要的组成部分之一，它是为解决劳动者达到法定退休年龄时，因丧失劳动能力而退出劳动岗位后基本生活的维持问题，而提供的一种社会保障。

② 医疗保险。医疗保险包括基本医疗保险和大病医疗保险两部分。医疗保险是指员工生病或受到意外伤害时，由国家和社会提供医疗服务或经济补偿的一种社会保障。

③ 失业保险。失业保险是国家强制执行的，对因失业而暂时中断生活来源的员工提供物资帮助并促进其再就业的一种社会保障形式。失业保险的享受与缴费受员工个人户籍性质的影响。

④ 工伤保险。工伤保险是指员工在生产经营过程中因遭受意外伤害或患职业病而丧失劳动能力时，给予员工救助、治疗或生活保障的一种社会保障形式。其缴费比例受企业所属行业的危险程度影响。工伤保险仅由企业负责缴纳，员工本人不需要缴纳。

⑤ 生育保险。生育保险是指员工因个人生育而暂时中断劳动时，由国家和社会及时给予生

活保障和物资帮助的一项社会保障形式，目的在于通过提供生育津贴，帮助女员工在生育后恢复劳动能力，促进其尽快返回工作岗位。员工生育保险的缴纳不受性别影响。

社会保险由各企业人力资源部门统一负责办理，由企业代扣代缴，员工配合企业准备办理社会保险所需要提供的各种资料。凡与企业建立正式劳动合同关系的员工均需要缴纳社会保险，员工或企业均不能不缴、漏缴或少缴社会保险。

（2）住房公积金。住房公积金作为国家福利的重要组成部分之一，是指企事业单位及其在职员工缴存的长期住房储蓄金，是住房分配货币化、社会化的主要形式。这里的企事业单位包括国家机关、国有企业、城镇集体企业、外商投资企业、城镇私营企业及其他城镇企业、事业单位、民办非企业单位、社会团体。

住房公积金制度是国家法律规定的重要的住房社会保障制度，具有强制性、互助性、保障性特点。企业和员工个人必须依法履行缴存住房公积金的义务。

住房公积金每月从基本工资中按一定比例扣除个人缴存部分，然后由单位按同等金额补贴。

（3）带薪假。带薪年休假是指员工在企业工作满一定时期（通常满一年）后，可享受的带薪休假。带薪婚假、丧假、产假、探亲假等是指根据国家相关法律规定，企业应该给予员工的带薪假期，相关假期天数由企业参照国家及地方规定的标准制定，原则上不能低于国家规定的标准。

（4）法定节假日。根据《全国年节及纪念日放假办法》第二条规定：①元旦，放假1天（1月1日）；②春节，放假4天（农历除夕、正月初一至初三）；③清明节，放假1天（农历清明当日）；④劳动节，放假2天（5月1日、2日）；⑤端午节，放假1天（农历端午当日）；⑥中秋节，放假1天（农历中秋当日）；⑦国庆节，放假3天（10月1日、2日、3日）。各企业在日常运营中应参照执行，原则上不能低于国家规定天数。

2. 企业福利

企业福利是根据企业的经营状况和财务状况来综合确定的。不同于国家福利，企业福利具有自主性，企业可以根据自身的经营状况，结合员工需要进行福利项目设置及额度确定。企业福利有自定性、补给性、激励性的特点。

（1）企业福利设计的原则。

① 严格控制福利开支，提高福利服务效率，减少浪费。

② 根据员工的需要和企业特点提供多样化的福利项目。

③ 由于福利有平均主义的倾向，所以，企业可以选择一些福利项目，将它们与员工的业绩紧密联系，以增强福利分配的激励作用。

④ 选择的福利项目应对员工的行为有一定的影响，如在职培训等项目可促进员工人力资本投资。

（2）企业福利的种类。

① 企业补充医疗和养老保险：由企业根据自身经济实力，在国家规定的实施政策和实施条件下，为本企业员工所建立的一种辅助性的医疗和养老保险。

② 各种补助或补贴：具体包括工作餐补助，节假日补助（每逢劳动节、国庆节和春节，企业为员工发放的节假日补助），生日补助（员工生日时，企业为员工发放生日贺礼），结婚补助（企业给付正式聘用员工结婚时的结婚贺礼）。

③ 教育培训：为不断提高员工的工作技能和促进员工自身发展，企业为员工定期或不定期地提供相关的培训，其采取的方式主要有在职培训、短脱产培训、公费进修、出国考察等。

④ 设施福利：为丰富员工的业余生活、培养员工积极向上的道德情操而设立的福利项目，包括组织旅游、开展文体活动等。

⑤ 劳动保护：因工作需要劳动保护的岗位，企业必须发放在岗人员劳动保护用品。员工在岗时，必须穿戴劳动保护用品，并不得私自挪作他用。员工辞职或退休离开企业时，须到人力资源部门交还劳动保护用品。

9.3.3 福利的发放

福利的发放要依据企业的福利计划来执行，包括福利发放的时间、发放的形式、发放的对象等。企业在制订福利计划时，一般会结合企业的实际经营状况及行业特点，针对不同的岗位特点设置不同的福利项目。

1. 福利发放的时间

福利发放的时间一般根据企业所设置的福利计划的实施时间来确定。例如，逢年过节给员工发放一定的福利，高温、寒冷时期给员工发放相关福利，根据员工个人实际需要发放福利等，均按企业规章制度规定的时间发放。

2. 福利发放的形式

（1）较多企业采用实物发放办法，如逢年过节时发物品。

（2）以货币形式发放。

（3）以旅游、度假、免费培训等无形形式兑现。

3. 福利发放的对象

福利发放的对象主要根据福利设置的目的来确定。一般普及型福利的发放对象是全体员工；特殊型福利则是满足相应福利规定的条件的员工才可以享受，如结婚时的红包、业绩优秀员工的外出旅游等。

【微课堂】

A 公司是一家化妆品连锁公司，人员流动问题特别严重，领导想通过员工福利来解决这个问题。假如让你来设计福利制度，试问，你将采用什么样的福利措施来降低人员流动率？

9.4

奖金设计

奖金是对员工提供的超额劳动所支付的报酬，具有很强的激励性。下文对奖金的概念、奖金的类型、奖金的设置方法等内容进行说明。

9.4.1 奖金的概念

奖金也称奖励工资，是因员工超额完成工作任务或取得优秀业绩而支付的可变薪酬，其目的在于对员工进行激励，促使其继续保持良好的工作势头。由于奖金不累计计入基础工资部分，一般基数相对较大，所以能够有效地激励员工。企业在经济效益不佳的情况下可以不发放奖金，这样有利于企业控制人工成本。

9.4.2 奖金的类型

奖金在薪酬体系设计中占有重要地位，并对员工有较强的激励作用。企业设立的奖金主要包括全勤奖、项目奖、绩效奖等。

（1）全勤奖。全勤奖是为奖励员工出勤、减少员工请假，特设立的奖金项目。

（2）项目奖。项目奖是针对研发人员而设立的奖项，一般以项目的完成为一个周期。

（3）绩效奖。绩效奖是因员工业绩达标或企业经营目标实现而发放的奖金。绩效奖的发放总额由企业经营绩效决定，其具体奖励标准可以根据奖励指标完成程度来制定。

（4）其他奖项。其他奖项包括优秀部门奖、优秀员工奖、创新奖等。某企业的优秀部门奖、优秀员工奖、创新奖的奖励条件如表9-5所示。

表9-5　　　　　　　　　某企业的优秀部门奖、优秀员工奖、创新奖的奖励条件

奖金项目	奖励条件
优秀部门奖	（1）业绩突出 （2）公司评选得票最高者
优秀员工奖	（1）连续3次及以上绩效考核被评为优秀者 （2）获得所在部门员工的认同
创新奖	（1）努力革新技术、工艺，且将其运用于实践中以提高生产效率 （2）开拓新业务且切实可行，为公司带来较高的效益

9.4.3 奖金的设置方法

企业奖金设置的主要依据是：员工个人绩效、企业成本节约、部门或团队的绩效、企业产量、企业利润、企业投资回报、企业收益、企业质量标准。

奖金的设计与发放

企业奖金的设置一般应遵循以下程序。

1．确定奖金经费来源

确定奖金经费来源即确定要发放的奖金从哪里提取，是企业按照一定的比例和标准从指定的奖励基金、节约的资金、企业基金或企业实现的利润中提取，还是由国家或上级主管机关直接下发。

2．选择奖励的主要项目

选择奖励的主要项目即确定奖金主要用于奖励什么项目，或奖励的目的是什么。企业可以根据本企业经营、工作的需要，确定奖励的项目和相应的奖励指标，可以以刺激员工超额贡献为目的，也可以以约束员工节约成本、减少消耗为目的，等等。

3．制定奖金发放的标准

奖金发放的标准即企业确定的要实施奖励的某个项目的奖金标准，或按不同档次、不同级别划分的人员奖金发放的标准。

4．制定奖金分配办法

奖金分配的常用办法有积分法和系数法。积分法即对有定额的员工按照超额完成情况评分，对无定额的员工按照任务完成程度进行综合评分；系数法即在工作评价的基础上，根据岗位贡献大小确定岗位奖金系数，最后根据个人完成任务情况按系数进行分配。

5．确定奖金发放周期

奖金发放周期应根据奖励项目的性质、目的和工作需要来确定。例如，与企业整体经济效益和社会效益有关的奖励项目，企业可采取年度奖金的形式发放；对于持续的、有规律的工作奖励，企业可设置月度奖、季度奖等形式。

9.4.4　奖金评比的实施

企业在设置奖金项目时，均会有一定的标准或目的。奖金的评比同样要依据设置奖金的项目而定。不同项目的奖金评比标准、评比时间、评比方式均不一样，因此，企业进行奖金评比时应首先确定评比的奖金属于什么项目。

1．明确奖金评比的目的

企业可通过奖金评比发现参评人员的成绩与企业预定的标准有什么不同或存在多大的差距，区分出参评人员的成绩优劣情况，再依据参评人员的成绩排名发放相应额度的奖金。

2．确定奖金评比的方式

以下介绍了 4 种奖金评比的方式。

（1）小组讨论式。成立奖金评比小组，根据既定的评比标准对参评人员打分，通过沟通、讨论确定评比结果。

（2）现场演示式。个别工种属于技术操作型，容易观察，在比赛前制定相应的评比标准，让参评人员按照标准进行操作，以发现成绩优劣情况，并根据结果进行奖金兑现。

（3）闭卷考试式。设计一定的问题，让参评人员闭卷考试，并参考标准答案统一判分进行评比，进而发放评比奖金。

（4）业绩考核式。根据业绩的实际完成情况，结合业绩计划和评比标准对业绩进行评定，并按照事先界定好的奖金额度发放奖金。

无论什么形式、什么性质的奖金，只有在评比前制定一定的评比标准或者规则，方能正式开展奖金评比。

3．选择奖金评比的时间

设置的奖金项目性质不同，奖金评比的时间也就不同。例如，项目奖在项目结束时评比；优秀奖评比按照企业计划的月度优秀评选项目、季度优秀评选项目或年度优秀评选项目，在相应的月度末、季度末或年度末评比。

9.4.5　奖金的发放

奖金遵循鼓励先进、鞭策后进、奖优罚劣、奖勤罚懒的发放原则，贯彻多超多奖、少超少奖、不超不奖的分配原则。奖金的发放可以根据员工个人的业绩来评定，也可以根据企业或部门的效益来评定。通常情况下，不同目的的奖金，其注意事项不同。

1．业绩奖金

发放对象：全体员工。

发放时间：通常是年终一次性发放。

发放依据：全年业绩考核成绩。

注意事项：依据员工对企业的重要程度、工作绩效等因素获得相应额度的业绩奖金。

2．超额完成任务的奖金

发放对象：超额完成任务的员工。

发放时间：年终或者是考核期末。

发放依据：考核期业绩任务完成情况。

注意事项：根据财务预算，按照营业额的一定比例提取奖金。

3．年终奖金

发放对象：全体员工。

发放时间：年终发放。

发放依据：企业年终的利润情况。

注意事项：从企业的当年实际利润总额中按照一定比例提取。

4．项目奖金

发放对象：技术研发人员及参与技术研发项目的其他部门和人员。

发放时间：根据项目节点和进度而定。

发放依据：依据项目完成情况、个人完成情况及个人责任大小确定。企业确定项目奖金总额，并对项目参与人员进行考核以确定各参与员工的奖金额度。

注意事项：项目奖金在项目节点完成时发放，但是经批准可以按季预支，累计预支金额不超过实际可能发放金额的70%。

5. 特殊奖金

发放对象：全体员工。

发放时间：年终或是考核期末。

发放依据：对员工的优秀表现予以正强化，以激励员工自觉地关心企业的发展、维护企业的形象。

注意事项：特殊奖金的注意事项如表 9-6 所示。

表 9-6　　　　　　　　　　　　　　特殊奖金的注意事项

奖金名称	注意事项
创新奖	员工在工作方法、工作思路或开拓业务等方面有较大的突破和创新，在改善工作流程、提高工作效率或管理水平方面有突出贡献
优秀建议奖	员工针对企业的技术、生产或管理中存在的问题提出建议且建议被采纳，或者十分关心企业的发展，经常提出有效建议
优秀员工卓越贡献奖	员工在其他方面为企业经营活动做出特殊贡献、付出超额劳动

【微课堂】

　　　　B 公司在过去 5 年里发展非常迅速，经营业绩非常好，每逢假期都有奖金，"五一""十一"假期还有旅游奖励。马上又要到"五一"假期了，但公司业绩不佳，总经理决定缩减开支。员工因此士气低迷，工作效率低下。请问，该公司的问题出在哪里？你有什么好的建议？

问题思考

1. 津贴的定义是什么？

2. 津贴的发放技巧有哪些？

3. 确定补贴标准时应考虑的因素有哪些？

4. 福利的类型有哪些？

5. 请简述企业奖金的设置方法。

知识链接

腾讯公司的福利（部分）

腾讯公司力求为员工提供多种福利，以提高员工对企业的满意度，增强企业的凝聚力。下面列举了其中两类。

1. 补充医疗保险

腾讯公司在为员工缴纳五险一金的基础上，还为员工购买了商业补充医疗保险。当发生医疗费用时，员工可以通过保险公司获得赔付90%的门诊费用或100%的住院费用。

2. 员工假期

为鼓励员工参加公益项目，去帮助他人，腾讯公司规定，员工在享有法定节假日、婚假、产假、陪产假、哺乳假、丧假等假期之外，还享有一年一天的带薪"公益假"。

技能列表

津贴、补贴、福利与奖金设计工作所需技能如表9-7所示。

表9-7　　　　　　　　　津贴、补贴、福利与奖金设计工作所需技能

序号	技能名称	具体描述
1	薪酬成本分析技能	（1）能够运用适当的方法对薪酬成本进行准确的分析和核算 （2）通过薪酬成本分析，为企业的成本控制提供依据
2	奖金方案设计技能	能够根据企业实际，制定出可行且激励性较强的奖金方案
3	津贴、补贴计划制定技能	（1）熟知国家制定的关于工资福利方面的法律法规 （2）能够制定出符合企业实际的津贴、补贴计划并适时优化
4	沟通协调技能	能与各部门和员工进行有效沟通和协调，解决奖金、福利、津贴、补贴等方面的问题
5	设备、软件操作技能	能够熟练使用开展企业薪酬管理工作所需的各种办公设备、软件

技能实训

实训内容 1：设计一份津贴设计方案的模板。

津贴用于补偿员工特殊或额外的劳动消耗，不仅能多给员工一份保障，还能体现企业对员工的关怀与照顾。请设计一份津贴设计方案的模板。

实训内容 2：设计一份津贴、补贴、福利方案。

背景：近年来，某有限公司在科技制造领域取得了显著成就，产品市场份额逐年提升，业务范围不断拓展。随着企业的快速发展，公司对人才的需求也日益增加，同时面临着市场竞争加剧和员工流失率上升的挑战，请运用 DeepSeek 设计出一份具有市场竞争力的津贴、补贴、福利方案。

1. 确定要求

针对公司对人才的需求也日益增加设计津贴、补贴、福利方案。

2. 发送要求

打开 DeepSeek 页面，在底部的文本框中输入要求，如"近年来，某有限公司在科技制造领域取得了显著成就，产品市场份额逐年提升，业务范围不断拓展。随着企业的快速发展，公司对人才的需求也日益增加，同时面临着市场竞争加剧和员工流失率上升的挑战，运用 DeepSeek 设计出一份具有市场竞争力的津贴、补贴、福利方案"。按"Enter"键发送，然后查看给出回复，如图 9-2 所示。

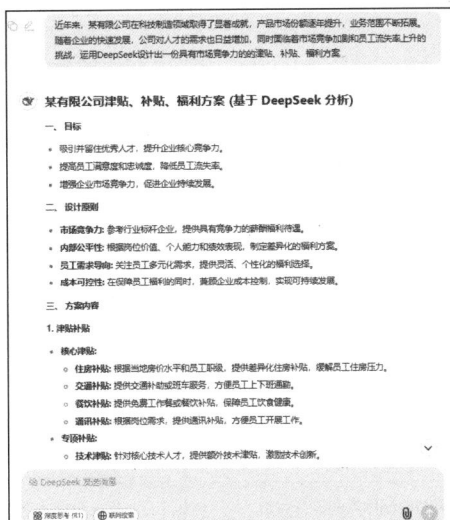

图 9-2　DeepSeek 回复设计津贴、补贴、福利方案

第10章 不同岗位薪酬体系的设计方案

【本章知识导图】

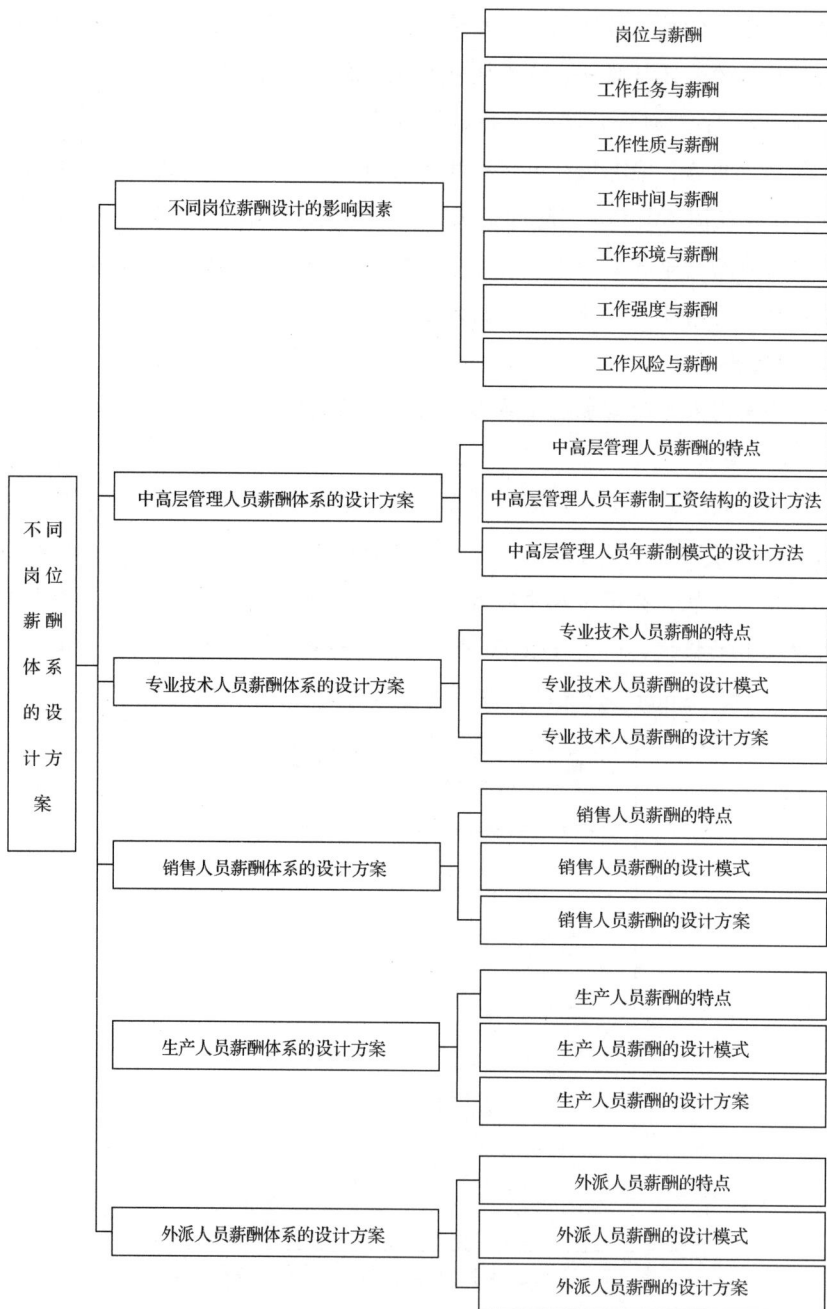

```
                                          ┌─────────────────────────┐
                                          │      岗位与薪酬           │
                                          ├─────────────────────────┤
                                          │     工作任务与薪酬        │
                                          ├─────────────────────────┤
                                          │     工作性质与薪酬        │
                       ┌──────────────┐   ├─────────────────────────┤
                       │不同岗位薪酬设计│───│     工作时间与薪酬        │
                       │  的影响因素    │   ├─────────────────────────┤
                       └──────────────┘   │     工作环境与薪酬        │
                                          ├─────────────────────────┤
                                          │     工作强度与薪酬        │
                                          ├─────────────────────────┤
                                          │     工作风险与薪酬        │
                                          └─────────────────────────┘

                                          ┌─────────────────────────────────┐
                                          │     中高层管理人员薪酬的特点       │
                       ┌──────────────┐   ├─────────────────────────────────┤
                       │中高层管理人员  │───│ 中高层管理人员年薪制工资结构的设计方法│
                       │薪酬体系的设计方案│   ├─────────────────────────────────┤
                       └──────────────┘   │  中高层管理人员年薪制模式的设计方法  │
                                          └─────────────────────────────────┘

                                          ┌─────────────────────────┐
                                          │   专业技术人员薪酬的特点    │
  ┌─────┐              ┌──────────────┐   ├─────────────────────────┤
  │不同  │              │专业技术人员薪酬 │───│   专业技术人员薪酬的设计模式 │
  │岗位  │              │体系的设计方案  │   ├─────────────────────────┤
  │薪酬  │──────────────┤              │   │   专业技术人员薪酬的设计方案 │
  │体系  │              └──────────────┘   └─────────────────────────┘
  │的设  │
  │计方  │              ┌──────────────┐   ┌─────────────────────────┐
  │案    │              │销售人员薪酬   │   │    销售人员薪酬的特点      │
  └─────┘              │体系的设计方案  │───├─────────────────────────┤
                       │              │   │    销售人员薪酬的设计模式   │
                       └──────────────┘   ├─────────────────────────┤
                                          │    销售人员薪酬的设计方案   │
                                          └─────────────────────────┘

                       ┌──────────────┐   ┌─────────────────────────┐
                       │生产人员薪酬   │   │    生产人员薪酬的特点      │
                       │体系的设计方案  │───├─────────────────────────┤
                       │              │   │    生产人员薪酬的设计模式   │
                       └──────────────┘   ├─────────────────────────┤
                                          │    生产人员薪酬的设计方案   │
                                          └─────────────────────────┘

                       ┌──────────────┐   ┌─────────────────────────┐
                       │外派人员薪酬   │   │    外派人员薪酬的特点      │
                       │体系的设计方案  │───├─────────────────────────┤
                       │              │   │    外派人员薪酬的设计模式   │
                       └──────────────┘   ├─────────────────────────┤
                                          │    外派人员薪酬的设计方案   │
                                          └─────────────────────────┘
```

【学习目标】

职业知识	• 了解不同岗位薪酬体系的设计 • 掌握中高层管理人员、专业技术人员、销售人员、生产人员及外派人员的薪酬特点 • 明确中高层管理人员、专业技术人员、销售人员、生产人员及外派人员的薪酬设计模式与方案
职业能力	• 能够根据中高层管理人员、专业技术人员、销售人员、生产人员及外派人员的薪酬特点，设计不同岗位人员的薪酬方案
职业素质	• 具备优秀的分析能力、较强的悟性与文字和语言运用能力

10.1 不同岗位薪酬设计的影响因素

岗位薪酬的设计受到企业内部和外部多种因素的影响，包括所在的岗位、工作任务、工作环境等因素，具体内容见下文。

10.1.1 岗位与薪酬

岗位是企业进行任务分配的直接途径，岗位工作任务的价值决定了该岗位薪酬水平。各部门岗位的设置基于企业组织目标的逐级分解。岗位工作内容的重要性决定了岗位价值，决定了该岗位能为企业带来的效益。为企业创造较大效益的岗位，相应的回报要高一些，因而岗位的薪酬水平也较高。

不同岗位薪酬设计
的影响因素

基于岗位的薪酬通常包括岗位固定工资和岗位浮动工资，如图 10-1 所示。

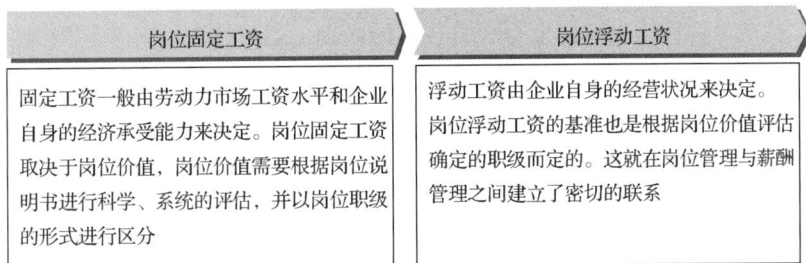

岗位固定工资	岗位浮动工资
固定工资一般由劳动力市场工资水平和企业自身的经济承受能力来决定。岗位固定工资取决于岗位价值，岗位价值需要根据岗位说明书进行科学、系统的评估，并以岗位职级的形式进行区分	浮动工资由企业自身的经营状况来决定。岗位浮动工资的基准也是根据岗位价值评估确定的职级而定的。这就在岗位管理与薪酬管理之间建立了密切的联系

图 10-1 岗位固定工资和岗位浮动工资

10.1.2 工作任务与薪酬

各岗位的工作任务是根据企业经营战略目标逐级分解下来的，也是决定各岗位存在价值的关键部分。工作任务通常作为企业对岗位业绩考核的主要内容，业绩考核的结果直接影响着任职者的个人收益，甚至职业发展。

工作任务决定了该岗位任职者应该具备的业务技能、专业知识、道德素养等各种因素，进而也就决定了任职者在劳动力市场上的价值水平。工作任务作为各岗位的核心要素，也是企业进行薪酬体系设计时要考虑的关键内容。工作任务的难易程度直接决定了该岗位在企业内部的价值，进而也就决定了该岗位的职位等级。

职位等级是企业内部薪酬水平确定的前提和基础，职位等级高，对应的薪酬等级也高，该岗位的薪酬水平也就比较高。

10.1.3 工作性质与薪酬

根据不同的岗位在企业中的定位和标准不同，企业内部各岗位工作性质也不同，因而决定了各岗位的薪酬体系存在一定的区别。不同工作性质的岗位与薪酬之间的关系大致分为以下 4 种。

1. 脑力劳动型和体力劳动型

脑力劳动型岗位的人员主要是运用智力完成工作，如管理岗和办公室职能后勤等相关岗位。企业中高层领导、后勤基层管理人员、教学人员、科研人员、财务人员等岗位人员从事的工作均为智力工作。这类人员的工作一般都需凭借专业技能或智力来完成。

体力劳动型岗位的人员以体力劳动为主，运用身体来完成工作，如从事生产劳动和服务工作，生产线上的装配工、技术工等。当然，有些工作是脑力劳动和体力劳动兼具型。

在进行薪酬体系设计时，企业要根据各岗位的工作性质进行有针对性的设计。体力劳动型岗位的员工和脑力劳动型岗位的员工均因其从事工作的技术难度不同和人才稀缺性不同，薪酬水平也有所不同。

2. 领导型和非领导型

领导型岗位的人员主要是指在企业内有一定管理职能的人员，在其职责范围内具有管理、调配、处理、处置财产等职权或者组织、管理、协调、指挥、决策等权利。非领导型岗位的人员是指没有管理职能或不属于领导岗位上的工作人员，但由于其工作性质而享有对财产的管理、处理或处置权，也被列入管理行列。

这两类人员在工作性质上实际上存在着很大的区别。通常情况下，领导型岗位的人员决定着企业的运营方向，把握着企业的生死大权，因而其担负的风险和责任相对较大，并且其工作内容基本属于不能马上见效或者有结果的行为，其行为结果存在较强的滞后性；而非领导型岗位的人员的工作内容或行为存在很强的时效性，即其行为结果能马上体现出来，不需要太长的潜伏时间。

基于这两类人员的不同工作性质，企业在进行薪酬体系设计时也应该有一定的岗位倾向。领导型岗位的薪酬体系一般应体现出行为结果的长期性和滞后性，非领导型岗位的薪酬体系则侧重于短期行为。

3. 工作内容单一型和多样型

有些岗位无论是体力劳动还是脑力劳动，其工作内容都非常单一，就一件事、一句话或者一个动作，反复操作，但并不是说工作内容单一工作量就小，如流水线工人、话务人员等。有些岗位可能工作量不大，但工作内容相当烦琐、多样化，如办公室行政人员。因此，企业针对这两类岗位的薪酬体系设计也应该不同。

对于工作内容单一的岗位，企业在进行薪酬体系设计时，侧重于考虑工作数量和工作质量；对于工作内容多样的岗位，企业在进行薪酬体系设计时，侧重于工作完成的效率、结果。具体要视企业各岗位的实际情况而定。

4. 常规型与挑战型

常规型岗位的工作内容往往是几件事，员工只需按部就班地跟踪落实，企业内部有章可依，没有太多的突发问题或高难度的技术风险、任务风险等。挑战型岗位的工作内容则是经常需要面对不同的突发问题，没有明确的规章制度，企业内部也无章可循，遇到问题时只能靠员工自己独立地从不同角度、动用各方资源进行协调解决。

企业针对这两类性质的岗位进行薪酬体系设计时应注意，常规型岗位的薪酬体系应侧重考察岗位日常工作内容的完成情况，如实施月度绩效薪酬体系、季度绩效薪酬体系等薪酬方案；而挑战型岗位的薪酬体系应侧重于考察新成果、新项目或突发问题的解决情况，如固定薪酬加项目奖金、企业年度利润分红、企业股票或期权等。

10.1.4　工作时间与薪酬

工作时间又称法定工作时间、劳动时间，是指劳动者为履行工作义务，在法定限度内，在用人单位从事工作或者生产的时间。

对于工作时间的长度，国家相关法律有具体规定，企业通过劳动合同的形式遵守执行。不同的工作时间段及采用不同类型工作时间制的企业，劳动报酬支付标准也不同。劳动者或用人单位不遵守相关规定或约定的，要承担相应的法律责任。

1. 工作时间的特点

（1）工作时间是劳动者履行劳动义务的时间。根据劳动合同的约定，劳动者必须为用人单位提供劳动合同约定的相应劳动，劳动者提供劳动的时间即为工作时间。工作时间包括工作小时、工作日和工作周 3 种，其中，工作日即在一昼夜内的工作时间，是工作时间的基本形式。

（2）工作时间不局限于实际工作时间。工作时间不仅包括实际作业的时间，还包括准备时间、工作结束收尾时后续时间及法定劳动消耗时间，以及依据法律、法规或单位行政安排离岗从事其他活动的时间。法定非劳动消耗时间是指劳动者自然中断的时间、工艺需中断时间、停工待活时间、女员工哺乳时间、出差时间等。

（3）工作时间是用人单位计发劳动者报酬的依据之一。劳动者按照劳动合同约定提供劳动，即可获得相应的劳动报酬。对于加班的工作人员，应另行计算加班工资。

（4）工作时间由国家规定，企业按照劳动合同约定的形式遵照执行。

2. 工作时间的种类

工作时间分为标准工作时间、综合工作时间、不定时工作时间和计件工作时间。

（1）标准工作时间。标准工作时间是国家法律规定的正常情况下一般员工从事工作或者劳动的时间。国家实行劳动者每日工作时间不超过 8 小时，平均每周工作时间不超过 44 小时的工作制度。

（2）综合工作时间。综合工作时间是指分别以周、月、季、年等为周期，综合计算工作时间，但其平均工作时间和平均周工作时间应与法定标准工作时间基本相同。

（3）不定时工作时间。不定时工作时间也叫无定时工作时间，没有固定工作时间的限制，是针对因生产特点、特殊工作性质或职责范围的关系，需要连续上班或难以按时上下班，无法适用标准工作时间或需要机动作业的员工而采用的一种工作时间制度，如企业高级管理人员、外勤人员、推销人员、部分值班人员、从事交通运输的工作人员的工作时间。

（4）计件工作时间。计件工作时间是以劳动者完成一定劳动定额为标准的工作时间。对于实行计件工作的劳动者，用人单位应根据国家有关规定合理地确立劳动定额和计件报酬标准。

实行不定时工作时间和综合工作时间的企业，应根据劳动法的有关规定，与工会和劳动者协商，履行审批手续，在保障员工身体健康并充分听取员工意见的基础上，采用集中工作、集中休息、轮流调休、弹性工作时间等适当方式，确保员工休息、休假的权利和生产、工作任务的完成。

对于实行不定时工作时间的劳动者，企业应根据标准工时制度合理确定劳动者的劳动定额或其他考核标准，以便安排劳动者休息。其工资由企业按照本单位的工资制度和工资分配办法，根据劳动者的实际工作时间和完成劳动定额情况计发。

3．劳动者或用人单位不遵守工作时间的规定或约定，要承担相应的法律责任

（1）实施标准工时的劳动者每日工作 8 小时，平均每周工作 40 小时。实行计件工作的劳动者，每日工作不超过 8 小时，平均每周工作不超过 40 小时，合理确定其劳动定额和计件报酬标准，超过该标准的另行支付超出范围的薪酬。

（2）实行综合计算工时工作制的企业，在综合计算周期内，日（或周）实际工作时间可以超过 8 小时（或 40 小时），但综合计算周期内的实际总工作时间不应超过法定标准总工作时间，超过部分视为延长上班时间，按劳动法规定另行支付工资报酬，法定休假日安排劳动者工作的按《中华人民共和国劳动法》规定另行支付工资报酬。但延长工作时间小时数平均每月不得超过 36 小时。

（3）缩短工作时间是指法律规定的在特殊情况下劳动者的工作时间长度少于标准工作时间的工时制度，即每日工作少于 8 小时。缩短工作时间的劳动者主要有以下 3 种：从事矿山井下、高温、有毒有害、特别繁重或过度紧张等作业的劳动者；从事夜班工作的劳动者；哺乳期内的女员工。

10.1.5 工作环境与薪酬

工作环境对企业薪酬体系设计也有一定的影响，工作环境通常包括硬环境和软环境两种类型。硬环境是指工作场所的建筑设计、室内装修装饰、配套设备设施、室内光线、噪声、卫生状况等。软环境是指工作氛围、工作人员的素养、组织凝聚力等。

另外，根据不同的标准，环境也有自然环境和社会环境、室内环境和室外环境之分。不同的环境里只要有人员参与工作，且能够影响人员心理、态度、行为及工作效率的各种因素，均可称为工作环境。

在不同工作环境中工作的人员薪酬体系及薪酬水平也有所不同，企业在进行薪酬体系设计时应有一定的侧重点。工作环境的主要区别在于室外。在一些特殊行业，有些从业人员的工作环境存在着很高的危险性和危害性，如在高山、矿井、道路、桥梁、涵洞、悬崖、高温、寒冷、潮湿、阴冷、噪声等环境下工作的人员，对于从事这类工作的人员，在进行薪酬体系设计时应该考虑行业的特点，通常采用基本工资加津贴或补贴的形式，且补贴或津贴的额度一般都会非常高。

10.1.6　工作强度与薪酬

工作强度也是影响岗位薪酬体系设计的一个重要因素，也能在一定程度上决定岗位的薪酬水平。工作强度也称为"劳动强度"，表现为在一定时间内劳动者在创造物质产品和劳务中所消耗的劳动量。

工作强度是劳动的内含量，工作日的延长是劳动的外延量。随着生产力的提高、科学技术的进步和劳动者经验的积累，劳动的外延量可以转化为劳动的内含量。也就是说，随着科学技术的进步，工作日可以缩短，工作强度却要提高。

1．衡量工作强度的指标

衡量工作强度的指标有 5 个，如表 10-1 所示。

表 10-1　　　　　　　　　　　　　衡量工作强度的指标

指标	解释说明
体力工作强度	劳动者体力消耗的多少
工作利用率	劳动者劳动时间的利用情况
劳动姿势	劳动者主要劳动姿势对身体疲劳的影响程度
劳动紧张程度	劳动者在劳动过程中生理器官的紧张程度
工作班制	如轮班作业制度

2．影响工作强度的因素

影响工作强度的因素可分为外部因素和内部因素两大类。影响工作强度的外部因素如表 10-2 所示。

表 10-2　　　　　　　　　　　　　影响工作强度的外部因素

因素	具体说明
劳动对象因素	劳动对象因素包括工作性质与工作量密度。 （1）工作性质主要由生产系统的岗位或工种来决定，它与劳动能力的相容性决定着劳动者外部环境的优劣，决定着体力劳动者的动作力度、速度和技巧难度，决定着脑力劳动者遵循的思维方法和逻辑处理程序等，因而在很大程度上决定着工作强度 （2）工作量的提高意味着恶化了劳动者原有的外部环境，从而提高了劳动强度。劳动者的体力输出功率可以近似地反映出人体肌肉和神经的运动强度
劳动工具因素	劳动工具因素包括机器的操作力度、速度、技术难度、容错性能、宜人特性等。劳动工具的发展通常体现在劳动工具越来越适合于人的使用，意味着改善了劳动的外部环境，降低了工作强度

续表

因素	具体说明
劳动环境因素	劳动环境因素是指劳动者在劳动过程中所处的外部环境，它分为自然环境和社会环境两个方面。 （1）劳动的自然环境包括气候条件、温湿度、噪声、照明及空气中的氧、灰尘和有毒物质的含量等。对于同一劳动内容，在不同自然环境下将会产生不同的生理、心理和精神效应，体现出不同的工作强度。在恶劣的自然环境下，工作强度较大；在宜人的自然环境下，工作强度较小 （2）劳动的社会环境包括人际关系、生产管理制度、工资待遇、思想潮流等。例如，当人际关系处于紧张状态时，劳动者在劳动过程中的心理和精神紧张程度就会增加，从而产生额外的工作强度。劳动条件优良本身就意味着工作强度低，劳动条件恶劣本身就意味着工作强度高

影响工作强度的内部因素可分为生理、心理和精神状态特征 3 个方面。此外，劳动时间（或作息率）和老弱病残可以看作一种特殊的影响工作强度的内部因素，因为它综合体现了生理、心理和精神状态特征对工作强度的影响情况。

工作强度的大小受各种不同因素的影响，企业在进行薪酬体系设计时，应通过综合考虑各种情况来衡量各岗位工作强度的大小及不同岗位的薪酬政策倾斜方向和力度。

10.1.7　工作风险与薪酬

风险是某一特定危险情况发生的可能性与后果的组合。工作风险即工作岗位上存在的风险，指岗位职责的特殊性导致的风险及存在的思想道德、外部环境和制度机制等方面的实际风险。

工作风险可能造成在岗人员不正确履行职责或不作为，构成失职渎职、以权谋私等严重后果。工作风险也可以指在从事岗位工作作业时，因工作环境或自身操作技能失误等而存在的风险。

每个岗位存在着不同程度、性质的工作风险，企业在进行薪酬体系设计时必须考虑不同岗位的风险程度，并在薪酬政策方面给予一定的倾斜。例如，企业高层管理人员掌握着企业的经营大权，决定着企业的发展情况，并且高层管理人员的决策行为不能在短期内给予验证，是关乎企业发展的长期的影响因子。考虑到这些风险的存在，企业通常对高层管理人员采取长期绩效薪酬机制。

【微课堂】

世界著名音乐剧《猫》的替补演员的周薪竟然相当于正式演员的 1.25 倍！正式演员们每周要出演大约 20 场，从而获得 2 000 美元的周薪；但替补演员们大部分时候只需在后台静静地坐着，就可以拿到 2 500 美元的周薪。请你结合本节所介绍的内容，说明替补演员薪酬高于正式演员的原因。

10.2 中高层管理人员薪酬体系的设计方案

中高层管理人员是企业的中坚力量。有效激励中高层管理人员，提高中高层管理人员的工作积极性，对企业创造更高的价值有着重要的意义。

激励中高层管理人员及将其收入与经营责任、经营风险及经营业绩相联系，必须结合科学、合理、有效的绩效考核制度和薪酬管理体系。

10.2.1 中高层管理人员薪酬的特点

中高层管理人员作为企业的重要决策人员，其薪酬体系通常有以下特点。

（1）薪酬组成部分以浮动部分为主，且浮动部分与企业的经营效益高度相关。

（2）个人利益与企业经营利益密切相关，有利于增强其责任感。

（3）遵循利益共享、风险共担的原则，让中高层管理人员和企业均有一定的安全保障。

10.2.2 中高层管理人员年薪制工资结构的设计方法

企业中高层管理人员的重要性已日益凸显，从薪酬体系方面来讲，很多企业目前采用年薪制工资结构。

年薪制是指以企业的一个经济核算年度为一个周期确定基本工资，并根据其年终经营成果确定其效益收入的一种工资体系。

1. 年薪制工资结构

年薪制工资结构一般包括固定工资和可变工资或浮动工资两部分。实行年薪制的企业，中高层管理人员的利益与企业利益紧密相连，与普通员工工资制度相分离，与中高层管理人员的工作责任、决策风险、经济效益挂钩。年薪不计入企业人工成本总额，固定工资部分按管理费用核算，浮动工资部分从企业的税后利润中提取。

2. 企业年薪制工资的组成结构

企业年薪制工资的组成结构要视企业所处的经营发展阶段而定，基本结构遵循以下形式：

	年薪收入=基本年薪+效益年薪
或	年薪收入=基本年薪+效益年薪+奖励年薪
或	年薪收入=基本年薪+效益年薪+长期激励+福利津贴

（1）基本年薪。基本年薪是按年度确定、按月度支付给管理人员的固定现金收入，是根据管理人员的经营知识、管理能力、经验和承担的岗位职责确定的。在确定基本年薪时，企业不仅要考虑劳动力市场的工资水平，还要考虑企业的经济承受能力。具体的确定方法如下。

① 根据劳动力市场确定，通常采用协商工资制来确定基本工资。

② 根据本企业员工的基本薪酬比例确定，计算方法如下：

> 基本年薪=本企业员工基本工资×调整系数
>
> 调整系数=责任系数+企业规模系数+企业类型系数

由于基本薪酬一般不与管理者的成果相关，因此这部分薪酬不宜过高，这样企业可以避免一定的经营风险。

（2）效益年薪。效益年薪的确定依据年度经营业绩、按事先约定的计算办法进行核算，随企业经营效益的好坏而变动。常见的两种计算方法如下：

> 或　　效益年薪=基本薪酬×倍数×考核指标完成系数
>
> 效益年薪=超额利润×比例系数×考核指标完成系数

这两种方法的核算均需要结合绩效考核指标的完成情况，因此给管理者的日常经营管理提出了更高的要求。

10.2.3　中高层管理人员年薪制模式的设计方法

中高层管理人员的年薪制模式通常有 5 种，如表 10-3 所示。

表 10-3　　　　　　　　　　　中高层管理人员的年薪制模式

模式	薪酬额度	考核指标	适用范围	激励作用	结构
准公务员型模式	视企业经营状况和管理者的职位而定，通常基本工资是普通员工平均工资的 2～4 倍，养老金是普通员工平均养老金水平的 4 倍	政策执行和工作任务完成情况	大型国企,对国民经济有重大影响的集团公司、控股公司	激励力量来源于职位升迁，退休后的养老金计划排除了管理者的短期行为	基本工资+津贴+养老金计划
一揽子型模式	报酬数量与年度经营目标相关联，在经营目标实现的前提下兑现管理人员报酬，金额一般较高	根据企业经营状况确定主要考核指标，考核指标应准确、具体，如利润率、销售收入额等	适用于有特殊问题急需解决的企业，如希望扭亏为盈	激励作用很大，具有招标承包式的激励作用，但易引发管理者的短期行为。激励作用发挥的关键是绩效考核指标制定的科学性、真实性和准确性	单一固定的年薪
非持股多元化型模式	取决于经营难度和责任，一般为普通员工平均工资的 2～4 倍，风险收入根据经营业绩来确定，一般没有封顶	（1）确定基本薪酬时要参考企业的资产规模、销售收入、员工人数等指标（2）确定风险收入时要考虑净资产增长率、利润增长率、销售收入增长率、上缴税利增长率、员工工资增长率等指标，还要参考行业的平均效益水平和经营者的业绩	适用于追求利益最大化的非股份制企业	风险收入不封顶，在考核指标科学、合理、准确的情况下更具有激励作用，但不足之处是缺乏长期激励机制	基本薪酬+津贴+风险收入（效益收入和奖金）+养老金计划

续表

模式	薪酬额度	考核指标	适用范围	激励作用	结构
持股多元化型模式	（1）基本薪酬取决于经营难度和责任，一般为普通员工平均工资的2～4倍 （2）含股权、股票期权形式的风险收入取决于其经营业绩、企业的市场价值，风险收入无法以员工平均工资为参照物，但企业市场价值的大幅升值会使管理者得到巨额收益	（1）确定基本薪酬时要参考企业的资产规模、销售收入、员工人数等指标 （2）确定风险收入时要考虑净资产增长率、利润增长率、销售收入增长率、上缴税利增长率、员工工资增长率等指标，还要参考行业的平均效益水平和经营者的业绩	适用于股份制企业，尤其是上市公司	是一种形式多样的具有不同激励、约束作用的报酬组合，保证了管理者行为的规范化、长期化	基本工资＋津贴＋含股权、股票期权等形式的风险收入＋养老金计划
分配权型模式	（1）基本薪酬取决于经营难度和责任，一般为普通员工平均工资的2～4倍 （2）以"分配权""分配权期权"形式出现的风险收入取决于企业利润的情况	企业的利润率、净资产增长率等	各类企业	有待实践进一步检验	基本薪酬＋津贴＋以"分配权""分配权期权"形式出现的风险收入＋养老金计划

【微课堂】

> A公司成立于2001年，自成立以来，一直从事办公软件的开发与管理。现在该公司正在进行薪酬管理制度的建设，为了不断完善薪酬体系，需要做一份针对中高层管理人员的薪酬方案。请你利用本节所学的内容，为该公司做一份中高层管理人员的薪酬方案。

10.3 专业技术人员薪酬体系的设计方案

吸引和留住拥有智力资本的专业技术人员是企业培育核心竞争力、获取竞争优势的关键环节，而薪酬管理作为一种吸引和留住专业技术人员的重要手段，也越来越受到企业管理者的广泛关注。

专业技术人员一般是指企业中具有专门知识或专业技术职称，并在相关领域从事产品研发、市场研究、财务分析、法律咨询等工作的专门人员，包括工程师、技师、会计师、律师等。

10.3.1 专业技术人员薪酬的特点

专业技术人员的工作具有较高的创造性和自主性，工作业绩不易被衡量，管理难度相对较大。因此，专业技术人员的薪酬应具备以下 2 个特点。

1．核心技术决定薪酬水平

对于专业技术人员而言，技术水平越高意味着其在某个领域的生命力更强，因而薪酬水平往往越高。

2．长期激励与短期激励相结合，重视员工长期发展

专业技术人员的工作结果对企业的影响具有一定的滞后性。企业对专业技术人员的考核不能只看短期内其给企业带来的价值。专业技术人员一旦创造出价值，可能会影响企业较长一段时间。因此，企业对专业技术人员的激励也应该实施长期的捆绑式激励政策，以使得专业技术人员与企业利益共享、协同发展。股票期权政策是常见的长期激励政策。

10.3.2　专业技术人员薪酬的设计模式

1．专业技能取向型薪酬模式

所谓专业技能取向型薪酬模式，是指根据专业技术人员的专业技术职务设计薪酬，而专业技术人员的专业技术职务提高与其专业技能成长紧密相关。根据专业技术人员的技能成长规律，可为专业技术人员的职业生涯设计两条不同的路径：一条以管理职位等级提高为主线；另一条以专业技术职务提高为主线。双通道职业发展模式如图 10-2 所示。

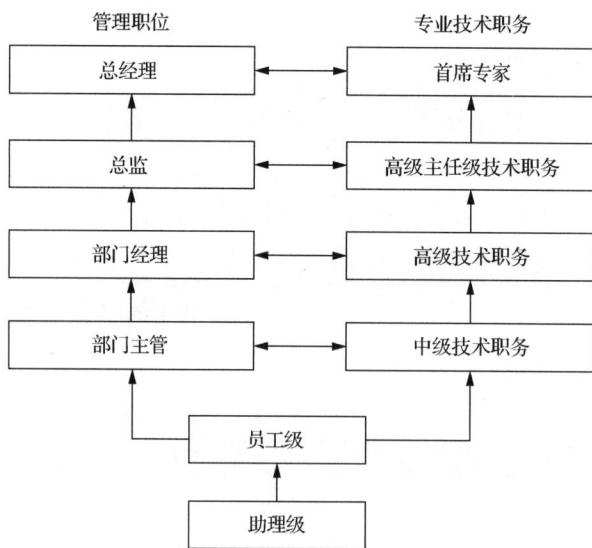

图 10-2　双通道职业发展模式

与此相配套，薪酬体系设计也采取管理职位和专业技术职务双通道（进行具体设计时，专业技术职务通道可以比管理职位通道低半个等级或者采用其他标准，企业根据自身的实际情况灵活设定），由此构建了职位等级薪酬与专业技术职务薪酬并行的薪酬体系。

专业技能取向型薪酬模式的优点主要表现在以下两个方面：一是把员工薪酬的提高与员工专业技能的提高结合起来，使员工在提高自己专业技能的同时，薪酬也不断得到提高，有力地

调动了员工学习和提高技能的积极性；二是把员工薪酬的提高与员工的职业发展结合起来，拓宽了员工的职业晋升渠道，有利于员工的职业发展，提高企业的职业管理水平。

（1）职位等级薪酬体系设计。在设计职位等级薪酬时，企业既要综合考虑各级管理职位工作的责任、难度、重要程度等因素，又要考虑专业技术人员的任职资格，并在此基础上建立职位等级薪酬制度。专业技术人员根据其所对应的管理职位等级享受相应等级的薪酬。

（2）专业技术职务薪酬体系设计。专业技术职务薪酬体系是针对专业技术人员的专业技能发展变化特点确立的，以企业内部设立的专业技术职务为对象建立起来的薪酬体系。在该体系下，随着专业技术人员技能水平的提高，职务薪酬等级也相应提高。

（3）职位等级薪酬与专业技术职务薪酬的衔接。专业技术职务薪酬与职位等级薪酬的对接包括 4 个方面的内容，如图 10-3 所示。

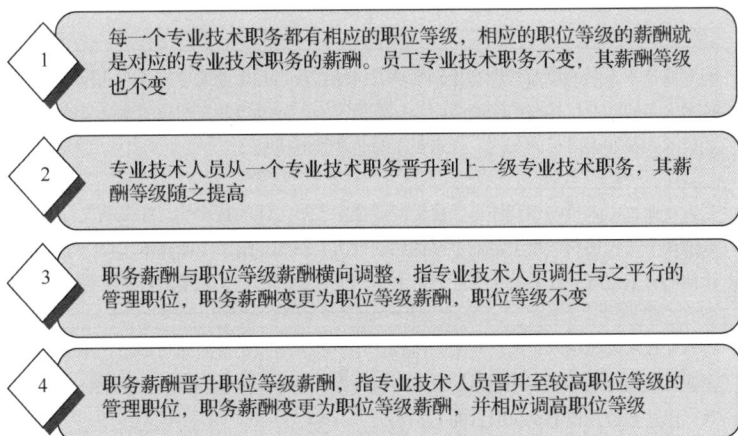

1	每一个专业技术职务都有相应的职位等级，相应的职位等级的薪酬就是对应的专业技术职务的薪酬。员工专业技术职务不变，其薪酬等级也不变
2	专业技术人员从一个专业技术职务晋升到上一级专业技术职务，其薪酬等级随之提高
3	职务薪酬与职位等级薪酬横向调整，指专业技术人员调任与之平行的管理职位，职务薪酬变更为职位等级薪酬，职位等级不变
4	职务薪酬晋升职位等级薪酬，指专业技术人员晋升至较高职位等级的管理职位，职务薪酬变更为职位等级薪酬，并相应调高职位等级

图 10-3 专业技术职务薪酬与职位等级薪酬的对接相关说明

2. 职位价值取向型薪酬模式

所谓职位价值取向型薪酬模式，就是企业将专业技术人员的技能和业绩因素价值化，员工按其所拥有的技能和业绩因素的多少或者等级确定其组合薪酬待遇。

职位价值取向型薪酬模式实质上是一种结构薪酬体系，只不过在这种薪酬体系设计中，在考虑付酬因素时，针对专业技术人员的特点，强化了技能因素和业绩因素在薪酬结构构建中的作用，并将这些因素直接量化为员工的薪资，增加了薪酬的透明度。

但是，实施职位价值取向型薪酬模式需要建立一套科学、合理的技能和业绩指标体系。具体而言，企业需重点解决好应该选取哪些技能和业绩指标作为专业技术人员的付酬因素，所选取的付酬因素和指标之间的权重如何确定，各付酬因素和指标的经济价值如何确定。

（1）付酬因素的确定。根据生产五要素（劳动责任、劳动技能、劳动强度、劳动环境和劳动心理），并结合专业技术人员的工作特性设计合适的付酬因素，确定付酬因素的具体步骤如下。

① 分析企业情况。若产品小批量、多品种，市场需求变化快，则要求付酬反应迅速。

② 选定付酬要素。针对目前企业的状况，选定付酬要素，例如，技术岗位将知识、技能、岗位责任和解决实际问题的能力作为关键付酬要素。

③ 付酬要素细分。以"知识要素"为例，企业将知识价值细化为学历价值、职称价值、科技成果价值和评优价值4个要素。

（2）薪酬水平的确定。企业在确定专业技术人员薪酬水平时，既要考虑企业所在地区同类型人才的薪酬水平，又要考虑企业的成本。这样才能确保制定的薪酬标准具有吸引力，且不会给企业带来太大的成本压力。

综上所述，不管采取什么样的薪酬模式，都要充分发挥薪酬对专业技术人员的激励作用，并做好图 10-4 所示的 4 项工作。

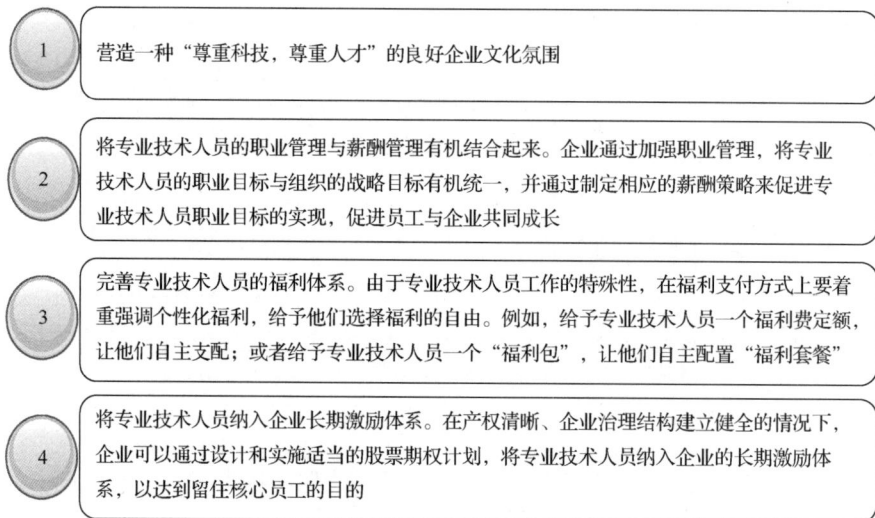

1 营造一种"尊重科技，尊重人才"的良好企业文化氛围

2 将专业技术人员的职业管理与薪酬管理有机结合起来。企业通过加强职业管理，将专业技术人员的职业目标与组织的战略目标有机统一，并通过制定相应的薪酬策略来促进专业技术人员职业目标的实现，促进员工与企业共同成长

3 完善专业技术人员的福利体系。由于专业技术人员工作的特殊性，在福利支付方式上要着重强调个性化福利，给予他们选择福利的自由。例如，给予专业技术人员一个福利费定额，让他们自主支配；或者给予专业技术人员一个"福利包"，让他们自主配置"福利套餐"

4 将专业技术人员纳入企业长期激励体系。在产权清晰、企业治理结构建立健全的情况下，企业可以通过设计和实施适当的股票期权计划，将专业技术人员纳入企业的长期激励体系，以达到留住核心员工的目的

图 10-4 激励性的薪酬体系设计需做好的 4 项工作

10.3.3 专业技术人员薪酬的设计方案

建立科学、合理的薪酬激励分配模式，发挥薪酬的激励效果，以吸引和留住人才，从而造就一支高效、稳定的专业技术人才队伍，进而提升企业的竞争力，这是人力资源管理中一项重要工作。

1. 项目工资制

项目工资制使专业技术人员的薪酬收入与项目完成情况挂钩，可操作性强，能客观反映项目参与人员的工作业绩和收入情况，实现收益与风险共担，有利于参与项目的专业技术人员专心进行研究，调动了专业技术人员开展科研项目的积极性。项目工资制主要适用于参与项目研究的专业技术人员。

（1）项目工资制的构成。

结构一：项目工资制主要由保障工资、项目考核工资两部分组成。保障工资是项目工资制的基本组成部分，主要用于保障项目参与人员的基本生活，不参与项目考核。项目考核工资是依据项目考核结果评定的工资。

结构二：项目工资制主要由基本工资、项目奖金两部分组成。其中，基本工资依据岗位设定。例如，对研发部门员工依据岗位设定工资，每个岗位的工资分为高级、中级、初级 3 个级别，新员工定为初级，外聘特殊人才可以定为高级。此外，项目奖金根据企业所接项目的大小、开发周期、难易程度、经济效益等来确定。

（2）项目工资制的实施。

采用项目工资制的分配模式时，企业应建立严格的项目考核办法，根据项目进展情况、产生的经济效益、成果转化情况对项目结果进行评价，严考核、硬兑现，既要确保项目成果，又要使专业技术人员的努力得到回报，激励专业技术人员更好地工作。

在具体应用方面，设计院或者工程类企业项目工资制的实行大概采用 3 种方法，如图 10-5 所示。

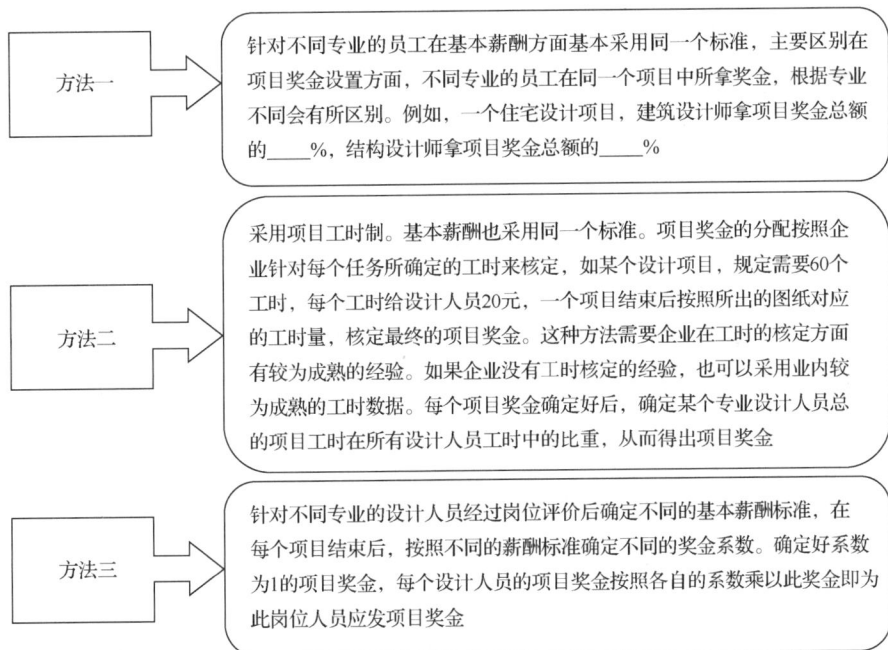

方法一	针对不同专业的员工在基本薪酬方面基本采用同一个标准，主要区别在项目奖金设置方面，不同专业的员工在同一个项目中所拿奖金，根据专业不同会有所区别。例如，一个住宅设计项目，建筑设计师拿项目奖金总额的____%，结构设计师拿项目奖金总额的____%
方法二	采用项目工时制。基本薪酬也采用同一个标准。项目奖金的分配按照企业针对每个任务所确定的工时来核定，如某个设计项目，规定需要60个工时，每个工时给设计人员20元，一个项目结束后按照所出的图纸对应的工时量，核定最终的项目奖金。这种方法需要企业在工时的核定方面有较为成熟的经验。如果企业没有工时核定的经验，也可以采用业内较为成熟的工时数据。每个项目奖金确定好后，确定某个专业设计人员总的项目工时在所有设计人员工时中的比重，从而得出项目奖金
方法三	针对不同专业的设计人员经过岗位评价后确定不同的基本薪酬标准，在每个项目结束后，按照不同的薪酬标准确定不同的奖金系数。确定好系数为1的项目奖金，每个设计人员的项目奖金按照各自的系数乘以此奖金即为此岗位人员应发项目奖金

图 10-5　项目工资制实行的 3 种方法

在项目工资制的实行过程中，要注意做好随时关注项目进展、项目考核、项目工资兑现 3 项工作。

2．协商工资制

针对新产品开发、技术课题攻关、项目承包等科研活动人员或企业短缺的专业人才，薪酬分配可采用协商工资制。

协商工资制是指引进的专业技术人员与单位依法就工资分配制度、形式、收入水平进行平等协商，并在协商一致的基础上签订工资协议的一种薪酬分配模式。协商工资制由基本工资和浮动工资组成。

实行协商工资制，首先，企业和引进的专业技术人员要按照平等自愿的原则签订协商工资协议，以明确工作期间双方的责任和工资待遇等内容；其次，企业需制定考核实施办法，其中需明确考核时间和考核标准，并将考核结果与协商工资挂钩。

此外，在实行协商工资制时，企业要认真考察引进的专业技术人员的水平与工作能力，准确把握协商工资的标准，其标准可参照劳动力市场价位和单位员工的收入水平合理制定。

3. 提成工资制

提成工资制主要是根据专业技术人员的技术创新项目产生的经济效益来确定提成比例，并根据此比例兑现奖励工资，是一种技术要素参与分配的模式。提成工资的发放可采取一次性奖励、技术转让收益比例奖励、利润提成比例奖励、科研成果作价入股获得股权收益等形式。

提成工资制有助于调动专业技术人员科研攻关的主动性。企业在实行时应注意两个问题。一是确定恰当的提成方式。科研项目或专利技术应用后，企业要根据应用效果，综合考虑各方面的因素，选定恰当的提成方式。二是确定合理的提成比例。企业要根据实际情况确定采取固定提成方式还是分期分段提成方式。

4. 技术承包工资制

技术承包工资制是指通过一定的承包协议，将企业某些生产点技术管理工作指定由专业技术人员个人或小组负责，依据工作成果考核兑现工资的一种分配模式。技术承包工资制主要适用于从事生产现场技术管理工作的专业技术人员。实行技术承包工资制时，企业要注意签订的承包协议内容全面、清楚，并且注意对专业技术人员日常工作过程的监督。

技术承包工资制示例如下。

技术承包工资制示例

为进一步调动工程技术人员的工作积极性和创造性，充分发挥科学技术在施工生产中的先导作用，从而提升公司的整体施工技术水平和市场竞争能力，特实施此办法。

一、实施对象

本办法适用于公司实行技术承包的各工程项目部。

二、承包范围

工程项目的技术、测量、试验业务工作，与施工安全、质量、工期及变更索赔相关的技术保证工作，或其他由双方约定的工作。

三、考核项目

从工程质量、工程进度、施工安全、技术管理与科技创新4个方面对每位技术人员进行考核，考核具体内容见附表。

四、薪资分配办法

技术人员的工资待遇由项目总工程师牵头，依据公司《工程项目工资分配办法》，结合公司《工程技术承包工费定额》制定。

根据建筑工程项目的特点，技术人员总承包费用预留 20%作为项目综合效益保证金，待项目终审后确定发放额度。

五、奖罚

如果受到业主、监理或质监部门的通报批评或者安全、质量、进度出现重大问题，将对主管技术人员进行一定的处罚；如果受到业主、监理单位的表彰，将对主管技术人员进行奖励。

六、实施效果

经过两年多的工程技术承包，工程未发生质量问题和因技术指导不及时出现的停工现象，技术承包初见成效，收到预期的效果，目前工程进展顺利，技术人员队伍稳定，项目部先后有两位技术人员走上项目总工程师的岗位，培养了一批能独当一面的技术、测量人员。

企业要充分发挥薪酬的激励作用，除了建立科学、合理的薪酬分配模式，还需制定完善的配套措施。专业技术人员薪酬激励的配套措施如图 10-6 所示。

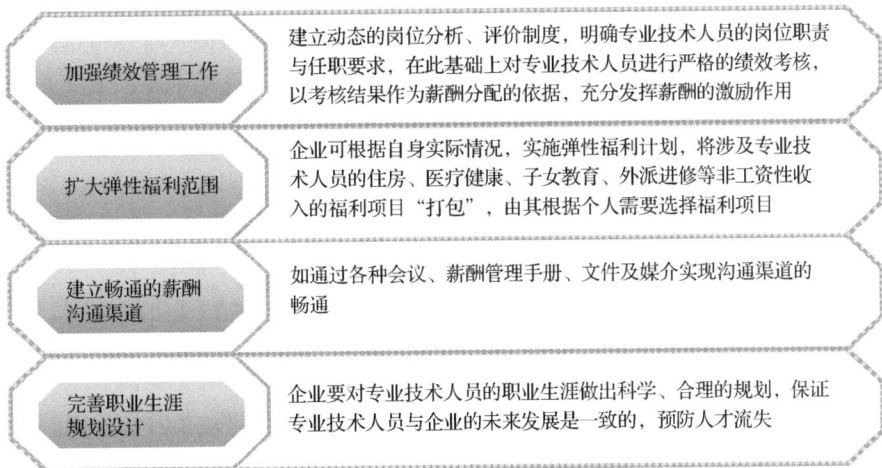

图 10-6　专业技术人员薪酬激励的配套措施

【微课堂】

B 公司是一家网络技术公司。现在该公司正在进行薪酬管理建设，为了使薪酬体系不断完善，需要做一份针对专业技术人员的薪酬方案。请你利用本节所学的内容，为该公司做一份专业技术人员的薪酬方案。

10.4 销售人员薪酬体系的设计方案

与企业其他人员相比较，企业销售人员的工作具有其独特性，因此对销售人员的管理需要运用独到的方法。

销售人员的薪酬管理是人力资源管理工作中的重中之重。做好销售人员的薪酬管理，首先要有明确、清晰的企业薪酬战略、目标指向。企业只有搭建起合理的薪酬体系，才能通过薪酬管理实现对销售人员的科学管理。

10.4.1 销售人员薪酬的特点

在制定销售人员的薪酬体系时，企业应全面了解销售人员的工作特点，有针对性地进行薪酬体系设计，实现薪酬体系的有效性。销售人员的工作特点通常表现为工作时间和工作方式的灵活性很强，难以监督，工作业绩可以清楚衡量，工作风险性较大。

目前，企业对销售人员的薪酬多采用提成制、佣金制或效益奖金的形式，增大了浮动部分的比例，降低或者取消了薪酬固定部分，使销售人员的收入与其业绩行为结果紧密相连，强化了企业对销售人员行为控制的灵活性，大大降低了企业的经营风险。

10.4.2 销售人员薪酬的设计模式

基于以上销售人员的工作特点，在我国企业中销售人员的薪酬模式主要包括以下6种。

（1）纯佣金制。纯佣金制是按销售额的一定比例进行提成，作为销售报酬，此外销售人员没有任何固定工资，收入是完全变动式的。

（2）固定工资制。固定工资制是对销售人员实行固定的工资制度，而不管当期销售指标完成与否。

（3）基本工资+佣金制。基本工资+佣金制是指将销售人员的收入分为固定工资和销售提成两部分。销售人员有一定的销售定额，当期不管是否完成销售指标，都可得到基本工资，即底薪。如果销售人员当期完成的销售额超过设定指标，则超过部分按比例提成。

（4）基本工资+奖金制。这种薪酬制度与前一种有些类似，但还是存在区别。这种区别主要体现在，佣金直接由绩效表现决定，而奖金和业绩之间的关系却是间接的。通常销售人员的业绩只有超过了某一销售额，才能获得一定数量的奖金。

（5）基本工资+佣金+奖金制。这种薪酬制度设计的特殊性在于，它将佣金制和奖金制结合到了一起，使销售人员薪酬中包含底薪、佣金和奖金3种成分。

（6）特别奖励制。特别奖励制是指规定报酬之外的奖励，包括精神奖励和物质奖励。精神奖励包括荣誉、奖状等；物质奖励包括加工资、发奖金及其他福利等。

销售人员薪酬模式的优缺点如表10-4所示。

表 10-4   销售人员薪酬模式的优缺点

薪酬模式	优点	缺点
纯佣金制	有较强的激励作用，易于控制销售成本	不适用于销售波动幅度大的情况，销售收入没有保障
固定工资制	易于了解，计算简单，销售人员收入有一定的保障，增加了员工的安全感	不利于激励员工
基本工资+佣金制	销售人员既有固定工资保障，又有与业绩相关的提成，进而产生销售激励作用	佣金少时激励作用不大
基本工资+奖金制	奖金与业绩之间关系是间接的	奖金可能模糊
基本工资+佣金+奖金制	收入稳定，可有效控制销售成本	增加了管理费用
特别奖励制	有较强的激励作用	奖金的标准或基础不够可靠，容易引起销售人员之间的攀比，增加管理的难度

10.4.3 销售人员薪酬的设计方案

由于销售人员工作的特殊性，对于销售人员的薪酬体系设计，目前大多数企业采用的是"基本固定工资+佣金制"模式。但在日常管理中，该薪酬管理体系的缺点主要体现在薪酬晋升途径单一、缺乏效率性和公平性、缺乏科学的职位评估、绩效管理体制不健全 4 个方面。

为了有效避免以上问题，企业在进行销售人员薪酬体系设计时应注意，在薪酬体系搭建前进行薪酬调查和分析，根据企业的实际情况确定合理的薪酬结构，以及科学、系统的量化指标体系。销售类指标可分为 8 类，如表 10-5 所示。

表 10-5   销售类指标

指标名称	解释说明
总销售收入指标	营业总额、利润总额等
规模指标	规模大不等于利润高，客户数量多也不等于利润高
变化类指标	收入增长、利润增长、成本降低等
比率类指标	利润率、毛利率、销售收入增长率等
财务指标	回款天数、应收账款、呆坏账等
市场份额	市场在快速变化，通过考核市场份额实现企业与市场的同步成长
策略指标	如新产品的销售收入，考核重点在新产品的利润率
渠道指标	是直销还是分销，以分销商或经销商的销售额等为指标

基于以上指标对销售人员薪酬模式采用个性化薪酬体系，以照顾到不同员工的情况。

【微课堂】

>   C 公司是一家著名的贸易公司，主要经营服装和鞋类商品。现在该公司正在进行薪酬管理建设，为了使薪酬体系不断完善，需要做一份针对销售人员的薪酬方案。请你利用本节所学的内容，为该公司做一份销售人员薪酬方案。

10.5 生产人员薪酬体系的设计方案

生产人员的薪酬体系设计主要是为了调动生产人员的积极性，提高企业的生产效率，建立起规范、合理的工资分配体系，体现按劳分配的原则。本节结合生产人员的工作特点，对生产人员的薪酬特点、薪酬模式等方面进行详细阐述。

10.5.1 生产人员薪酬的特点

生产人员是企业主营产品的生产制造者，其行为直接影响着企业产品的质量与产量。因此，生产人员的薪酬应具备能直接体现所生产产品的质量与数量的特点。

基于这种特点，企业对生产人员的薪酬模式主要采用计件工资制，并且结合产品的质量和数量，使生产人员的收入与其业绩直接关联，以提高生产人员的工作积极性，增强其责任感。

10.5.2 生产人员薪酬的设计模式

生产人员是生产型企业人员的重要组成部分，生产人员的薪酬水平直接影响着生产人员的工作积极性，与此同时，薪酬水平的高低又直接影响着企业的人工成本总额。设计的生产人员的薪酬模式要在保证生产人员对薪酬水平满意的同时，还能实现企业薪酬总额的有效控制。

1. 计件工资制

计件工资制能将劳动者的实际付出与其所得紧密相连，是按劳分配的直接体现。由于计件工资计件单价的透明性，劳动者对自己的劳动所得都很清楚，因而计件工资有很强的物质激励作用，但同时也造成人工成本随着产品产量的增加而不断增加，这样便不能对人工成本总额进行有效控制。

2. 绩效工资制

很多企业实行计件工资制，该做法有利有弊。目前，我国大部分企业的管理水平有限，可能较难理解和运用现代化的管理方法——绩效管理。

考虑到直接降低计件工资的计提标准很容易引起员工情绪上的不满，因此，企业在降低计件单价的同时，同比例增加员工的绩效工资，这样薪酬总额中计件工资部分逐渐减少，绩效工资总额逐渐增加，逐步实现绩效工资替代计件工资，从而最终实现生产人员工资成本的有效控制。

10.5.3 生产人员薪酬的设计方案

1. 岗位绩效工资制

岗位绩效工资制是以员工被聘上岗的工作岗位为主，根据岗位技术含量、责任大小、劳动强度和环境优劣确定岗级，根据企业经济效益和劳动力价位确定工资总量，以员工的劳动成果为依据支付劳动报酬的一种工资制度。

岗位绩效工资制的薪酬构成与优点如图 10-7 所示。

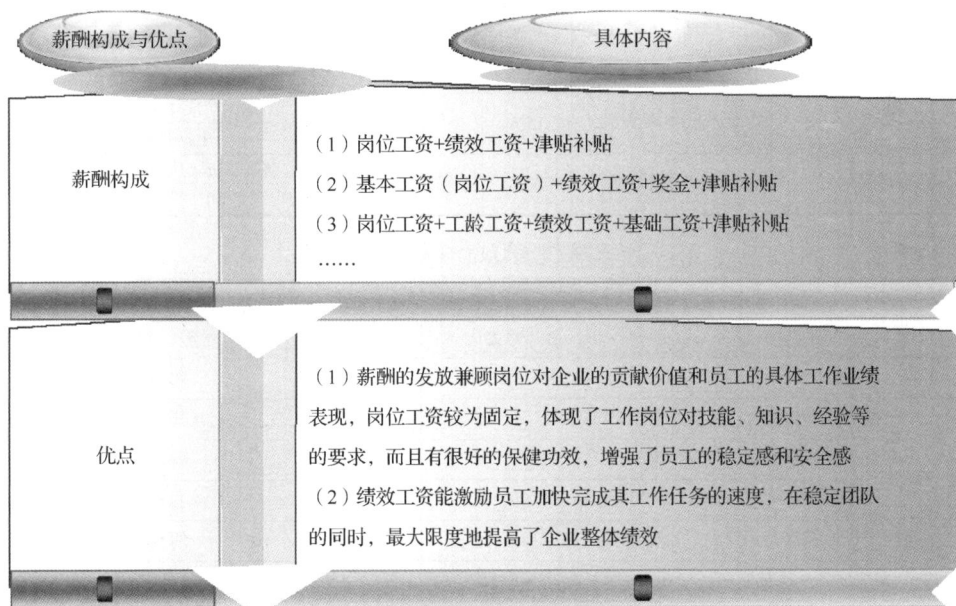

图 10-7　岗位绩效工资制的薪酬构成与优点

2. 生产人员绩效工作分析

不同岗位生产人员的绩效工作分析有所不同，下面以生产经理和车间主任为例加以说明。

（1）绩效目标。不同岗位的绩效目标有所不同，绩效目标分析示例如图 10-8 所示。

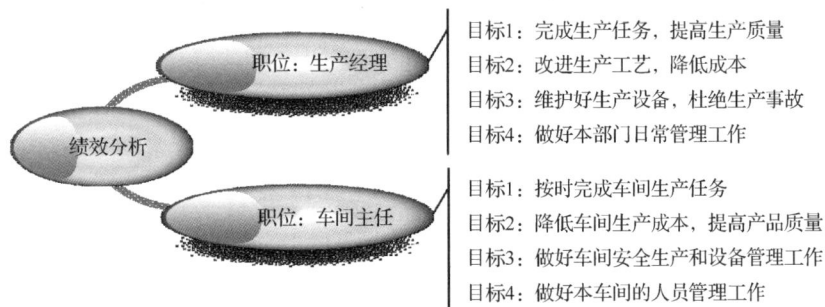

图 10-8　绩效目标分析示例

（2）考核指标设计。不同岗位的考核项目、指标应有所不同。生产经理考核指标设计、车间主任绩效考核指标设计如表10-6、表10-7所示。

表10-6 生产经理绩效考核指标设计

岗位	生产经理			直接上级	
考核项目	KPI指标	权重	绩效目标值	指标说明	
生产计划完成情况	生产计划完成率	20%	达到__%	$\dfrac{实际生产量}{计划生产量}\times100\%$	
	产品质量合格率	20%	达到__%	$\dfrac{合格产品数量}{总产品数量}\times100\%$	
	交期达成率	10%	达到__%	$\dfrac{交期达成批数}{交货总批数}\times100\%$	
设备管理	生产设备利用率	5%	达到__%	$\dfrac{全部设备实际工作时数}{设备工作总能力（时数）}\times100\%$	
	生产设备完好率	5%	达到__%	$\dfrac{完好设备台数}{在用设备总台数}\times100\%$	
生产安全管理	安全事故发生次数	15%	0次	考核期内生产安全事故发生次数合计	
成本管理	生产成本降低率	15%	降低__%	$\dfrac{上期生产成本-本期生产成本}{上期生产成本}\times100\%$	
部门管理目标	培训计划完成率	10%	达到__%	$\dfrac{实际完成的培训项目（次数）}{计划培训的项目（次数）}\times100\%$	

表10-7 车间主任绩效考核指标设计

岗位	车间主任		直接上级	
业务目标	实际完成	权重	评价标准	
车间生产任务完成率达到____%	____%	30%	每低____%，减____分	
交期达成率达到____%	____%	10%	每低____%，减____分	
车间产品废品率低于____%	____%	10%	每高____%，减____分	
返工率低于____%	____%	10%	每高____%，减____分	
车间生产成本降低率达到____%	____%	10%	每低____%，减____分	
车间安全事故损失金额控制在____元内	____元	10%	每高出____元，减____分	
车间设备完好率达到____%	____%	10%	每低____%，减____分	
车间员工考核合格率达到____%	____%	10%	每低____%，减____分	

3. 生产人员绩效工资设计

绩效工资设计的基本原则是通过激励个人提高绩效，从而提高企业的绩效。

（1）绩效工资的形式。从不同角度划分，绩效工资表现为多种形式，如表10-8所示。

表10-8 绩效工资的形式

划分角度	形式
绩效工资支付周期	日绩效工资、月绩效工资、季度绩效工资、半年度绩效工资、年度绩效工资
一年内绩效工资发放次数的多少	经常性绩效工资和一次性绩效工资
绩效工资考核项目的多少	单项绩效工资、综合性绩效工资
绩效工资支付依据的指标	产量（计件工资）绩效工资、质量绩效工资、销售额绩效工资、利润绩效工资、成本（成本节约、成本降低率）绩效工资、复合指标（经济指标+行为指标）绩效工资
绩效工资的支付对象	个人绩效工资、团体绩效工资

（2）配置比例。绩效工资所占员工薪酬总额比例的多少，主要有两种设计思路，即切分法和配比法。其中，切分法即依据岗位评价和外部薪酬水平确定不同岗位的总体薪酬水平，再对各个岗位的总体薪酬水平进行切分；配比法即依据岗位评价和外部薪酬水平确定岗位的基本工资薪酬水平，在基本工资的基础上上浮一定比例，使得薪酬的总体水平保持一定的竞争力。

4．生产人员薪酬体系设计示例

车间主任薪酬体系设计示例

一、薪酬构成

车间主任薪酬总额由固定工资（60%）+绩效工资（30%）+津贴福利（10%）3个部分构成。

二、固定工资

固定工资根据岗位评估结果及外部市场薪酬水平予以确定，定为____元/月。

三、绩效工资

（1）与营业利润挂钩（5%）。以公司确定的车间目标营业利润为基数，该车间当月考核实现的营业利润比目标营业利润每增减____个百分点，则车间主任当月该项工资总额对应增减____%。

（2）与质量挂钩（10%）。质量目标按公司质量管理标准执行。凡出现质量事故，应先分清责任。情节轻微者，扣除绩效工资总额的____%；情节严重者，扣除该项目工资。

（3）交货期目标（5%）。凡出现交货期延误，且无特殊情况时，扣除该项目工资。

（4）安全目标（10%）。凡出现安全事故，除承担相应责任，依照后果的严重性扣除数额不等的该项目工资。

四、津贴福利

（1）职务津贴。本公司对车间主任一职设置的职务津贴为____元/月。

（2）其他津贴、补贴及福利（略）。

【微课堂】

D公司是一家大型的电子元器件生产公司。现在该公司正在进行薪酬管理建设，为了使薪酬体系不断完善，需要做一份针对生产人员的薪酬方案。请你利用本节所学的内容，为该公司做一份生产人员薪酬方案。

10.6 | 外派人员薪酬体系的设计方案

外派人员的工作内容、工作环境等方面与非外派人员是有区别的，因此在其薪酬体系设计方面，也有着其自身的特殊性。

10.6.1 外派人员薪酬的特点

合理的薪酬体系设计方案是提高外派人员的工作动力和绩效的有效管理工具。因工作地点的特殊性，外派人员的薪酬呈现出以下两个特点。

1. 薪酬构成复杂

外派人员的薪酬构成通常包括基本工资、津贴和补贴、奖金等部分，以应对不同国家和地区的生活成本、工作条件和文化环境等的差异。

2. 薪酬调整较为频繁

由于外派人员的工作地点和生活条件可能会经常发生变化，因此其薪酬也需要根据当地的经济状况、生活成本和企业业绩等因素进行调整，以保证企业对其的吸引力。

外派人员的薪酬体系设计是一个复杂又重要的问题，其需要考虑工作所在地的文化、市场、薪酬水平及外派人员的个人需求。同时，薪酬体系的设计应该与企业的整体战略和市场环境相协调，以发挥其最大的激励作用。

10.6.2 外派人员薪酬的设计模式

合理的薪酬模式能够吸引高素质的人才加入企业，同时也能够留住优秀的员工，提高企业的竞争力。

具体到对外派人员薪酬模式的设计，企业可以考虑采用短期激励与长期激励结合的方式，通过短期激励、长期激励的合理配比实现高激励与高约束的目的。

1. 短期激励

短期激励指的是企业以小于或等于一年为时间单位，运用奖励和激励手段来激发员工工作动力和积极性的策略。它的目标是在短期内提高员工的工作效率和业绩。短期激励方案通常涉及提供奖金、表彰和一些其他形式的奖励。

2. 长期激励

长期激励是企业为了保障其核心人员能够长期留在本企业、达成企业的长远目标，而给予核心人员的一种激励方式。相比于短期激励的时间周期，长期激励的时间周期一般在 3 年及以上。

10.6.3 外派人员薪酬的设计方案

1. 薪酬方案设计

外派人员的薪酬体系设计需要与传统的工作岗位有所区别。管理实践中，外派人员薪酬方案中的薪酬结构部分，大体包括以下项目。

（1）短期激励。短期激励部分主要包括基本工资、奖金、海外津贴、补贴和福利等。这些构成因素在薪酬制度中的比重和计算方法应根据具体情况而定。外派人员薪酬构成如表 10-9 所示。

表 10-9　　　　　　　　　　　　　　外派人员薪酬构成

项目	内容说明
基本工资	外派人员的基本工资是其薪酬构成中的重要组成部分，其基本工资的确定应结合外派所在地的平均薪酬水平、外派人员的工作经验、所在岗位等因素进行综合考虑
奖金	奖金是激励外派人员创造业绩的重要措施。对外派人员的奖金设计，应基于工资的业务目标及外派人员的个人业绩两方面
海外津贴、补贴	海外津贴、补贴包括住房、交通、饮食、子女教育津贴等。津贴和补贴的具体项目和数额应该根据当地的市场情况和企业的政策来确定。这一部分是用于弥补外派人员在异地工作所带来的不便和额外开支
福利	福利是外派人员薪酬组成中不可缺少的部分，其包括保险、假期、节假日福利等

（2）长期激励。长期激励是指通过股权方式，使外派人员的薪酬与企业的长期经营业绩密切相关，从而避免外派人员的短期行为。长期激励的方式一般包括赠送股份、虚拟股票、股票期权等。

2. 设计薪酬方案时需考虑的问题

在对外派人员的薪酬方案进行设计时，企业应考虑以下 3 个方面的问题。

（1）税务政策。外派人员薪酬方案的设计应考虑相关的税务政策。不同国家和地区的税务规定不同，企业需要了解和遵守当地的税收法律，确保合规性。

（2）设计的薪酬结构具有较强的灵活性。企业设计出的外派人员的薪酬方案，应能灵活适应工作所在地的经济和法律环境，以确保外派人员的生活质量和工作动力。

（3）做好风险管理。企业在制定外派人员薪酬方案时，应考虑到不同地区的风险因素，并采取相应的风险管理措施，以降低企业的风险和成本。

【微课堂】

　　假如你是一位通信设备公司的人力资源部经理，现对公司的外派人员拟定一份福利标准明细表。

问题思考

1. 工作时间的种类包括哪几种？

2. 企业经常采取的专业技术人员薪酬方案有哪几种？

3. 在我国企业中，销售人员的薪酬模式主要包括哪几种？

4. 传统的生产人员常用的薪酬模式是什么？

知识链接

万科的"事业合伙人"制度

万科的"事业合伙人"制度包括跟投制度与股票制度。

跟投制度：对于所有新项目，除旧改及部分特殊项目，原则上要求项目所在一线公司管理层和该项目管理人员必须跟随公司一起投资，公司董事、监事、高级管理人员以外的其他员工可自愿参与投资。员工初始跟投份额不超过项目资金峰值的 5%。

股票制度：在集团层面，建立合伙人持股计划，合伙人共同持有万科的股票，共同掌握公司的命运。

技能列表

不同岗位的薪酬体系方案设计工作所需的技能如表 10-10 所示。

表 10-10　　　　　　　不同岗位的薪酬体系方案设计工作所需的技能

序号	技能名称	具体描述
1	薪酬方案设计技能	（1）在信息收集和分析的基础上，能够构建出一套具有激励性和竞争性的薪酬体系 （2）能够根据企业实际情况制定出各类岗位薪酬体系的设计方案
2	分析和决策技能	具备较强的分析判断和解决问题的能力，并做出合理的决策，进而设计出合理的薪酬体系方案
3	风险管理技能	具备一定的风险管理能力，能够识别和评估风险，并采取有效的措施来应对风险，确保设计的薪酬体系方案顺利实施
4	设备、软件操作技能	能够熟练使用开展企业薪酬管理工作所需的各种办公设备、软件

技能实训

实训内容 1：设计一份科研人员薪酬方案的模板。

薪酬管理是企业整体人力资源管理体系的重要组成部分，科学、合理的薪酬管理不仅能合理控制企业的人力资源成本，而且能有效地促进人力资源投资的升值，以及企业经营目标的达成。根据所学内容，请设计一份科研人员薪酬方案的模板。

科研人员薪酬方案

一、科研人员薪酬构成

（此部分主要写薪酬的构成要素及计算方式和方法）

二、薪酬调整

（此部分主要写因员工取得学历学位、职称或物价上涨、行业工资调整等因素带来的薪酬变动）

三、薪酬发放

（此部分主要写月薪酬、年薪酬、假期薪酬、离退休薪酬等的发放方式和方法）

实训内容 2：设计一份高层管理人员的薪酬体系方案。

背景：某集团公司以设计、生产服装鞋帽为主营业务，同时设置了各销售分公司负责销售工作，运用 Kimi 设计一份包含集团高层管理人员、生产公司的总经理、研发总监、生产总监、销售公司总经理的薪酬体系设计方案。

1. 确定要求

针对高层管理人员设计薪酬体系方案。

2. 发送要求

打开 Kimi 页面，在底部的文本框中输入要求，如"某集团公司以设计、生产服装鞋帽为主营业务，同时设置了各销售分公司负责销售工作，设计出一份包含集团高层管理人员、生产公司的总经理、研发总监、生产总监、销售公司总经理的薪酬体系设计方案"。按"Enter"键发送，然后查看回复，如图 10-9 所示。

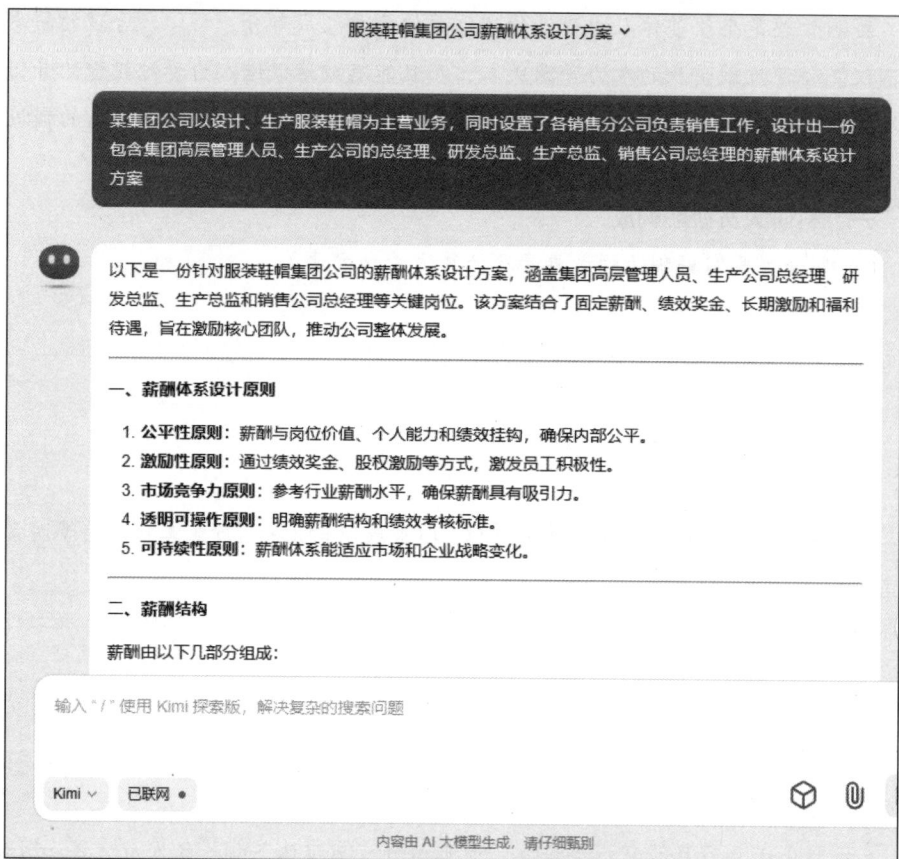

图 10-9 Kimi 回复设计高层管理人员的薪酬体系方案

战略性薪酬、宽带薪酬、股权激励设计

第11章

【本章知识导图】

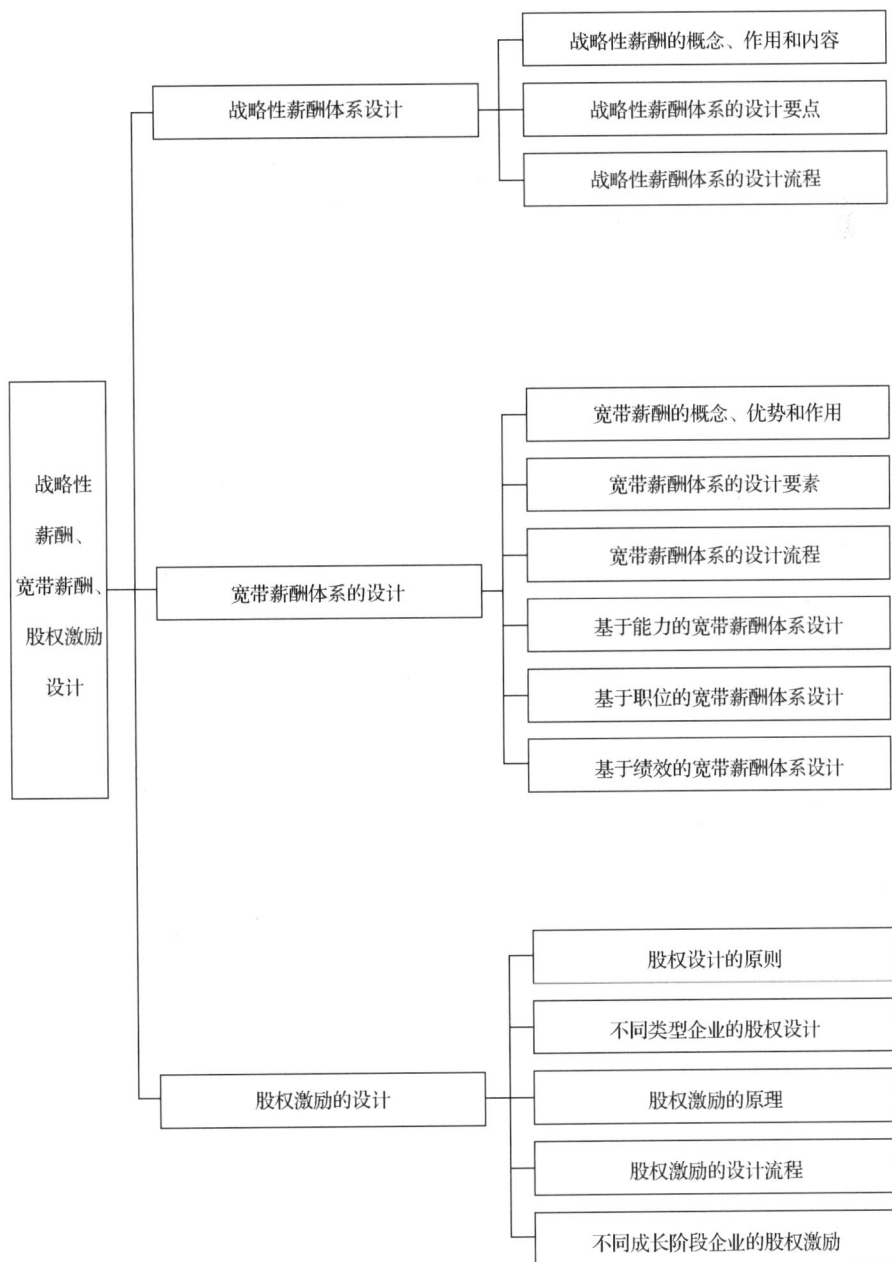

```
                                        ┌─────────────────────────────┐
                                   ┌────│ 战略性薪酬的概念、作用和内容 │
                   ┌──────────────┐│    └─────────────────────────────┘
                   │ 战略性薪酬体系设计 ├┤    ┌─────────────────────────────┐
                   └──────────────┘├────│ 战略性薪酬体系的设计要点 │
                                        │    └─────────────────────────────┘
                                        │    ┌─────────────────────────────┐
                                        └────│ 战略性薪酬体系的设计流程 │
                                             └─────────────────────────────┘

                                             ┌─────────────────────────────┐
                                        ┌────│ 宽带薪酬的概念、优势和作用 │
                                        │    └─────────────────────────────┘
                                        │    ┌─────────────────────────────┐
┌──────────┐                            ├────│ 宽带薪酬体系的设计要素 │
│ 战略性    │                            │    └─────────────────────────────┘
│ 薪酬、    │       ┌──────────────┐     │    ┌─────────────────────────────┐
│ 宽带薪酬、├───────│ 宽带薪酬体系的设计 ├────┼────│ 宽带薪酬体系的设计流程 │
│ 股权激励  │       └──────────────┘     │    └─────────────────────────────┘
│ 设计      │                            │    ┌─────────────────────────────┐
└──────────┘                            ├────│ 基于能力的宽带薪酬体系设计 │
                                        │    └─────────────────────────────┘
                                        │    ┌─────────────────────────────┐
                                        ├────│ 基于职位的宽带薪酬体系设计 │
                                        │    └─────────────────────────────┘
                                        │    ┌─────────────────────────────┐
                                        └────│ 基于绩效的宽带薪酬体系设计 │
                                             └─────────────────────────────┘

                                             ┌─────────────────────────────┐
                                        ┌────│ 股权设计的原则 │
                                        │    └─────────────────────────────┘
                                        │    ┌─────────────────────────────┐
                                        ├────│ 不同类型企业的股权设计 │
                                        │    └─────────────────────────────┘
                   ┌──────────────┐     │    ┌─────────────────────────────┐
                   │ 股权激励的设计 ├────────┼────│ 股权激励的原理 │
                   └──────────────┘     │    └─────────────────────────────┘
                                        │    ┌─────────────────────────────┐
                                        ├────│ 股权激励的设计流程 │
                                        │    └─────────────────────────────┘
                                        │    ┌─────────────────────────────┐
                                        └────│ 不同成长阶段企业的股权激励 │
                                             └─────────────────────────────┘
```

【学习目标】

职业知识	• 了解战略性薪酬的概念、作用和内容 • 明确战略性薪酬体系的设计要点 • 熟练掌握战略性薪酬体系的设计流程 • 了解宽带薪酬的概念、优势和作用 • 明确宽带薪酬体系设计的要素及流程 • 了解股权激励设计的流程 • 掌握不同企业股权设计的要点，明确不同成长阶段企业股权激励的实施重点
职业能力	• 能够灵活运用基于能力、基于职位等的宽带薪酬体系设计方法，进行宽带薪酬体系设计 • 能够设计出有效的股权激励方案
职业素质	• 具备优秀的文字和语言运用能力、协调能力与分析能力

11.1 战略性薪酬体系设计

战略性薪酬体系的设计，能有效地将企业薪酬体系的构建工作与企业的发展战略有机结合起来，从而帮助企业实现战略目标。

11.1.1 战略性薪酬的概念、作用和内容

战略性薪酬体系的设计要从企业战略出发，进而确定薪酬管理策略，从而构建出一套有竞争力的薪酬制度。在进行具体的设计工作之前，薪酬管理者需要对战略性薪酬的概念、作用和内容有基本的了解。

1. 战略性薪酬的概念

战略性薪酬是指能提高员工工作积极性并促进其个人发展，同时使员工的努力与企业的目标、理念和文化相符的薪酬计划。它将企业薪酬体系的构建与企业的发展战略有机结合起来，使企业薪酬体系成为实现企业发展战略的重要杠杆。

2. 战略性薪酬的作用

作为企业薪酬战略的一种形式，战略性薪酬有其独特的作用，主要体现在以下几个方面。

（1）战略性薪酬提高了员工的工作积极性并促进其个人发展。战略性薪酬的制定在保证企业经营目标达成的前提下，将员工个人收入与发展同企业经营状况有机结合起来，提高了员工的工作积极性和员工对企业的忠诚度。

（2）战略性薪酬使员工的努力与企业的经营目标、理念和文化相符。战略性薪酬将员工个人工作目标与企业经营目标有机结合起来，保证了员工个人的努力结果与企业经营目标的一致性。

（3）战略性薪酬满足了企业增强对外竞争力的需要。企业经营的外部环境的变化会引起企业生产经营管理的变化，企业要想在这些变化中求得生存与发展，就必须实施灵活的薪酬措施来适应外部的挑战，增强其竞争力。

（4）战略性薪酬适应了市场经济发展的需要。随着市场经济的不断发展，企业改革是适应市场经济发展的必然趋势，薪酬体系亦应该随之改革，而薪酬体系的改革是利益关系的重组，这也是员工最为重视的。

（5）战略性薪酬顺应了企业战略化管理的需要。企业的战略化管理需要科学的管理制度作为支撑，在这些制度的基础上形成科学的管理体制。其中，战略性薪酬管理是科学管理制度的重要组成部分。

3. 战略性薪酬的内容

企业在经营发展过程中，应根据本企业所处的不同发展阶段的特点及采取的经营战略的特点，制定与本企业相适应的战略性薪酬。

通常情况下，战略性薪酬的主要内容包括 5 个方面，如图 11-1 所示。

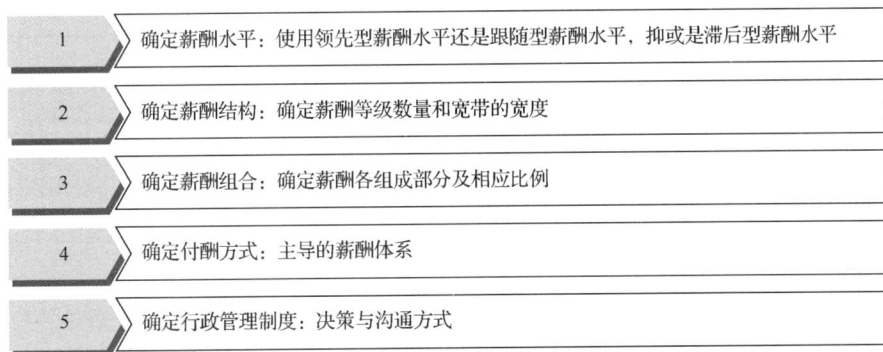

1	确定薪酬水平：使用领先型薪酬水平还是跟随型薪酬水平，抑或是滞后型薪酬水平
2	确定薪酬结构：确定薪酬等级数量和宽带的宽度
3	确定薪酬组合：确定薪酬各组成部分及相应比例
4	确定付酬方式：主导的薪酬体系
5	确定行政管理制度：决策与沟通方式

图 11-1　战略性薪酬的主要内容

11.1.2　战略性薪酬体系的设计要点

越来越多的企业强调薪酬体系的战略导向，战略性薪酬体系成为企业薪酬体系设计关注的主流。全面认识并设计战略性薪酬体系，是当前企业人力资源工作者的重要工作之一。下文从 5 个方面阐述了战略性薪酬的要点。

1. 战略性薪酬管理的目的

（1）吸引外部优秀人才进入企业。当前环境下，企业对人才的竞争非常激烈，如何建立一个对人才有足够吸引力的战略性薪酬体系是很多企业都面临的一个课题。

（2）激励为企业创造价值的核心员工。二八法则告诉我们，真正为企业创造价值的是20%的人，企业如何通过战略性薪酬体系激励这部分持续创造价值的员工是一个值得思考的问题。

（3）回报为企业做出贡献的员工。除了激励 20% 的核心人才之外，企业还需要对为企业发展做出贡献的大部分员工给予合理的回报。

（4）企业要建立一个薪酬调整和支付的系统，实现薪酬动态调整，灵活机动，与企业战略目标、业务运行紧密关联。

2. 战略性薪酬管理的4大趋势

（1）薪酬管理更强调外部竞争性，在薪酬体系变革时，注重外部薪酬数据的调查分析。

（2）薪酬管理与企业战略及运营的关联更加密切，固定薪酬占比逐渐降低，浮动薪酬占比逐渐提高。

（3）薪酬管理强调宽带薪酬结构设计，薪酬结构的层级更少、幅度更大，为企业扁平化管理提供支持。宽带薪酬的幅度和企业所处阶段紧密关联，企业管理成熟度越高，宽幅越大；企业管理成熟度越低，宽幅越小。

（4）强调整体薪酬概念，既注重经济性薪酬，又注重非经济性薪酬。

3. 战略性薪酬决策的5个方面

战略性薪酬决策要综合考虑薪酬标准、薪酬市场定位、薪酬构成方式、薪酬等级与幅度、薪酬制度管理5个方面，如表11-1所示。

表 11-1　　　　　　　　　战略性薪酬决策的5个方面

方面	具体内容
薪酬标准	依据什么来决定薪酬（岗位、能力、绩效、市场状况）
薪酬市场定位	与竞争对手或市场平均水平相比，如何定位企业的整体薪酬水平
薪酬构成方式	薪酬的各个组成部分及其比重是怎样的
薪酬等级与幅度	薪酬等级的数量、不同等级之间的薪酬差距
薪酬制度管理	薪酬决策在多大程度上做到开放与透明，薪酬制度如何实现动态调整

4. 战略性薪酬体系设计应考虑因素

战略性薪酬体系设计需综合岗位价值、能力价值、绩效价值及市场价值4个因素来考虑不同岗位的薪酬激励模式。

（1）岗位价值。岗位价值是指一个岗位对企业的贡献程度，是排除此岗位在职员工的能力、素质影响之外的岗位本身价值。

（2）能力价值。由于任职人的能力不同，相同岗位所体现出的价值也有差异，这一部分价值差异被称为能力价值，有时也叫作胜任力价值。

（3）绩效价值。不同的任职人或者同一个任职人在不同时期的业绩表现有差异，这一部分价值被称为绩效价值。

（4）市场价值。由于部分人才的市场供给与需求出现不均衡而产生该岗位的相对价值过高，这一部分过高的价值被称为市场价值，也就是薪酬的外部竞争力因素。

企业在设计战略性薪酬体系时，需要结合不同岗位的特点设置不同的激励项目，确保薪酬结构适合岗位特点，以有效激励该岗位员工做出符合企业目标的贡献。

5．战略性薪酬与战略目标密切关联，需要各级员工的积极参与

战略性薪酬体系是企业运营管理系统的有机组成部分，需要从总经理到基层员工各个层级的积极参与。同时，战略性薪酬体系一定要与企业的运营管理系统密切关联，通过目标设定薪酬激励要素，通过薪酬兑现激励员工追求高目标。

（1）高层管理者。高层管理者应理解薪酬管理体系将会给企业运营带来的价值，明确定义企业成功实现目标所需的行为；支持薪酬和绩效管理流程及培训活动；积极、公开地支持战略性薪酬，并用实例引导，衡量并确保薪酬体系支持战略目标。

（2）部门经理或主管。部门经理或主管应对实现业务目标所需的行为和计划有清晰的理解；在与员工进行有关业绩和职业的讨论中清晰地阐述和沟通；定期与员工进行业绩讨论，解释实现业务和个人目标所需的计划行为和能力。

（3）人力资源薪酬主管。人力资源薪酬主管应理解自己在推动薪酬管理体系运行中的角色；为利益相关方（高层管理者、部门经理、员工）提供培训和支持；进行培训和宣导，向员工强化其实现目标需要付出的努力，对企业的动态保持实时了解。

（4）员工。员工应理解自己的角色及自己的贡献对结果会有何影响；相信其重要性，致力于实现自己的业绩目标；采取行动，实现个人目标，以支持企业战略目标的实现。

11.1.3　战略性薪酬体系的设计流程

进行战略性薪酬体系设计要经过以下 4 个步骤。

1．寻找企业发展战略瓶颈

战略性薪酬体系设计的第一步就是要找到企业发展的战略瓶颈。发现企业的战略瓶颈有许多方法，其中，关键成功因素分析法和标杆分析法是两种十分有效的分析工具。关键成功因素（Key Success Factors，KSF）分析法是指企业以关键因素为依据来确定需求的一种方法。标杆（Benchmarking）分析法是目前应用较多的一种衡量企业运营状况的方法，通过与行业中运营得最好、最有效率的企业进行比较，从而获得本企业需要改进的信息。

2．分析相应的人力资源瓶颈

当找到本企业的发展战略瓶颈后，企业就要分析该战略瓶颈部门存在的人力资源瓶颈。战略瓶颈部门存在的人力资源瓶颈通常表现为数量不足、质量不高、配置不当、缺乏激励等现象中的一种或几种。

3．制定相应的战略性薪酬体系

战略性薪酬体系设计的要点在于，薪酬要向企业的瓶颈部门和核心人力资源倾斜。企业可以为其战略性人力资源建立"薪酬特区"，以便吸纳、留住与激励战略性人力资源，进而为突破企业发展战略瓶颈提供人才保障。

4．制定战略性薪酬政策

不断分析企业发展战略瓶颈及其带来的人力资源瓶颈，并前瞻性地制定战略性薪酬政策。

前 3 个步骤已经构成了一个相对完整的战略性薪酬的实施过程，由于企业面临的市场环境复杂多变，内部组织也在不断调整之中，因此企业的发展战略瓶颈也是不断变化的。所以，企业应前瞻性地分析企业的发展战略瓶颈及其人力资源瓶颈，并制定具有前瞻性的战略性薪酬政策。

【微课堂】

> A公司打算采用战略性薪酬来吸引人才，提高本公司在行业中的竞争地位。请你结合本节所学内容，列出战略性薪酬体系设计的具体步骤，并说明其内容要点和注意事项。

11.2 宽带薪酬体系的设计

宽带薪酬是一种新型的薪酬结构设计方式，其基本思路是将原来狭窄的薪酬级别划分为较为宽泛的范围，即在每个职级或岗位上设置薪酬带，然后根据员工的工作表现、能力及贡献水平，灵活地设定薪资水平。与其他的薪酬体系设计方式一样，宽带薪酬的设计同样具有较强的激励作用。

11.2.1 宽带薪酬的概念、优势和作用

企业薪酬管理者在进行宽带薪酬体系设计工作之前，有必要对宽带薪酬的概念、优势和作用有一个基本的了解。

1. 宽带薪酬的概念

在传统的薪酬体系设计理念中，业绩从根本上不能影响员工薪酬，即使员工业绩出色，也只能通过职位晋升使薪酬得到增长，因此，员工要想使薪酬增长，就只有拼命向更高的职位进取，而不是充分发挥本人特长，追求卓越。

所谓宽带薪酬，是指将企业中原有的多个薪酬等级压缩成相对较少的薪酬等级，同时将每个薪酬等级所对应的薪酬浮动范围拉大，从而形成一种新的薪酬管理系统及操作流程。宽带薪酬中的"带"指工资级别，宽带则指工资浮动范围较大。与宽带薪酬相对应的是窄带薪酬，即工资浮动范围较小、级别较多。

采用宽带薪酬体系的企业应该满足的 3 个基本条件如图 11-2 所示。

从上述基本条件可见，并非所有企业均适合使用宽带薪酬模式。企业在采用宽带薪酬体系前应先健全相应的基础工作。

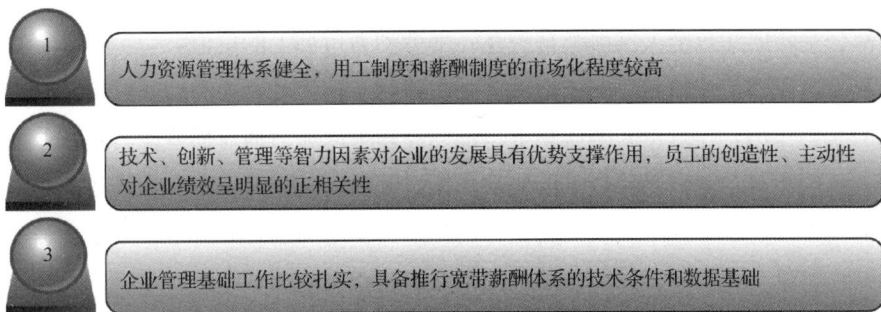

图 11-2 采用宽带薪酬模式的企业应该满足的 3 个基本条件

2. 宽带薪酬体系的优势

与传统的薪酬体系相比，宽带薪酬体系有其独特的优势，具体内容如下。

（1）有利于打破等级观念。打破等级观念，即减少了工作之间的等级差别，有助于企业组织结构向扁平化发展，同时有利于企业提高效率及创造学习型的企业文化，从而增强企业的核心竞争优势，提高企业的整体绩效。

（2）有利于职位轮换与员工职业生涯的发展。在宽带薪酬体系下，薪酬的高低是由能力而不是由职位来决定的，员工的薪酬水平摆脱了职位的束缚，只要员工愿意通过相关职能领域的职务轮换来提高自己的能力，获得更大的回报，就可以简单、快速地执行，避免了因职务调动带来薪酬变动等烦琐的手续。职位轮换也推动了员工职业生涯的发展。

（3）有利于管理人员及人力资源专业人员的角色转变。在宽带薪酬体系下，即使是在同一薪酬宽带当中，由于每一个薪酬带的薪酬区间的变动率可能等于或者大于 100%，因此给员工薪酬水平的界定留有很大空间。在这种情况下，部门经理就可以在薪酬决策方面拥有更多的权力，对下属的薪酬定位提出更多的建议。

这种做法既充分体现了人力资源管理的思想，又有利于促使直线部门的经理人员切实承担起自己的人力资源管理职责，同时还有利于人力资源专业人员从烦琐的事务性工作中脱身，转向关注对企业更有价值的高级管理工作，充分扮演好部门经理的战略伙伴和咨询顾问的角色。

3. 宽带薪酬体系的作用

宽带薪酬体系在现代企业薪酬管理中具有非常重要的作用，主要体现在以下 3 点。

（1）引导员工提高个人技能和能力。在宽带薪酬体系下，同一个薪酬宽带内，企业为员工所提供的薪酬变动范围比员工原来的薪酬等级中多个薪酬等级范围之和可能还要大。这种情况下，员工获取高收入不用仅依靠职位晋升这一种渠道，也不必为薪酬的增长而过度关注职位晋升，而只需关注发展企业需要的技术和能力，做好企业强调的那些有价值的事情。

（2）密切配合劳动力市场上的供求变化。在宽带薪酬体系下，薪酬水平是以市场薪酬调查的数据及企业的薪酬定位为基础确定的，因此，薪酬水平的定期审查与调整能使企业更好地提升其在市场上的竞争力，同时有利于企业降低薪酬成本。宽带薪酬体系以市场为导向，使员工从注重内部公平转向注重个人发展及自身在外部劳动力市场上的价值。

（3）提高员工的工作绩效。宽带薪酬体系将薪酬与员工的能力和绩效紧密结合起来，起到了对员工的激励作用。在宽带薪酬体系下，部门经理可以灵活地对那些能力强、业绩好的员工提供薪酬方面的倾斜。宽带薪酬体系弱化了头衔、等级、过于具体的职位描述及单一的向上流动方式，向员工传递了一种个人绩效文化；弱化了员工之间的晋升竞争，更多地强调员工之间的合作和知识共享、共同进步，以此来帮助企业培育积极的团队绩效文化，这对企业整体业绩的提高非常有益。

11.2.2 宽带薪酬体系的设计要素

在设计宽带薪酬体系过程中要考虑以下两个要素。

1. 外部竞争性

外部竞争性是通过企业参与市场调查而得到的结果。薪酬水平只有具备了外部竞争性，才能吸引并留住优秀人才。

宽带薪酬体系在设计过程中，同样要遵循外部竞争性这项基本原则。企业要将本企业所在行业劳动力市场上的各种岗位进行分类，界定各岗位的工作内容标准，使之在不同企业之间具有可比性，从而发现本企业各岗位工作内容上存在的不同之处，将相应岗位的薪酬水平进行平衡，进而再度比较薪酬水平的竞争力。

2. 内部公平性

内部公平性要求通过工作分析和职务评价，设计出合理、可行的薪酬体系，确保企业内部级别系统的合理性和公平性。

现在比较流行的职务评估方法有三因素法和四因素法，即通过职务评估算出各职务的点数，通过点数比较各职务之间的价值大小。以职务评估结果形成的自然级别作为设计企业级别的基础，企业级别的形成有可能是自然级别合并的结果，多级自然级别合并就形成宽带薪酬级别。采用不同的薪酬管理方法进行职务评估后，其形成自然级别的方法也不完全相同，这一点因企业而异，由企业的类型、岗位特点、岗位分布状况和数量等因素决定。

传统的一岗一薪制缺乏激励机制。外资企业多采用宽带薪酬体系，但是不同行业的企业，其宽带薪酬的"宽度"也不完全相同。宽带薪酬体系匹配于扁平化的组织管理结构，不强调资历，提倡职业发展和成长，这一点与外资企业的文化相吻合。因此，在我国企业中推行宽带薪酬体系时，企业必须考虑如何建立与之相适应的企业文化。

11.2.3 宽带薪酬体系的设计流程

企业在进行宽带薪酬体系的设计时应遵循以下流程。

1. 确定企业的人力资源战略

根据企业的战略和核心价值观确定企业的人力资源战略。支持企业战略目标的实现是人力资源管理体系的根本目标，也是企业薪酬体系的根本目标，否则，人力资源管理就永远停留在传统的人事管理阶段，人力资源专业人员也无法成为企业的战略伙伴。

企业通过制定人力资源战略，将企业战略、核心竞争优势和核心价值观转化为可以测量的行动计划和指标，并借助于激励性的薪酬体系强化员工绩效行为，增强企业的战略实施能力，有效地促进企业战略目标的实现。

这里，人力资源管理体系不仅是一套对员工贡献进行评价并予以肯定和激励的方案，更应是将企业战略及文化转化为具体行动，以及支持员工实施这些行动的管理流程。

2. 制定契合企业需要的薪酬战略

根据企业的人力资源战略、外部的法律环境、行业竞争态势及企业的发展特点制定契合企业需要的薪酬战略。把薪酬体系和企业的经营战略有机结合起来，将不同的经营战略具体化为不同的薪酬战略及方案。

在进行薪酬体系设计时，从薪酬策略的选择、薪酬计划的制订、薪酬方案的设计、薪酬的发放及沟通，均应体现企业战略、核心竞争优势和价值导向对人力资源（尤其是激励机制）的要求，否则企业的战略目标和核心价值观将得不到贯彻。对应符合企业战略和价值取向的行为和有助于提高企业核心竞争力的行动在薪酬上予以倾斜，以强化员工的绩效行为。

企业的薪酬体系体现了企业战略和核心价值观对人力资源（尤其是激励机制）的要求，但不能脱离企业所在行业的特点和企业的生命周期。

第一，企业所在行业的特点主要体现为技术特点和竞争态势。技术是用来使企业投入转变为企业产出的工具、技能和行动。企业的技术水平有两种形态，即制造和服务，这两种形态对企业薪酬体系的要求是不同的。

第二，企业要经历从成立、成长、成熟直至衰退的不同阶段。处于不同生命周期的企业具有不同的特点，因此需要建立不同的薪酬体系来适应其战略需求。

3. 选择适合运用宽带技术的职务或层级系列

根据企业的组织结构特点及工作性质，选择适合运用宽带技术的职务或层级系列。在传统的金字塔型组织结构和强调个人贡献的文化氛围中，往往采用等级制的薪酬模式。但随着组织的等级逐渐趋于平坦，越来越趋向于强调团队协作而不是个人贡献，在组织中将用较小的工资浮动范围、级别较多的薪酬等级来代替以前较少的薪酬等级。

4. 运用宽带技术建立并完善企业的薪酬体系

运用宽带技术建立并完善企业薪酬体系的步骤、实施内容及注意事项如图 11-3 所示。

因此，企业为了有效地控制人力成本，克服宽带薪酬模式的缺点，在建立基于宽带的薪酬体系的同时，还必须构建相应的任职资格体系，明确工资评级标准及办法，营造一种以绩效和能力为导向的企业文化氛围。

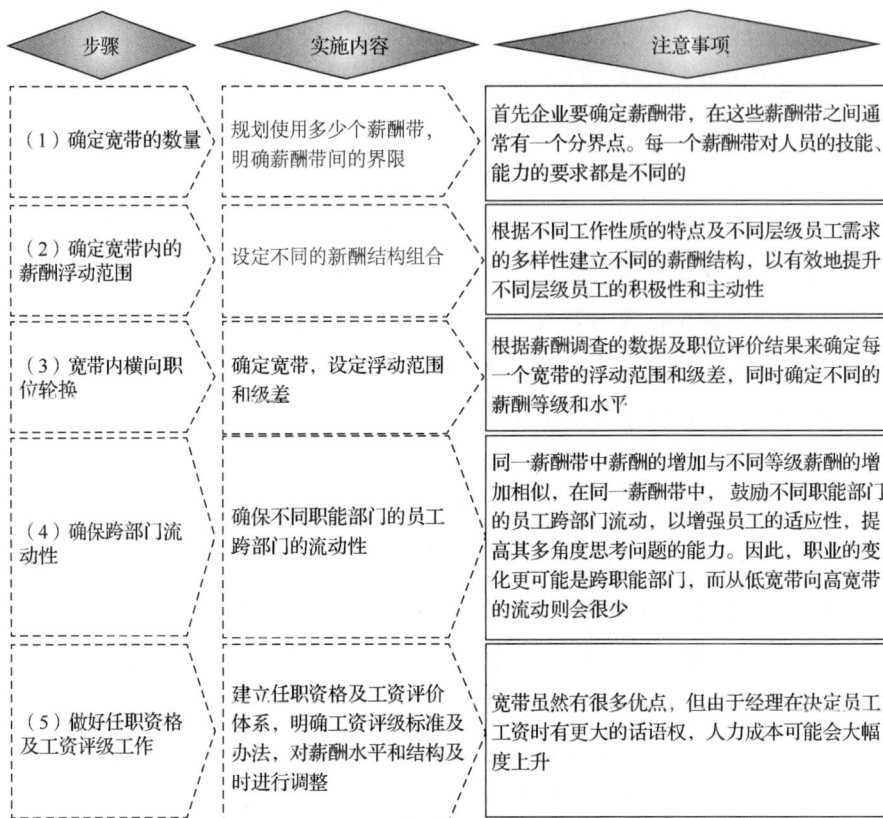

图 11-3　运用宽带技术建立并完善企业薪酬体系的步骤、实施内容及注意事项

11.2.4　基于能力的宽带薪酬体系设计

基于能力的宽带薪酬体系根据特定职位员工工作的胜任能力（知识，技术，能力的深度、广度和类型）及对企业的忠诚度确定薪酬水平。

基于能力的宽带薪酬体系的优点如图 11-4 所示。

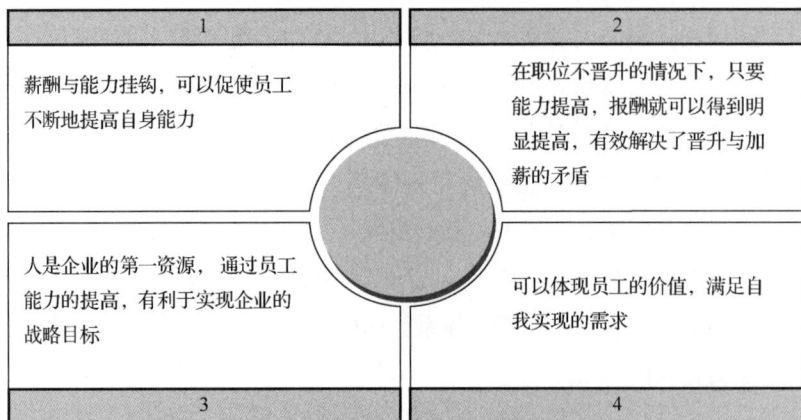

图 11-4　基于能力的宽带薪酬体系的优点

11.2.5　基于职位的宽带薪酬体系设计

基于职位的宽带薪酬体系依据职位对组织与目标实现的贡献程度及承担职位所需要的能力（知识、技能、经验等）和工作的特性（应负责任、解决问题的难度）确定薪酬水平，由工作评价的结果决定不同职务的工资差别。

1．基于职位的宽带薪酬体系的特点

（1）基于职位确定人在企业中的地位和价值。

（2）人岗有效配置，建立基于职位价值的薪酬序列。

（3）因岗设人，以职位为核心确定人与企业、人与职位之间的关系。

（4）以职位所赋予的行政权力来处理上下级及企业成员之间的问题。

2．基于职位的宽带薪酬体系的缺点

（1）职责过于明晰化，使员工明确自己应该对什么负责、对什么不负责，很难从事其他职位，加剧了企业缺乏灵活性和弹性的现象。

（2）不利于员工个人职业发展，专业人员工资达到了最高点，要想获得薪酬增长，只有通过职位晋升，从而可能使员工走上不适合本人发展的职位。此外，优秀的员工不见得是优秀的管理者。

（3）等级森严，决策链条增长，制约着员工知识技能的发挥与提高。

11.2.6　基于绩效的宽带薪酬体系设计

基于绩效的宽带薪酬体系根据任职者在特定岗位上体现的业绩水平和价值大小确定薪酬水平，包括与年度工作业绩、目标达成有关的中期奖金计划，与长期工作绩效、目标有关的长期激励计划（股权、奖金等）。

基于绩效的宽带薪酬体系设计的目的如下。

（1）通过绩效考核，使得员工不断提高工作质量。

（2）通过绩效指标的设定，使得员工朝着企业设定的方向努力，实现企业的战略目标。

（3）通过绩效管理，使得员工发现自己的问题并及时纠正，有利于企业的长期发展。

【微课堂】

某公司的工资水平在行业中处于中等，但核心技术人员和生产人员的水平处于中等以下。工资的等级和行政级别相关，有四五个等级，级差只有50元，工资的调整由总经理一人决定。请问该公司存在哪些问题？宽带薪酬体系的优势是什么？你对该公司有什么好的建议？

11.3 | 股权激励的设计

短期激励固然能激发员工的工作积极性和创造性，但为了激励和留住企业的核心人才，使其与企业成为一个利益共同体，还需配套长期激励的措施。股权激励便是企业为了激励和留住核心人才而推行的一种长期激励机制。

11.3.1 股权设计的原则

股权设计是企业经营管理中一个重要的决策过程，其需遵循一定的原则，如表 11-2 所示。

表 11-2　　　　　　　　　　　　股权设计的原则

原则	内容说明
合法合规	股权设计需符合相关的法律、法规和规章制度，如税务法规、证券法、公司法等，以规避法律风险和纠纷
权责利对等	股权架构设计要明晰股东各方的相关责任和权利
共赢共享	共担风险，共享利益
预留股权、动态调整	包括为企业核心员工、潜在合伙人、外部投资机构预留股权池，为吸引新的人才、资源和后续发展做准备
激励与约束	股权设计应融合激励和约束机制，鼓励股东为企业创造价值并约束其行为。可以通过设立股权激励、绩效考核、奖惩制度等激励机制，同时通过明确的治理规则和权力分配设定约束机制

11.3.2 不同类型企业的股权设计

不同类型的企业在股权设计上会有所差异，下文以 4 类企业为例加以说明。

1. 兄弟企业的股权设计

总体来看，兄弟企业在进行股权设计时，应遵循两大原则：一是及时明晰股权；二是根据能力贡献分配股权。

如两个人的企业，股权是最简单的，分配比例可以是 70%∶30%等；3 个人的企业，较为理想的股权分配方式是大股东大于二股东和三股东的股权之和，如 51%∶30%∶19%等，在股权分配比例上，既要防止股权过于分散，又要防止一股独大。

2. 同学或朋友合伙创办企业的股权设计

同学或朋友因兴趣或目标等一致而选择创业的情形也很常见，但后期理念分歧等原因则会导致企业发展受阻，因此在股权设计上需要妥善处理。

一般来说，初创企业资本占比，资金大于业绩大于资源大于技术；随着企业的发展，资金占比将逐渐下降，人才占比将逐步上升。

例如，4 人各出资 20 万元合伙创办企业，甲负责业绩，乙有资源，丙负责技术，丁只出资，该合伙企业的股份该怎么分才合理？

一般来说，对于刚创立的企业，股份分配方面，资金大于业绩大于资源大于技术，可按资金股 60%、业绩股 20%、资源股 10%、技术股 10%来分配。

4 人出资一样，资金股为 20÷80×60%=15%

甲的股份为 15%+20%=35%

乙的股份为 15%+10%=25%

丙的股份为 15%+10%=25%

丁的股份为 15%

总体来看，同学或朋友合伙创办企业的股权设计有两大关键：一是在不同发展阶段依据团队成员的知识、经验、资源等特质合理分配股权比例；二是根据企业规划逐步释放股权，设计合理的股权激励机制，为核心骨干和后续人才提供相应的利益保障机制。

3. 夫妻合作创业的股权设计

夫妻合作创业也是很多初创企业广泛采用的模式。在这种模式下要避免因夫妻间出现分歧而导致企业的经营决策无法有效执行这一情况，因此夫妻合作创业应在初始阶段就合理设计股权结构，并对股东婚变等特殊情况约定相关条款，确立预防机制。

4. 知识型企业的股权设计

知识型企业可以这样来理解，即运用新知识、新技术来创造高附加值产品或服务的企业，如会计师事务所、咨询公司等。

知识型企业在股权设计方面应该充分考虑到股东/合伙人的特殊性，按照股东/合伙人的专业能力、从业经验、客户资源等因素的差异化分配企业股权。

11.3.3　股权激励的原理

股权激励是企业通过向管理层或员工提供股权的方式来激励其积极性，推动企业发展的一种管理手段。其主要原理是通过股权激励的方式，对员工的贡献和绩效进行激励，让员工能够获得来自企业的额外奖励。

企业要创造出更大的价值，即将蛋糕做大，从而让员工有更多的回报。为了实现业绩的增长，股权激励可以有效提高员工的内在驱动力，进而促进企业的发展。因此，股权激励的目的就是让员工看得到企业的发展，推动企业的发展，包括价值增长、利润增长。

在股权激励的模式下，员工的利益与企业是绑定在一起的，并且还能促使员工有足够的动力去追求企业长期的目标，而不是单方面追求短期的经济利益。

用利益来留住人才、稳定团队，达到员工与企业利益最大化的效果，在股权激励模式下是能很好地体现这一点的。股权激励在一定程度上增强了员工和企业利益的一致性，达到共赢的目的，但需要遵循科学性、可行性、合理性等要求，以确保股权激励计划的有效实施。

11.3.4　股权激励的设计流程

股权激励的设计流程如图 11-5 所示。

| 企业薪酬考核委员会 | 董事会 | 监事会 | 股东大会 |

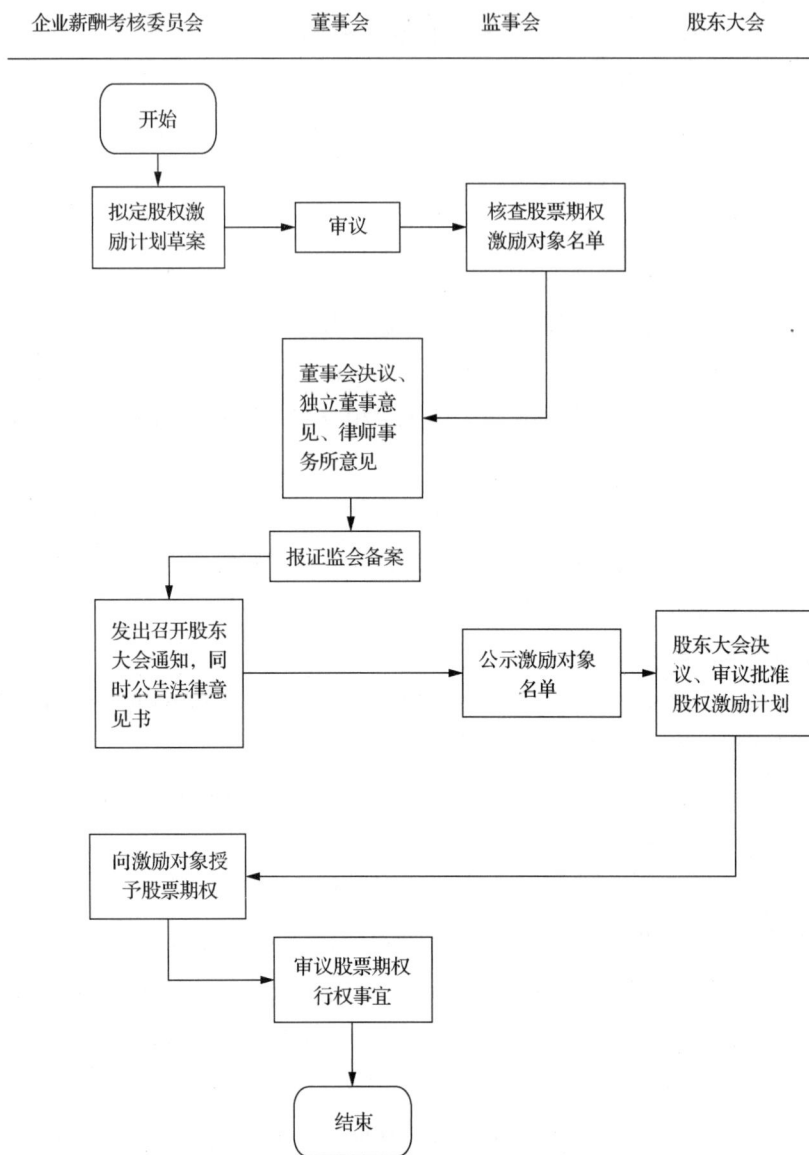

图 11-5　股权激励的设计流程

股权激励的设计是一项系统的工作，下文对其中的几个步骤进行说明。

（1）拟定股权激励计划草案。股权激励计划草案一般由企业下设的薪酬考核委员会负责拟定。

（2）股权激励计划的审议。企业实行股权激励，董事会应依法对提交的股权激励计划草案进行审议。监事会对股权激励对象名单进行审核，并充分听取公示意见。

（3）向激励对象授予股票期权。股东大会审议通过本次激励计划后，企业与激励对象签署股权激励协议书，以约定在本次激励计划中双方的权利义务。

股权激励离不开绩效考核，企业要随时关注激励对象的绩效考核结果，对达到条件的激励对象及时进行股权激励，兑现考核结果。

11.3.5　不同成长阶段企业的股权激励

企业在不同成长阶段，其发展战略、经营模式、战略重点、人才需求等都不太一样，所以股权激励的方式和重点也有所不同。

1. 初创期

在企业初创期，企业发展迅速，未来增值空间巨大。同时，在这个阶段，企业往往还面临着市场问题、产品问题、管理问题、资金问题等诸多问题，唯有依赖优秀人才才能克服这些困难。对此，股票期权和期股就成为企业首选的长期激励模式。选择激励对象时可以考虑全体员工，特别是核心人才。

（1）股票期权。股票期权是指一个企业授予其员工在一定的期限内（如 10 年），按照固定的期权价格购买一定份额的企业股票的权利。行使期权时，享有期权的员工只需支付期权价格，而不管当日股票的交易价是多少，就可得到期权项下的股票。

例如，如果企业现在的股价是 5 元/股，员工可以在未来某一段时间内以 5 元/股的价格购买 100 股企业股票。

如果未来企业股价上涨到 10 元/股，员工就可以以 10 元/股的价格卖出这 100 股股票，从而获得 500 元的利润（不考虑手续费等其他费用）。因此，股票期权可以让员工在企业业绩增长中获得更多的收益，同时也能激励员工更加努力地为企业工作。

（2）期股。期股是企业所有者向经营者提供激励的一种报酬制度，其实行的前提条件是企业里的经营者必须购买本企业的相应股份。在购买的股份中，现金出资这部分称为实股，认购部分称为期股。

期股激励模式下，购股资金来源多样，可以是期股分红所得、实股分红所得和现金。如本期分红不足以支付本期购股款项，需用其他资产或现金冲抵。其间，激励对象的任期和以分红回购期股的期限可以不一致。

经营者在被授予期股后，个人已支付了一定数量的资金，但在到期前只有分红权，没有转让权和变现权，因此，期股既有激励作用，又有约束作用。

2. 成长期

企业经历了初创期的原始积累之后，企业业绩提升，股票价值快速增长，人员快速增长，实力逐步增强，进入了成长期。此阶段企业发展对资金投入需求较大。这时股权激励模式的选择要侧重于企业的成长性。

这个阶段，股权激励模式可以是员工持股计划、股票期权计划等。激励对象主要为高级管理层、核心技术人员和骨干员工。下文对该阶段的员工持股计划进行说明。

（1）员工持股计划的内容。员工持股计划是指通过让员工持有企业股票和期权而使其获得激励的一种长期绩效奖励计划。员工持股计划主要包括以下几个方面的内容，如表 11-3 所示。

表 11-3 员工持股计划内容

内容	说明
股本设计	在进行股本设计时，企业应考虑以下 4 个方面的因素： ▲ 企业发展基本需求　▲ 员工持股计划实施的回报率 ▲ 企业净资产价值　▲ 员工持股比例和认购能力
员工持股资格界定	根据我国企业的常规做法可知，参与企业持股计划的员工包括以下 4 类： ▲ 在企业工作满一定年限的正式员工　▲ 企业的高层管理人员 ▲ 企业的海外派遣员工　▲ 企业的离退休人员
股权设置及持股比例	▲ 企业内部员工股份可以通过增资扩股或产权转让的方式设置 ▲ 企业可以根据自身规模、经营情况、员工购买情况，确定内部员工持股总额占企业总股本的比例
员工认购股份的资金来源	▲ 员工个人以现金出资购股 ▲ 由企业非员工股东担保，向银行或资产经营企业贷款购股 ▲ 将企业公益金划为专项资金借给员工购股
员工持股管理机构	员工持股的管理机构为员工持股会
员工股份回购管理	根据所持有股份的对象不同，股份回购的实施也有所区别
备用金管理	企业财务部门设立专门账户并负责核算，备用金的日常支出由员工持股会负责审批
员工持股计划的红利分配设计	企业应依照《公司法》《个人独资企业法》《合伙企业法》等相关规定进行利润分配，不得损害其他股东的利益，持股员工依法享受企业的红利分配

（2）员工持股计划的实现方式。员工持股计划的实现方式主要包括非杠杆型员工持股计划和杠杆型员工持股计划两种，不同的方式，其操作要点也略有不同。

① 非杠杆型员工持股计划。非杠杆型员工持股计划是指由企业每年向该计划贡献一定数额的企业股票或用于购买股票的现金，数额的比例为工资总额的 25%～30%。该类型计划的要点包括以下 3 点。

a. 由企业每年向该计划提供股票或用于购买股票的现金，员工不需要支付现金。

b. 由员工持股计划信托基金会持有员工的股票，并定期向员工通报股票数额及其价值。

c. 当员工退休或因故离开企业时，将根据工作年限取得相应的股票或现金。

② 杠杆型员工持股计划。杠杆型员工持股计划主要利用信贷杠杆来实现，这种做法涉及员工持股计划信托基金会、企业、企业股东和贷款银行 4 个方面。

a. 成立员工持股计划信托基金会。

b. 由企业担保，员工持股计划信托基金会出面，以实行员工持股计划为名向银行贷款购买企业股东手中的部分股票，购入的股票由员工持股计划信托基金会掌握，并利用因此分得的企业利润及由企业其他福利计划中转来的资金归还银行贷款的利息和本金。

c. 随着贷款的归还，按事先确定的比例将股票逐步转入员工账户，贷款全部还清后，股票即全部归员工所有。

3. 成熟期

企业进入成熟期后，主要呈现出以下两个特点：一是在管理方面，企业运作实现了标准化、流程化、制度化和精细化；二是在业务方面，客户认可度高，营业收入稳定，产品体系已经成熟，市场风险（相比之前的几个发展阶段）最小。

在成熟期，企业往往会着手重组股权，让企业在做大的基础上变得更强。这时的股权激励可以采用业绩股票、股票期权、股票增值权、虚拟股票和延期支付计划等激励模式，以便集中资源维持核心项目的运营和发展，同时激励员工与企业共进退。下文就业绩股票这一方式进行介绍。

业绩股票是股权激励的一种，指在年初确定一个较为合理的业绩目标，如果激励对象到年末时达到预定的目标，则企业授予其一定数量的股票或提取一定的奖励基金以支持其购买企业股票。

业绩股票的流通变现往往有时间和数量限制。激励对象在以后的若干年内经业绩考核通过后可以获准兑现规定比例的业绩股票，如果未能通过业绩考核或出现有损企业的行为、非正常离任等情况，则其未兑现部分的业绩股票将被取消。

业绩股票这种模式具有较强的激励与约束作用。对激励对象而言，在业绩股票激励模式下，其工作绩效与所获激励之间的联系是直接而紧密的。如果激励对象未通过年度考核，出现有损企业的行为、非正常离任等情况，激励对象将被取消激励股票或受到其他的惩罚，退出成本较大。

4. 上市期

企业进入上市期，其股权激励的方式包括股票期权、定向增发、业绩股票等。

在上市期，企业还可以根据实际情况采用其他股权激励方式，如虚拟股票计划、股票购买计划等。

总的来说，股权激励方式有很多种，包括股票期权、业绩单位、股票增值权等。企业管理要结合本企业发展的实际情况来选择股权激励方式。

【微课堂】

一家网络公司的注册资金为 500 万元，合计 500 万股，目前已实施了股票期权计划。若公司现打算回购股份作为股权激励的股票来源，请计算出该公司回购股份的上限。

备注：根据有关法律规定，回购股份数量不得超过公司已发行股份的 5%。

问题思考

1. 宽带薪酬的定义是什么？
2. 简述宽带薪酬的作用。
3. 简述股权设计的原则。

知识链接

宽带薪酬的主要模式

当前宽带薪酬的激励通常分为增量奖励、定量减扣和存量增值 3 种模式，如表 11-4 所示。

表 11-4　　　　　　　　　　宽带薪酬的 3 种模式

类型	评估方法	说明	特征
增量激励	OKR（目标与关键成果）	基本工资+业绩奖励或红利分享或团队激励再分配	（1）通过正激励提高员工的创造力 （2）激励的力度不大，分配的可确定性低 （3）强调分配的规则和公平性
定量减扣	KPI（关键绩效指标）	员工的工资是基本固定的，通过 KPI 等设定绩效目标	（1）员工达不到既定的工作目标会被减薪 （2）员工对目标的认可度低，对减薪等负激励机制比较反感和抵触 （3）激励效果一般不太理想
存量增值	KSF（关键成功因素）	从员工原有的薪酬中拿出较大的一部分与员工的绩效进行全面的融合，通过平衡点思维使员工与企业管理者形成利益共同体	（1）强化了利益的驱动，加强了激励的力度 （2）非常关注员工和企业管理者利益的平衡与共赢

技能列表

战略性薪酬、宽带薪酬、股权激励设计工作所需的技能如表 11-5 所示。

表 11-5　　　　　战略性薪酬、宽带薪酬、股权激励设计工作所需的技能

序号	技能名称	具体描述
1	薪酬规划技能	（1）能够根据企业所属行业成长特性和企业实际情况，确定合适的薪酬战略 （2）能够适时调整薪酬计划，保持薪酬计划与企业战略态势相适应
2	薪酬体系设计技能	（1）能够构建一套完善的宽带薪酬体系 （2）能够设计出有效的股权激励方案
3	设备、软件操作技能	能够熟练使用开展企业薪酬管理工作所需的各种办公设备、软件

技能实训

实训内容 1：设计一份宽带薪酬体系设计方案的模板。

宽带薪酬是企业人力资源管理体系中薪酬管理的方法之一，是对传统上带有大量等级层次的垂直型薪酬结构的一种改进或替代。请你设计一份宽带薪酬体系设计方案的模板。

宽带薪酬体系设计方案

一、目的

为了促进公司内部岗位轮换，培养一专多能人才，同时减少实施宽带薪酬体系对公司现有薪酬体系的冲击，增加内部员工岗位轮换的机会，根据公司薪酬管理制度，特制定本方案。

二、公司现有薪酬体系

公司现有薪酬体系如表 11-6 所示。

表 11-6　　　　　　　公司现有薪酬体系

岗位层级	等级	薪酬标准/（元/月）	管理序列	技术序列	销售序列
高级	12	10 000	高级管理者	高级工程师	资深销售主管
	11	8 000			
	10	6 000			
中级	9	6 500	部门经理	工程师	资深销售顾问
	8	5 000			
	7	3 500			
初级	6	4 000	主管	助理工程师	销售顾问
	5	3 000			
	4	2 000			

续表

岗位层级	等级	薪酬标准/（元/月）	管理序列	技术序列	销售序列
入门级	3	2 500	专员	技术员	业务员
	2	2 000			
	1	1 500			

三、公司现有薪酬体系分析

目前本公司执行的薪酬体系由3个序列构成，每一个序列又分为4个等级，各个等级之间具有明显的界线。同时，各个序列之间由于存在明显的技术障碍和薪酬等级障碍，岗位轮换十分困难，如一名业务员想转行从事技术员的工作，其工资标准、工资等级都是执行障碍。为了扫清这些障碍，加速员工在各个岗位之间的轮换，引入宽带薪酬体系是最好的选择。

四、确定宽带的数量并定酬

为了解决以上问题，根据本公司的岗位特征，可以考虑设定4个宽带，分别为高级序列、中级序列、助理级序列和员工级序列。按照这一标准，我们可以将表11-6中的岗位进行分类并确定岗位薪酬范围，如表11-7所示。

表11-7　　　　　　　　　　岗位分类

宽带名称	宽带内岗位	薪酬标准范围/（元/月）
高级序列	高级管理者、高级工程师、资深销售主管	6 000～10 000
中级序列	部门经理、工程师、资深销售顾问	3 500～6 500
助理级序列	主管、助理工程师、销售顾问	2 000～4 000
员工级序列	专员、技术员、业务员	1 500～2 500

五、确定宽带薪酬体系

根据各宽带所涵盖的岗位及对应的岗位薪酬标准，可以绘制出宽带薪酬体系图。

（请绘制宽带薪酬体系图）

实训内容2：设计一份股权激励方案。

背景：某信息网络初创企业拟对管理人员和核心技术人员采用股权激励的方式，运用豆包设计出一份股权激励方案。

1. 确定要求

针对管理人员和核心技术人员设计股权激励方案。

2. 发送要求

打开豆包页面，在底部的文本框中输入要求，如"生成一份信息网络公司初创期管理人员和核心技术人员的股权激励方案"。按"Enter"键发送，然后查看回复，如图11-6所示。

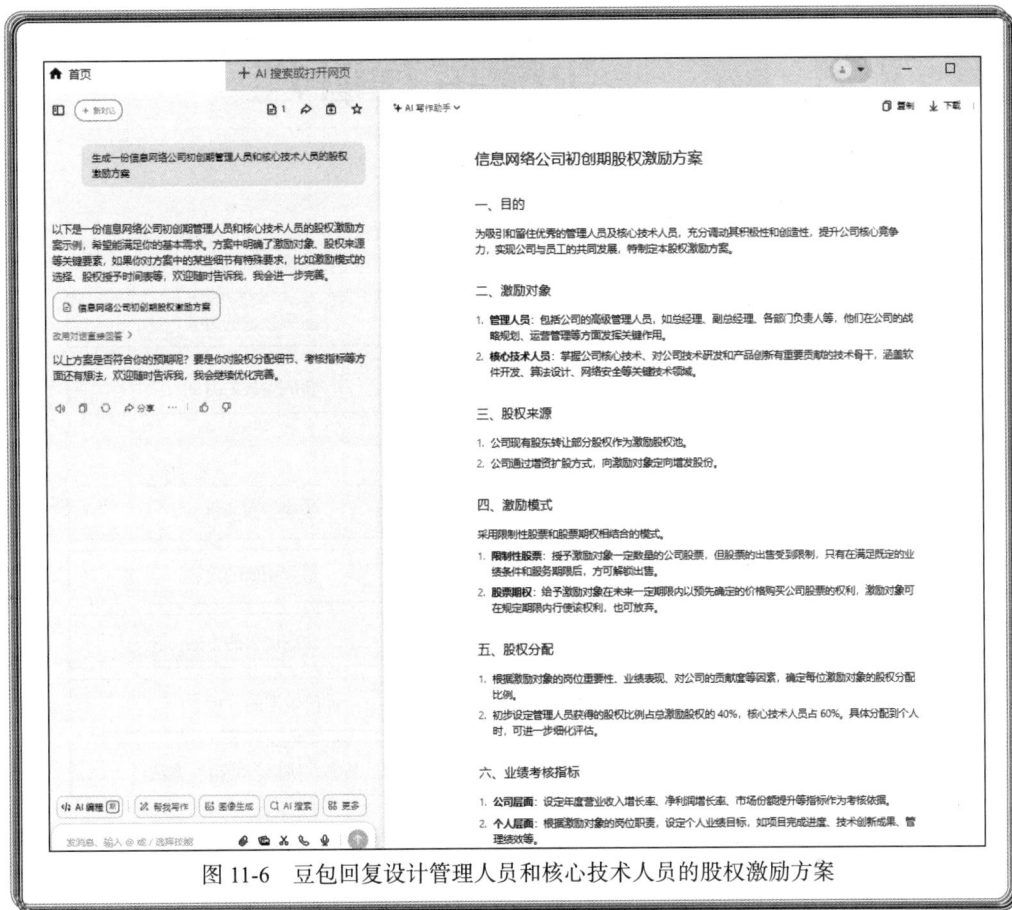

图 11-6 豆包回复设计管理人员和核心技术人员的股权激励方案

第12章 薪酬运行管理

【本章知识导图】

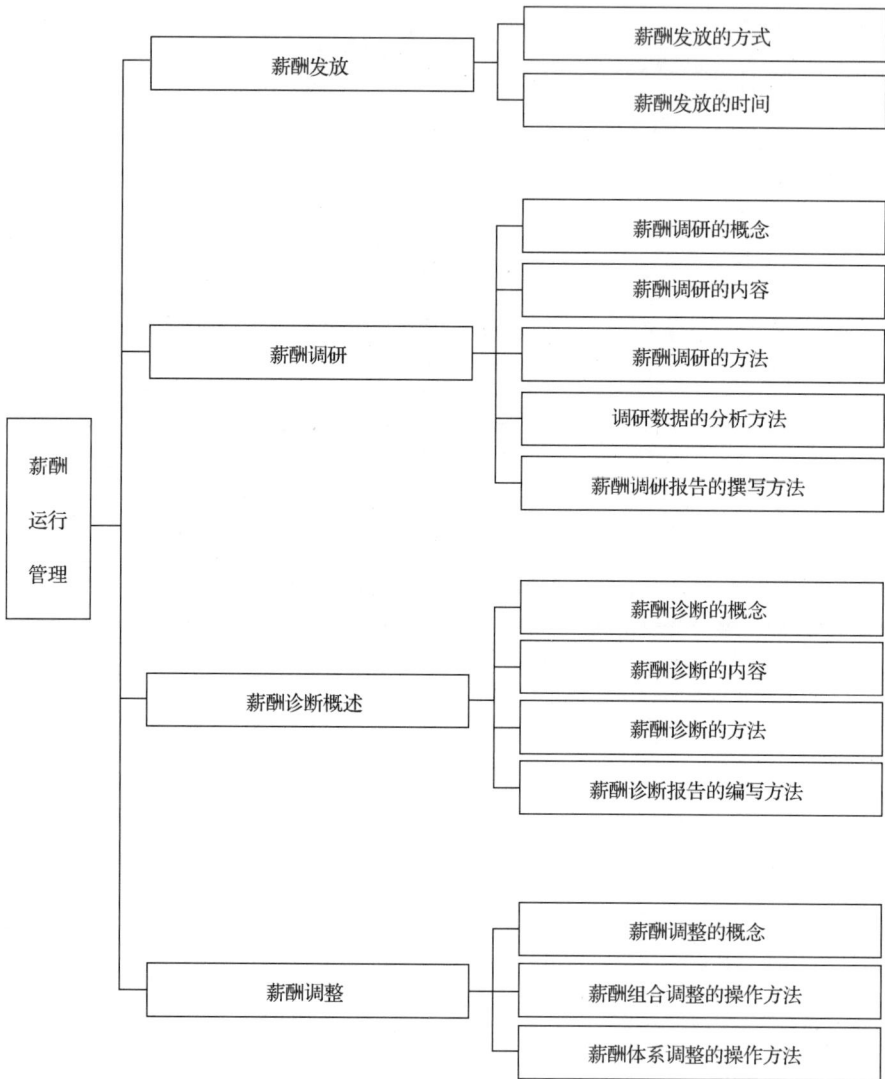

```
                          ┌─────────────┐         ┌──────────────────┐
                          │  薪酬发放    │─────────│  薪酬发放的方式  │
                          └─────────────┘         ├──────────────────┤
                                                  │  薪酬发放的时间  │
                                                  └──────────────────┘

                                                  ┌──────────────────┐
                                                  │  薪酬调研的概念  │
                                                  ├──────────────────┤
                                                  │  薪酬调研的内容  │
                          ┌─────────────┐         ├──────────────────┤
                          │  薪酬调研    │─────────│  薪酬调研的方法  │
                          └─────────────┘         ├──────────────────┤
              ┌────┐                              │ 调研数据的分析方法│
              │薪酬│                              ├──────────────────┤
              │运行│──┤                          │薪酬调研报告的撰写方法│
              │管理│                              └──────────────────┘
              └────┘
                                                  ┌──────────────────┐
                                                  │  薪酬诊断的概念  │
                                                  ├──────────────────┤
                          ┌─────────────┐         │  薪酬诊断的内容  │
                          │ 薪酬诊断概述 │─────────├──────────────────┤
                          └─────────────┘         │  薪酬诊断的方法  │
                                                  ├──────────────────┤
                                                  │薪酬诊断报告的编写方法│
                                                  └──────────────────┘

                                                  ┌──────────────────┐
                                                  │  薪酬调整的概念  │
                          ┌─────────────┐         ├──────────────────┤
                          │  薪酬调整    │─────────│薪酬组合调整的操作方法│
                          └─────────────┘         ├──────────────────┤
                                                  │薪酬体系调整的操作方法│
                                                  └──────────────────┘
```

【学习目标】

职业知识	• 了解薪酬诊断与薪酬调查的相关内容 • 明确薪酬组合调整的操作方法 • 掌握薪酬调研与薪酬诊断的方法
职业能力	• 灵活运用薪酬调研的方法，进行薪酬调研工作 • 能够统计、分析及发现数据或信息之间存在的联系，撰写薪酬调研报告 • 灵活运用各类薪酬调整的操作方法，制定合理的薪酬调整措施
职业素质	• 具备优秀的沟通能力、协调能力、数据分析能力及书面表达能力

12.1 薪酬发放

薪酬发放是企业薪酬管理中的一项重要工作，这一环节需对薪酬发放的方式、薪酬发放的时间等内容进行明确的说明。

12.1.1 薪酬发放的方式

薪酬发放的方式大体有以下 4 种。

1. 现金发放

现金发放即企业直接以现金形式发放薪酬给员工。

2. 银行转账

银行转账即企业通过银行将员工的薪酬转入他们的银行账户。

3. 支票发放

企业以支票形式支付员工薪酬，员工可以将支票兑现或存入自己的银行账户。

4. 电子支付

随着科技的发展，电子支付已经成为一种较为普遍的薪酬发放形式。企业通过电子支付平台将薪酬发放到员工的电子钱包或电子银行卡中。

12.1.2 薪酬发放的时间

工资支付保障制度是对劳动者获得全部应得工资及其所得工资支配权的法律保护。其中，按时支付规定要求工资应当按照用人单位与劳动者约定的日期支付，如遇节假日或休息日，则应提前在最近的工作日支付；工资至少每月支付一次，对于实行小时工资制和周工资制的人员也可以按日或周支付。

除遵循以上规定，企业薪酬支付的具体时间和具体形式视企业所采取的薪酬制度而定，一般包括以下 4 种情况。

（1）固定月薪制工资制。固定月薪制工资制即工资的组成仅有固定部分，没有浮动部分，且工资的多少仅与员工日常考勤密切相关，此种情况通常在每月固定日期支付一次，可采用上发式或下发式。

（2）绩效工资制。绩效工资制即在工资组成中浮动部分占据较大比例，此部分工资要结合员工的业绩考核结果进行支付，绩效工资的支付周期视考核周期而定，一般有月度考核、季度考核、半年度考核和年度考核等类型。绩效工资在考核结果出来后支付，原则上也有固定的时间。

（3）组合工资制。组合工资制即工资组成中有固定部分，也有浮动部分，分别结合员工考勤和业绩考核结果进行支付，因此也分两次支付。

（4）其他项目支付时间。例如，福利、津贴、分红等及其他非经济性报酬的支付时间视企业与员工约定的具体时间而定。

【微课堂】

> A公司近期业务发展态势良好，如上一个月，销售部门的业绩颇为喜人，研发部门的一个重大项目也取得突破性的进展。对此，公司的总经理决定根据当前的情形，针对销售部门和研发部门制定业绩奖励方案。若你是该公司的人力资源经理，请你就该方案中的业绩工资发放的时间节点进行设置。

12.2 薪酬调研

薪酬调研可以帮助企业更好地了解市场薪酬水平和发展趋势，是实现企业薪酬水平外部公平的重要途径。

12.2.1 薪酬调研的概念

薪酬调研是指企业在进行薪酬体系编制前，对企业内外部相关行业、相关岗位的薪酬实施情况，采用科学的方法进行调查研究的过程。

企业进行薪酬调研的根本目的是解决企业薪酬水平的内外部均衡性问题。企业薪酬水平的外部均衡性主要是指企业的薪酬水平与同地域、同行业的薪酬水平应该保持一致或具有一定的竞争性，不能偏离太大。企业薪酬水平的内部均衡性主要是指企业的经济承受能力能够支撑薪酬的正常实施，能够根据实际情况科学反映企业内部各岗位员工之间的薪酬水平及员工不同时间段、不同工作状态下的薪酬水平。

12.2.2 薪酬调研的内容

薪酬调研的内容包括企业外部薪酬调研和企业内部薪酬调研两大部分。

1. 企业外部薪酬调研

企业外部薪酬调研主要从以下5个方面进行。

（1）同行业企业近年来薪酬增长状况。

（2）同行业企业相关岗位的薪酬数据。

（3）同行业企业相关人员的薪酬结构。

（4）同行业企业为内部员工提供了哪些内在报酬。

（5）同行业企业未来的薪酬走势。

2．企业内部薪酬调研

企业内部薪酬调研主要通过以下 6 个方面进行。

（1）近年来本企业的薪酬增长状况。

（2）本企业各岗位的薪酬数据。

（3）本企业各类人员的薪酬结构。

（4）本企业为内部员工提供的内在报酬。

（5）本企业的未来薪酬走势。

（6）本企业员工对薪酬相关政策的满意度。

12.2.3 薪酬调研的方法

薪酬调研为企业的薪酬体系设计和调整工作提供了依据。常用的薪酬调研方法包括以下几种。

1．企业外部薪酬调研的方法

企业外部薪酬调研的方法主要有以下 5 种。

（1）企业之间互调。相关企业人力资源管理部门可以采取联合调研的形式，共享薪酬信息。调研可以采用座谈会、问卷调查等多种形式。

（2）委托中介机构、专业调研机构进行调研。委托中介机构、专业调研机构根据企业的要求进行薪酬调研。

（3）从政府部门、职介等机构中调研。例如，招聘会上企业发布的招聘信息，人才、职介等招聘就业机构发布的招聘信息。

（4）从招聘面试中调研。在对外招聘时，企业可要求应聘人员提供以往工作中相关企业的薪酬待遇信息。

（5）从其他就业辅助机构调研。例如，通过报刊、求职广告等渠道获取调研信息。

2．企业内部薪酬调研的方法

企业内部薪酬调研的方法主要有问卷调查法、座谈法两种形式。座谈法要求人力资源工作人员事先对座谈内容进行设计，再根据设计好的问题一一对员工进行面谈。

12.2.4 调研数据的分析方法

企业在进行外部薪酬调研时，要用与本企业员工相同的工作标准进行工作评估，提供真实的薪酬数据，只有这样才能保证薪酬调研的准确性。除此之外，企业还应在不同时期针对不同职位性质的员工进行内部调研，了解其满意度和需求动向。

在分析同行业的薪酬数据后，企业要根据本企业的状况选择合理的薪酬水平。企业薪酬水平不仅能影响企业的对外竞争力，还能影响企业产品在市场上的竞争力。提高企业薪酬水平固然能提高企业竞争力，但同时也会增加企业的人力资源成本。

企业常用的调研数据分析方法有以下 3 种。

（1）频率分析法。当被调研企业没有给出准确的薪酬水平数据，而只给出该企业平均薪酬情况时，可以采取频率分析法，分析各薪酬额度内各企业平均薪酬出现的频率，从而了解这些企业或某些岗位的薪酬水平。

（2）数据排序法。数据排序法是指将调研的同一类数据由高至低排列，再计算出数据排列的重要数据。

（3）回归分析法。回归分析法是指借用一些数据统计软件（如 SPSS）所提供的回归分析功能，分析两种或多种数据之间的关系，从而找到影响薪酬水平、薪酬差距的主要因素及其影响程度，进而对薪酬水平或者薪酬差距的发展趋势进行预测。

12.2.5 薪酬调研报告的撰写方法

薪酬调研报告主要是对薪酬调研数据的整理、分析和应用，并将调研报告应用于实际工作中。

1. 薪酬调研报告的内容

（1）根据薪酬调研报告制作不同职务人员的薪酬分布表。依据薪酬调研数据分类，以了解薪酬分布状况；再依据最低薪酬与最高薪酬的差距，求出职位薪酬的平均数、中位数及标准差。

（2）描绘出所有受调研岗位的薪酬曲线。调研曲线包括所有调研岗位，在绘制出调研曲线后可将其与本企业目前的薪酬曲线相比较，以检视本企业的实际薪酬水平。

（3）检讨本企业薪酬策略。根据本企业的薪酬策略，选择适合本企业的行业薪酬水平分位点，作为本企业薪酬水平确定的参考数据。

（4）调整本企业薪酬曲线。调整本企业的薪酬曲线，使之与调研后的薪酬曲线保持适当的关系，但在调整过程中由于报告的处理过程需要时间，因此调研数据仍然可能产生时差。

2. 使用薪酬调研报告应注意的因素

企业在使用薪酬调研报告时，应注意图 12-1 所示的 5 个因素。

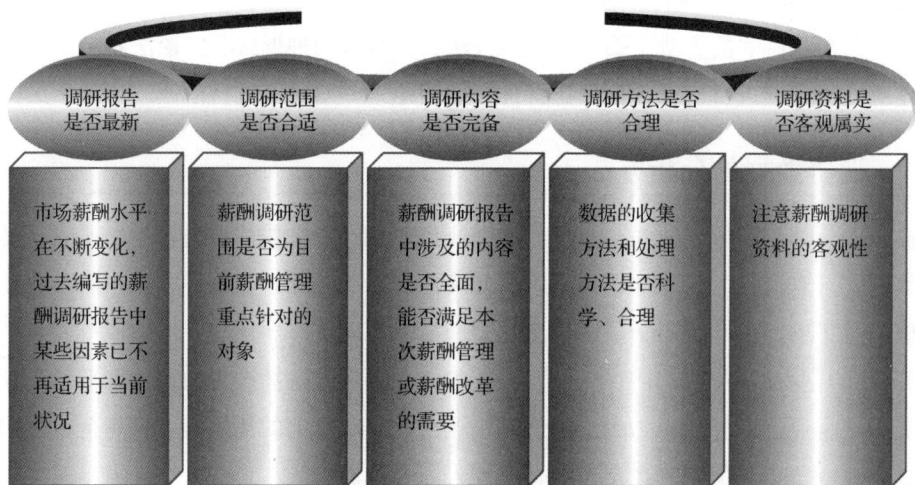

图 12-1　企业在使用薪酬调研报告时应注意的 5 个因素

【微课堂】

> A 公司是一家网络技术公司，为了加强在同行业中的竞争力，现要重新编制薪酬体系，但在编制薪酬体系之前，人力资源部门经理要你负责薪酬调研。试问，你该如何开展薪酬调研？薪酬调研的内容有哪些？

12.3 薪酬诊断概述

薪酬诊断是指对企业现有的薪酬体系进行全面评估和分析的过程。企业要通过薪酬诊断，发现企业现阶段薪酬管理工作中的问题，分析问题产生的原因，进而提出改进方案、提高企业的薪酬管理水平。

12.3.1 薪酬诊断的概念

薪酬诊断是指企业通过科学的方法获取一系列与企业薪酬、成本、销售相关的数据，并结合企业财务报表，对该数据进行分析、汇总，从而发现当前薪酬实施中存在的问题。

12.3.2 薪酬诊断的内容

薪酬诊断的内容主要包括薪酬体系诊断，工资总额诊断，奖金、福利诊断和薪酬总额诊断等。薪酬诊断的项目与主要内容如表 12-1 所示。

薪酬诊断的内容

表 12-1　　　　　　　　　　　　薪酬诊断的项目与主要内容

薪酬诊断的项目	主要内容
薪酬体系诊断	（1）现行薪酬的效果如何 （2）与企业的经营方针是否一致 （3）是否有利于生产效率、管理水平和技术水平的提高 （4）是否实现了对外竞争性和内部稳定性 （5）是否有利于调动员工工作的积极性 （6）企业经营者对薪酬体系持什么态度 （7）有无改善薪酬管理的想法 （8）现行薪酬体系存在什么问题 （9）相关工作人员对现行薪酬体系有什么建议或意见
工资总额诊断	工资总额诊断是指对工资、津贴、奖金、各种福利费等伴随劳动力的使用支付的全部费用的管理，根据企业支付能力，判断工资总额的规定是否适当，即根据企业财务报表，对工资总额的管理状况进行诊断。其主要内容包括以下 3 点。 （1）工资总额是参照同行业平均水平确定的，还是根据本企业平均水平确定的 （2）决定工资总额时是否与工会进行了协商，是否考虑了员工的意见 （3）工资总额的确定是否考虑了企业工资费用的支付能力

薪酬诊断的项目	主要内容
奖金、福利诊断	奖金、福利是对企业有功者进行的奖励和对员工生活提供的补助。发放奖金、福利的原因是多种多样的，有利润分配，有对工资总额的调节。发放奖金、福利的方法也是多种多样的，奖金、福利诊断的重点包括以下4点： （1）奖金、福利的设计与发放是否与企业的经营方针、人事方针紧密相连 （2）奖金、福利的发放目的和发放方法是否考虑到企业的经营性质和经营特点 （3）奖金、福利的浮动是否与企业的经营特点相关联 （4）奖金、福利总额的决定方法和分配方式是否妥当
薪酬总额诊断	主要分析企业的薪酬总额是怎么确定的，各组成项目的额度确定是否科学、合理，是否与企业的实际情况相结合，是否在企业的经济能力承受范围内

12.3.3　薪酬诊断的方法

为保证薪酬诊断的有效性，企业在进行全面的薪酬诊断时一般应从以下4个层面开始。

1．企业战略

薪酬体系应与企业战略紧密相连，企业应根据企业核心岗位的工作性质和特点，制定合理的绩效激励方式。

2．企业员工

员工对薪酬的满意度来源于获得的薪酬与其期望之间的关系，以及员工对自己和他人薪酬值的比较。员工不仅关注薪酬水平的绝对值，而且关心薪酬是否反映自身的劳动价值，以及自身劳动价值和他人劳动价值的比较；关心薪酬制度的透明度，解决自我公平和过程公平的问题；关心不同岗位的员工是否有同等的晋升机会等。

3．对外竞争性

企业在进行薪酬水平确定前，可通过对市场薪酬水平和招聘手段的调查，了解人才市场薪酬水平等，以全面、系统、合理地掌握人才市场薪酬水平，确保本企业薪酬水平的竞争性。

4．财务成本

财务成本是企业愿意为员工付酬的意愿体现，也是体现企业分析人工成本投入产出效率的一个重要角度。通过从财务视角的研究，企业管理人员可以了解到企业对员工的投入能够给企业带来的价值回报。财务成本层面主要分析的内容包括总体人工成本、人工成本变化趋势、人工成本回报等。

薪酬管理不但要支持企业的发展战略，而且要满足股东的投资回报率，更要激励员工提升工作效率。因此，薪酬激励是一个较为敏感的管理领域，全面的薪酬诊断是薪酬激励体系优化的起点和基础，只有全面地诊断目前薪酬体系中存在的问题，明确薪酬体系优化的重点，才能使薪酬管理更加合理和规范。

12.3.4　薪酬诊断报告的编写方法

企业在薪酬诊断结束后应及时编写薪酬诊断报告，及时记录在薪酬诊断过程中发现的问题，以及针对发现的问题对薪酬体系重新设计的重点内容。

因此，企业编写的薪酬诊断报告应该包括以下 9 项基本内容。

（1）报告编写的目的。

（2）报告期企业的实际状况分析。进行实际状况分析的目的是通过对企业整体现状的分析判断，为下一步对企业薪酬体系的分析和薪酬体系的设计提供参考资料，具体包括以下 5 个方面。

① 企业的战略目标和市场定位。

② 企业的组织架构图和部门业务流程图。

③ 企业的人力资源基本状况。

④ 企业文化的基本状况。

⑤ 企业现状分析的基本结论。

（3）薪酬体系诊断的观点与原则。此部分内容包括薪酬体系在整个企业管理体系中的作用和地位，以及薪酬体系设计与诊断的基本原则。

（4）薪酬体系的现状分析。分析内容包括薪酬战略现状、薪酬管理制度现状、薪酬结构现状、内部管理机制现状。

分析以上内容的目的在于，根据企业的基本情况、薪酬体系诊断与设计的原则及企业的战略侧重点等相关内容，对企业的薪酬体系进行全面的分析，形成基本理论，以此作为对企业薪酬体系重新设计完善的基础。

（5）目前薪酬体系的作用和地位。

（6）目前企业的绩效奖金机制分析。企业绩效奖金机制分析的主要内容包括企业当前绩效奖金机制的相关制度及实施现状，以及在业务方面企业平台和个人平台的区分。

（7）企业的沟通机制分析。

（8）薪酬体系分析的结论。

（9）薪酬体系优化设计的构想。

【微课堂】

　　S公司是一家化妆品销售企业，建立初期，业务发展迅猛，销售利润很高。后来，由于受化妆品市场的影响，S公司利润开始下滑，因此，S公司必须建立一套既适应公司发展阶段又具有激励作用的薪酬体系。请问，如果让你对该公司薪酬进行诊断，你该从哪些方面着手？

12.4 薪酬调整

12.4.1 薪酬调整的概念

薪酬调整是指为促进企业薪酬管理而进行的薪酬体系调整，通常包括薪酬结构调整、薪酬水平调整、薪酬组合调整3种类型，如表12-2所示。

表 12-2　　　　　　　　　薪酬调整的3种类型

类型	具体内容
薪酬结构调整	薪酬结构调整包括纵向结构调整（如薪酬等级调整）和横向结构调整（如薪酬组成要素调整），企业内部薪酬结构调整主要从薪酬标准和薪酬等级两个方面着手
薪酬水平调整	薪酬水平调整是指薪酬结构、等级、构成要素等保持不变，只调整薪酬结构上某一等级或某一组成要素的薪酬数额。薪酬水平调整的影响因素包括行业水平、员工绩效、个人能力、工作职位、员工工龄。薪酬水平调整的类型包括奖励性调整、社会性调整、效益性调整、工龄性调整
薪酬组合调整	薪酬组合调整是指对薪酬组成的各个要素进行调整

企业薪酬调整应遵循的原则如表12-3所示。

表 12-3　　　　　　　　　企业薪酬调整应遵循的原则

遵循的原则	具体内容
经济性原则	提高企业薪酬水平虽然可以提高企业的对外竞争力，但同时也增加了企业人力资源成本，因此在进行薪酬调整时应考虑企业的承受能力
对外竞争性原则	在确保企业承受能力的前提下，提高企业薪酬水平的同时提高企业的对外竞争力，进而实现企业吸引并留住优秀人才的目的
对内公平性原则	薪酬调整过程中既要考虑到各职位之间的差异性，确保薪酬的激励性，同时又要考虑到各职位薪酬水平的公平性

12.4.2 薪酬组合调整的操作方法

在薪酬的组成要素中，不同的要素有着不同的功能，薪酬的固定组成部分如基本薪酬和福利工资，主要是企业为了适应外部劳动力市场变化而设定的项目；薪酬的浮动组成部分如绩效工资、奖金等形式，主要是企业为了刺激业绩增长和有效控制人力成本而设置的项目。薪酬组合调整的关键点是薪酬组成要素的增减。

薪酬组合调整的方式及方法如表12-4所示。

表 12-4	薪酬组合调整的方式及方法
薪酬组合调整的方式	薪酬组合调整的方法
（1）薪酬水平不变，固定部分与浮动部分组成比例发生变动 （2）薪酬水平变化，固定部分或者浮动部分相应变化	（1）增加薪酬浮动部分如奖金、绩效的比例，以加大不同绩效水平员工之间的差距 （2）将以工作量为基础的付薪方式向以绩效和技能为基础的付薪方式转变，以提高员工技能和个人绩效

12.4.3 薪酬体系调整的操作方法

企业薪酬体系调整主要包括薪酬水平的调整、薪酬结构的调整、薪酬构成要素的调整 3 部分。

1. 薪酬水平的调整

薪酬水平的调整是指薪酬结构、等级要素、构成要素等不变，调整薪酬结构上每一等级或每一要素的数额。

为了贯彻新的薪酬政策而进行的薪酬调整，反映了企业决策层是否将薪酬作为与外部竞争和进行内部激励的有效手段。因此，在薪酬水平的调整中，企业除了要贯彻薪酬调整指导思想之外，还要处理好选择调整战略和旧政策的关系。

2. 薪酬结构的调整

薪酬结构的调整包括纵向结构和横向结构两个领域。纵向结构是指薪酬的等级结构，横向结构是指各薪酬要素的组合。纵向结构常用的调整方法包括增加薪酬等级、减少薪酬等级、调整不同等级的人员规模和薪酬比例。

3. 薪酬构成要素的调整

横向薪酬结构调整的重点是考虑是否增加新的薪酬要素。在薪酬构成中，不同的薪酬要素分别起着不同的作用，其中，基本薪酬和福利薪酬的主要作用是提高企业外部竞争力，而浮动薪酬则主要通过薪酬内部的一致性达到降低成本与刺激业绩的目的。

薪酬要素结构的调整有两种方式：第一种，在薪酬水平不变的情况下，重新配置固定薪酬与浮动薪酬之间的比例；第二种，通过薪酬水平变动的机会，增加某一部分薪酬的比例。相比之下，后一种方式比较灵活，引起的波动也较小。

员工薪酬要素结构的调整需要与企业薪酬管理制度和模式改革结合在一起，使薪酬要素结构调整符合新模式的需要。

【微课堂】

> 甲公司是一家专门从事展览展示工程、国内外展厅、科技馆、博物馆等工程的设计与施工，国内各种商业环境陈列展示等专业服务的一体化公司。甲公司现在需要对试用期结束的员工进行调薪，请你参照本节内容，设计一份新员工的调薪表。

问题思考

1. 请简述薪酬发放的方式。
2. 请简述薪酬调研的内容。
3. 请简述薪酬诊断的方法。
4. 企业薪酬体系调整主要包括哪 3 部分的内容？

知识链接

Compa 指标测定诊断

Compa 指标也称薪资均衡指标，通过 Compa 指标测定可以衡量和诊断薪酬体系，如外部竞争性、员工工资等级、部门之间的薪酬水平等。下文介绍其中两个方面的内容。

（1）薪酬的外部竞争性诊断。如果 Compa=1，则说明企业的薪酬体系是市场跟随型的；如果 Compa>1，则说明企业的薪酬水平领先于市场，具备较强的竞争力；如果 Compa<1，则说明企业的薪酬水平落后于市场，具备较弱的竞争力。

（2）员工工资等级诊断。如果 Compa=1，则说明员工被支付了等于他们工资中点值的工资；如果 Compa>1，则说明员工被支付了高于他们工资中点值的工资；如果 Compa<1，则说明员工被支付了低于他们工资中点值的工资，工资水平偏低，企业需要分析原因，寻找解决方法。

技能列表

薪酬运行管理工作所需技能如表 12-5 所示。

表 12-5　　　　　　　　　　薪酬运行管理工作所需技能

序号	技能名称	具体描述
1	薪酬调查数据分析技能	（1）能够运用各种工具和技术进行薪酬数据分析，了解薪酬水平和市场趋势 （2）通过对薪酬数据的分析，为企业薪酬管理工作提供有价值的建议和决策支持
2	薪酬分析报告撰写技能	能够使用简明扼要的语言，将薪酬分析的结果以报告的形式呈现出来
3	薪酬诊断技能	（1）能够综合运用各种先进的分析手段和方法，发现企业薪酬管理方面存在的问题和薄弱环节 （2）通过分析产生问题的原因，提出切实可行的方案或建议，进而指导方案实施以解决问题、改进现状、提高企业的薪酬管理水平
4	设备、软件操作技能	能够熟练使用各种办公设备、薪酬管理软件和工具

技能实训

实训内容 1：设计一份薪酬调研报告的模板。

薪酬调研报告主要是对薪酬调研数据的整理、分析和应用，并将薪酬调研报告应用于实际工作中。请你设计一份薪酬调研报告的模板。

××公司薪酬调研工作报告

一、调研目的

为了适应日益激烈的市场竞争环境，实施符合现代公司管理制度要求的薪酬体系，吸引更多优秀人才加盟，人力资源部门自××××年××月××日着手展开薪酬调研工作，并于××××年××月××日全面完成薪酬调研任务。

二、调研对象

（1）公司内部员工。

（2）同行业前 500 强列表中的前 100 家公司。

（3）同行业与本企业有竞争关系的 10 家公司。

三、调研方式、渠道

（1）收集、查看政府部门发布的薪酬调查资料。

（2）委托××××咨询公司调查。

（3）从本公司流动人员中进行了解。

（4）开展问卷调查。

四、调研结果分析

1．整体情况分析

（1）本公司所属的行业总体薪酬水平较上一年度增长××%，纵观最近几年的薪酬调研结果，整体薪酬水平呈稳步增长的趋势。

（2）本公司所属的行业上一年度平均薪酬水平为××××元，本公司平均薪酬水平为××××元，高出市场平均薪酬水平。

（3）本公司在关键岗位或核心人才的薪酬管理上还存在着不足之处，主要表现为薪酬结构设计不太合理。

2．重点调研对象薪酬状况分析

根据薪酬调研统计分析的结果，将调研的同一类薪酬数据由高至低排列，再计算出数据排列中的重要数据。

五、下一阶段工作任务

通过将以上薪酬调研情况与公司目前薪酬状况比较，本公司应从以下两个方面进行薪酬管理工作的改进。

（1）根据公司经营效益适时地调整本公司的整体薪酬水平。

（2）结合外部薪酬水平状况及本公司实际情况，对关键或重要的岗位、部门的薪酬水平与结构进行重新设计。

实训内容2：设计一份薪酬诊断报告。

背景：西安某旅行社计划与调度岗位底薪为2 500元至3 500元（3年及以下工作经验2 500元，3年至5年工作经验3 000元，5年以上工作经验3 500元）；提成工资标准为每人提成4元；地接或组团业务提成工资为毛利的3%。但员工流失率高，因此公司对计划与调度岗位启动了薪酬诊断，运用智谱清言数据分析和内容生成能力，设计出一份专业、准确且具备洞察力的薪酬诊断报告。

1．确定要求

针对旅行社计划与调度岗位设计薪酬诊断报告。

2．发送要求

打开智谱清言页面，在底部的文本框中输入要求，如"旅行社计划与调度岗位底薪标准为2 500元至3 500元（3年及以下工作经验2 500元，3年至5年工作经验3 000元，5年以上工作经验3 500元）；提成工资标准为每人提成4元；地接或组团业务提成工资为毛利的3%。请根据本社薪酬情况，以及西安市其他旅行社2024年计划与调度岗位薪酬水平，生成一份旅行社计划与调度岗位的薪酬诊断报告。"按"Enter"键发送，然后查看回复，如图12-2所示。

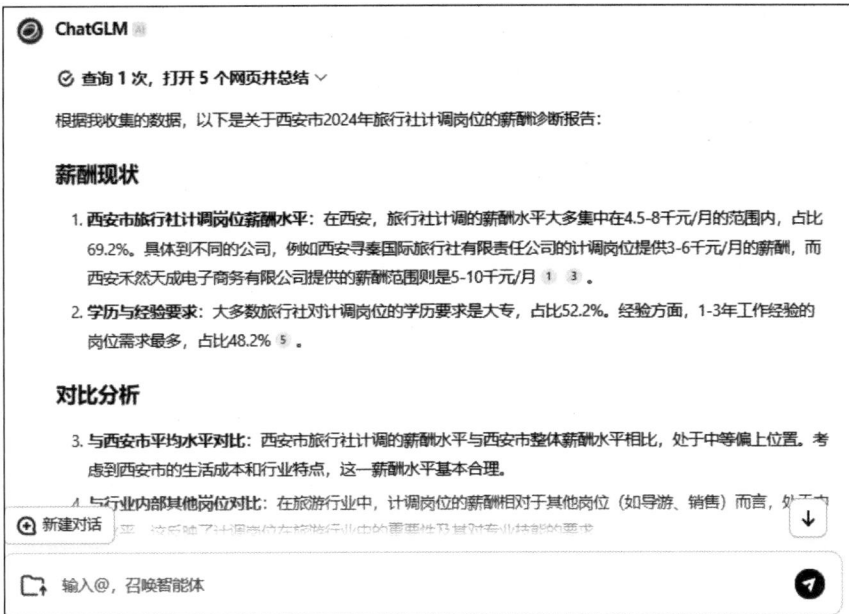

图 12-2　智谱清言回复设计旅行社计划与调度岗位薪酬诊断报告

参考文献

[1] 刘亚萍. 薪酬管理工作手册：2 版[M]. 北京：人民邮电出版社，2015.

[2] 孙宗虎. 薪酬体系设计实务手册：4 版[M]. 北京：人民邮电出版社，2017.

[3] 刘洪，张正堂. 薪酬管理[M]. 南京：南京大学出版社，2021.

[4] 金福. 薪酬管理[M]. 北京：中国劳动社会保障出版社，2023.